高校辅导员
工作案例精选

侯士兵 主编

# 铸魂
# 筑梦

上海交通大学出版社
SHANGHAI JIAO TONG UNIVERSITY PRESS

**内容提要**

本书是 2020 年上海交通大学学生思想政治工作案例集合,涉及学生思想政治教育、党团和班级建设、学业指导、日常事务管理、心理健康教育与咨询、网络思想政治教育、危机事件应对、职业规划与就业指导等主题,案例内容具有真实性、针对性、实效性、典型性和可读性等特点。

本书适合全国高校思想政治工作者学习,亦可作为辅导员培训研修和能力提升的参考用书。

**图书在版编目(CIP)数据**

高校辅导员工作案例精选/侯士兵主编. —上海:
上海交通大学出版社,2022.6(2024.12 重印)
    ISBN 978 - 7 - 313 - 25598 - 3

    Ⅰ.①高…  Ⅱ.①侯…  Ⅲ.①高等学校-辅导员-工
作-案例  Ⅳ.①G645.1

    中国版本图书馆 CIP 数据核字(2021)第 206163 号

**高校辅导员工作案例精选**
**GAOXIAO FUDAOYUAN GONGZUO ANLI JINGXUAN**

主    编:侯士兵
出版发行:上海交通大学出版社                  地    址:上海市番禺路 951 号
邮政编码:200030                            电    话:021 - 64071208
印    制:上海盛通时代印刷有限公司             经    销:全国新华书店
开    本:787mm×1092mm  1/16               印    张:21.25
字    数:426 千字
版    次:2022 年 6 月第 1 版                   印    次:2024 年 12 月第 4 次印刷
书    号:ISBN 978 - 7 - 313 - 25598 - 3
定    价:78.00 元

本书由"教育部高校思想政治工作创新发展中心
（上海交通大学）专著出版资助计划"支持出版

**教育部高校思想政治工作创新发展中心（上海交通大学）系列著作·简介：**

为不断提高大学生思想政治教育工作的针对性和实效性，落实立德树人根本任务，鼓励思政工作者聚焦工作中的难点和前沿问题开展研究工作，总结新时代思想政治工作和大学生成长规律，特推出教育部高校思想政治工作创新发展中心（上海交通大学）系列著作。

著作通过对理论创新、工作案例、特色经验等方面的成果梳理，凝练大学生思想政治教育工作中的经验和体会，促进理论和实践成果的转化应用，以切实提升大学生思政工作的科学化水平。

# 编　委　会

（按照姓氏笔画升序排列）

# 序　言

## 培根铸魂　启智润心

百廿交大,因图强而生,因改革而兴,因人才而盛。近年来,上海交通大学围绕落实立德树人根本任务,以兴邦为任、以育人为本、以创新为魂,形成了价值引领、知识探究、能力建设、人格养成"四位一体"的人才培养理念,通过推进"学在交大"改革,营造"立德、好学、乐教"的氛围,在"三全育人"工作体系建设上取得了明显成效。这一成效主要体现在对学生的培根铸魂、启智润心上。"培根",就是帮助学生打牢业务根基、思想根基和身体根基,培养过硬本领;"铸魂",就是培育学生对国家、对党的事业的忠诚和奉献精神,厚植中华优秀文化之根和民族之魂;"启智",就是重视学生的知识储备和专业发展;"润心",就是关心学生身心健康成长,引导学生在心中对党的事业、社会主义事业有更深刻的认同。

在新时代,上海交通大学思想政治工作创新发展中心乘势而为,面向全校思政教师、辅导员、班主任征集优秀学生思想政治工作案例,结集出版本书,以此搭建学校思政教师交流工作经验的平台。精选案例聚焦思政工作、党团班级建设、学业指导、日常事务管理、心理健康教育咨询、网络思政、危机事件应对、职业规划与就业指导等八大主题,分为铸魂、关怀、育才和导航四个篇章,具有真实性、针对性、实效性、典型性和可读性等特点。这本案例集,既是思政工作者对一线工作体会的总结、梳理和归纳,更是对大学生群体中存在问题的思考、分析和阐释,是奋战在学校思政工作一线的广大教师的智慧和结晶。

思政教师和辅导员是高校思想政治工作队伍中的一支专门力量,是大学生思想政治工作一线的教师。习近平总书记在全国高校思想政治工作会议上强调，要"提升思想政治教育亲和力和针对性，满足学生成长发展需求和期待"。这是新形势下提高高校思想政治工作实效性的关键。从这本案例集的字里行间，我们可以看到上海交通大学正在形成一支可信、可敬、可靠，乐为、敢为、有为的思想政治工作队伍。

新时期的学生工作还面临着很多新情况、新问题、新特点，对高校学生思想政治工作提出了严峻挑战。对此，我们应遵循思想政治工作规律，遵循教书育人规律，遵循学生成长规律，因事而化、因时而进、因势而新，持续开展理论创新和实践探索，不断提高工作能力和业务水平。

本书从案例征集到编写历时半年多时间，许多同志为此付出艰辛和努力，我们应向参与本书编写及工作在思想政治工作一线的同志表示敬意和感谢。希望全校学生思想政治工作者不断学习、提升素质，进一步强化价值引领，深化调查研究和成果总结，进一步把握新时代学生成长成才规律和思想政治工作规律，努力培养选择责任、勇担使命的优秀人才。

上海交通大学党委书记　杨振斌

2021 年 6 月

# 前　言

　　辅导员是开展大学生思想政治教育的骨干力量，是高等学校学生日常思想政治教育和管理工作的组织者、实施者、指导者。党的十八大以来，党和国家先后出台《普通高等学校辅导员队伍建设规定》《关于加强和改进新形势下高校思想政治工作的意见》《高校思想政治工作质量提升工程实施纲要》《关于加快构建高校思想政治工作体系的意见》等文件，明确规定了辅导员工作的九大职责，并提出全员全过程全方位育人（简称"三全育人"）的要求。在新时代的高校思想政治工作体系中，辅导员以不同的身份角色，主动且全面地参与到教育教学全过程，发挥着不可替代的作用。

　　上海交通大学（简称上海交大或交大）党委长期以来高度重视学生思想政治工作队伍建设，将学生思政工作队伍作为学校立德树人和培育卓越创新人才的重要力量。早在1986年，学校党委就做出重要决策，将原有的学生工作相关部门进行整合，成立学生工作指导委员会（以下简称"学指委"）。为了明确专职学生工作队伍兼具管理干部与教师的双重身份，学校将学指委机关及院系的专职辅导员统称为"思政教师"。2004年起，学校从优秀本科四年级学生和研究生中选拔部分学生骨干担任"双肩挑"辅导员（以下简称"辅导员"），作为思政工作队伍的有益补充。2019年，学校出台《本科生班主任队伍建设指导意见》，大力推动高层次人才担任本科生班主任。

　　近年来，学校形成了以"思政教师、班主任、辅导员"为主，校院两级、专兼结合的学生思政工作队伍，为学校落实立德树人根本任务、培养堪当民族复兴大任的时代新人提供了坚实保障，在学生理想信念教育、社会实践、就业引导、心理健康教育、网络育人等方面形成了诸多经验。

为推动工作经验交流和分享,本书编写组面向思政教师、班主任、辅导员广泛征集典型案例,经多次研讨和修改,现将优秀案例集结出版。这些案例集中呈现了近年来上海交大学生思政工作的成效和经验,凝聚了上海交大思政工作队伍的集体智慧,希望对思政工作同仁具有一定参考借鉴意义,给有志于从事高校思想政治工作的同学带来启发。

本书编写组

2021 年 6 月

# 目　录

## 关 怀 篇

## 育才篇

铸魂篇

# 立足"大思政"格局，打造学生党建全方位培养链

电子信息与电气工程学院/学生党建办公室　季自军

## 一、案例简介

案例来源：电子信息与电气工程学院①学生群体。

基本情况：习近平总书记在全国高校思想政治工作会议上强调："我们的高校是党领导下的高校，是中国特色社会主义高校。"办好我们的高校，必须坚持以马克思主义为指导，全面贯彻党的教育方针。要坚持不懈传播马克思主义科学理论，抓好马克思主义理论教育，为学生一生成长奠定科学的思想基础。要坚持不懈培育和弘扬社会主义核心价值观，引导广大师生做社会主义核心价值观的坚定信仰者、积极传播者、模范践行者。近年来，随着电院（即电子信息与电气工程学院，本书中没有歧义的情况下均简称电院）学生数量的不断增长，传统的以职能分工统筹大学生党建工作的模式越来越不适应当前的形势，具体体现在：一是入党积极分子培养浮在表面，没有跟日常思想管理工作联动；二是党建指导老师单打独斗，没有发挥邻近群体的支撑作用；三是党建活动形式单一，不能引起入党积极分子的兴趣；四是党建工作空间狭窄，没有与学生能力培养产生共振。因此，必须拓展党建工作的空间，整合各方力量，发挥思政教师日常管理和专业教师专业引导的功能，发挥学生党建骨干的主动性和积极性，落深落细高校思想政治工作指导思想，高质量完成大学生党建德育工作。

## 二、案例分析

大学生党建工作，是涉及大学生灵魂的工作。单调肤浅的工作方式，从纸面到纸

---

① 本书中的学院均为上海交通大学二级学院，以下不再赘述。

面的工作流程,难以触动学生的灵魂,也难以实现对大学生思想政治方向的引领。总结目前电院大学生党建工作,存在的问题主要有以下三个方面。

**（一）学生党建工作没有真正融入思政教师的日常管理当中**

目前大学生党建实行的是专人专管的职能分工模式,党建指导老师全面负责大学生党员发展转正和支部建设工作,具体包括入党积极分子、预备党员的培训和过程化材料的管理,以及党支部的日常活动、骨干培养和考核评优等。但是,从实际过程看,大学生日常的学习工作和其他的表现情况,基本掌握在思政教师手里,党建指导老师获取学生信息的渠道基本限于学生党支部书记。掌握学生真正思想和行为动态的思政教师游离于大学生党建工作之外,这样既影响了党建指导老师对实际情况的全面了解,又浪费了思政教师这个思想引导工作的重要资源。

**（二）党建工作没有发挥专业教师在专业引导上的积极作用**

专业教师是大学生在校期间人生观和政治信仰引导的重要力量,无论是课程思政作用的发挥,还是课程本身的理论教育,都能对大学生的政治取向和人生价值追求产生极为重要的影响。目前专业教师实施思想教育的渠道狭窄,几乎集中于课堂教学,形式单一,吸引力不足。丰富形式,发挥专业教师和思政教师,甚至是社会人士的作用,拓展他们的党建思想引领空间,走出课堂,打造结合实际、形式丰富、对接学生需求的党建工作新渠道,成了当前十分迫切的任务。

**（三）党建工作未能充分发挥学生骨干队伍的主动性和积极性**

学生骨干队伍既是党建工作的受教育者,同时也是学生群体里的优秀分子。他们思想活跃,创新能力强,各方面表现优秀,在学生群体中有较强的号召力,对学生的所思所想感同身受,最了解学生的心理状态。但是在当前的党建工作中,他们只是被动的接受者,只是帮助党建指导老师完成一些简单的程序性工作,没有发挥出他们的主动性、积极性和创新性。

## 三、教育过程

为了解决上述问题,电院党建办公室认真调研、仔细分析,通过职能化改革、活动品牌打造、定向政策激励等多种手段,实现了对大学生党员发展和支部建设的全方位革新。在"三全育人"的路径下,切实提高了大学生党建工作的质量和水平。

**（一）推行"大思政"改革,将党建工作融入日常思政工作**

自 2020 年始,电院推行"大思政"改革,打破以前条块分割的职能分工模式,将党建工作整合到日常思政工作当中。具体做了以下分工。党建指导老师负责面上业务指导，思政教师负责过程化培养。本科生思政教师全部担任本科生党支部的支委，研究生思政教师全程参加研究生党员发展和党支部活动。经过一年的试点，效果明显。首先是将真正品学兼优、入党动机端正的积极分子从学生群体中选拔出来，确定为发展对象，提高了发展对象选拔的有效性和针对性；其次，思政教师作为党员发展过程化管理的主角，保证了党建材料的规范性和高质量；最后，思政教师深度融入学生党支部活动，极大提升了学生支部活动的规范性和有效性，使学生党员的身份意识得到进一步加强。

### "大思政"改革

电院是上海交通大学规模最大的学院，涵盖电气工程及其自动化、控制科学与工程、计算机科学与技术、电子与通信工程、电子科学与技术、仪器科学与工程等六个一级学科，目前在校生达到九千六百多人。基于电院学生体量大、学科分布广的特点，以往按照职能划分的工作模式无法满足新时代学生成长的需要，存在学生事务管理与思想引导相脱节，思想政治教育功能弱化的现象。从2020年起，电院推行"大思政"改革，打破条块分割的职能分工模式，职能工作下放全体思政教师，把大学生党建、德育、团学、职业发展和事务工作熔入一炉，拉近了学生与思政教师的距离，增加了师生接触的机会，切实提高了思政工作的质量和成效。

### （二）发挥专业教师作用，实现学生政治素质和专业素质同步提升

聘请马克思主义学院黄庆桥、孔德猛等老师担任电院二级党校理论课教员，聘请电院关工委王绍平等老同志开展党员论坛，邀请上海市第五人民医院洪洋副院长为入党积极分子上党课，让入党积极分子接受全面的红色洗礼。这些也拓展了思政教育渠道，使得培训教育既有深度又有温度，极大提升了教育培训的效果。同时，推进师生支部结对共建，针对大一新生开展专业引导系列讲座，针对高年级学生开展进实验室和行业社会实践活动，针对毕业班学生，分专业开展保研和考研经验分享会，这样就将党支部活动和专业引导结合了起来，充分对接了师生两端的需求，受到师生的欢迎。

### （三）推进本科生"星火计划"，充分发挥学生骨干的积极作用

电院党建办公室推行培养本科生党建骨干的"星火计划"，力求从本科生入学伊始开启选苗育苗工作，通过骨干遴选、社会实践和工作培训的梯次推进，把对党建工作最有情怀的本科生逐渐培养成党员发展的蓄水池和党建工作的支撑力量，这一行动取得了良好的实践效果。首先，遴选的学生在学业和生活方面足以成为同学的表率，树立了榜样，提高了党支部的吸引力；其次，这些本科生党建骨干是党建指导老师开展实践

### 星火计划

为培养一批理想信念坚定、管理能力出众、专业素养过硬的优秀学生骨干，从2017年起，电院党委实施"星火计划"，每年从递交申请书的大一新生中选拔40～50人作为党建骨干，在其整个本科生涯中接续培养锻炼，目前已开展4期。

活动和支部活动的重要助手,提高了党建指导老师的工作效率。

## 四、总结反思

电院党建办公室充分认识到学生党建工作是人心工程,因此工作的开展,力求突出"人"的因素,在贴近学生实际需求的基础上,发挥各个群体的力量优势,应该说取得了一定的实效。但是,大学生党建是一项环节繁多、程序严格的工作,如果仅仅依靠传统的方法,无论是覆盖面还是工作效率都很难达到满意的效果。经过一段时间的实践,我们发现一些教师忙于应对程序性工作,未能充分利用现代信息手段提高工作效率。同时,党建工作与其他职能工作结合不够,与自媒体时代的发展结合不够,这为我们下一步创新工作方法提供了思路。

### (一)党建"大思政"改革,必须与人工智能和大数据技术结合起来

大数据具有规模性(volume)、多样性(varity)、高速性(velocity)和价值性(value)等典型的"4V"特征,其中蕴含的价值信息能进一步增强党建的针对性、目的性和专业性。当前高校党员管理已经实现了党务工作互联化,党员管理系统中存储了大量的信息数据,但是未能实现党员行为数据化及培养过程的数字化。如果将思想汇报等过程化材料上传系统,再通过大数据挖掘和数据智能化加工,追踪大学生的思想动态和行为状态,则既可让党建工作不再盲目,又可以推进党建工作的高效化、专业化。

### (二)党建"大思政"改革,必须与团学和就业工作结合起来

大学生入党积极分子的推荐绝大多数都是通过团支部来实现的,真正发挥团支部的作用,可以延长和优化入党积极分子考察链条,使入党积极分子考察工作更加扎实有效。同时发挥入党积极分子在就业社会实践和重点行业就业的表率作用,特别是发挥毕业生党员在学术岗位和基层单位就业的引导功能,更好地营造良好的就业氛围,为低年级同学的职业发展做好正面铺垫。

### (三)党建"大思政"改革,必须与自媒体时代相适应

电院大学生使用微信以及微博等各类自媒体的频率很高,这主要是因为自媒体是当今学生群体交流沟通的主要方式。但是电院针对大学生的党建自媒体建设,力度不够,政治话语显得陈旧。因此,必须激发思政队伍的活力,从党建指导老师到思政教师和学生党支部,从形式到内容,紧跟时代,加强创新,提升党建媒体平台的吸引力度,并潜移默化地去引导学生,守好党的舆论主阵地。同时利用自媒体平台做好党支部远程管理工作,组建"自媒体流动党支部"等,让分散在外的流动党员通过自媒体平台集结在一起,确保党员的归属感和党支部的凝聚力。

# 本科新生入党动员与党建骨干培养新措施

电子信息与电气工程学院　曹原

## 一、案例简介

案例来源：电院 2019 级、2020 级本科新生群体。

基本情况：为适应新时代发展党员工作的新趋势和新要求，严把大学生党员发展的质量关，提高党员发展工作的内涵，创新党建工作的开展方式和模式，探索服务于党员发展工作的组织建设和活力建设方式，探索适应新时代大学生的入党启蒙教育形式，电院依托院级学生党建组织——电院党建研究会，通过组织建设保障、思政工作引领、学生自主参与等多样化的工作形式，利用电院二级党校——入党积极分子星火培训班所搭建的活动建设平台和人员组织平台，打造学生党建骨干培养计划——星火计划，以骨干培养推动入党动员工作，两手并举、互相促进。同时，也与教工党支部、学生党支部联合共建、资源共享，结合电院党委"攀登计划"，邀请骨干教师深度参与。此外，与本科生新生年级思政教师和班主任合作，深度融合，推动高年级入党积极分子、预备党员、正式党员等多个群体参与新生迎新、班级班会开展、团日主题活动等多项工作，主动、多次、多形式地开展入党动员、入党启蒙教育，通过朋辈、教师等的榜样的力量营造优秀学生积极加入党组织的良好氛围。最终，提升了2019级本科新生、2020级本科新生的入党申请率，同时也储备了一定数量的学生党建骨干后备力量。

**攀登计划**

"攀登计划"是电院党委主办、电院党建研究会承办的品牌活动，主要包括联合各系、所党总支开展一系列针对本科生的前沿讲座、师生结对、实验室参观、课余科研实践的活动，旨在鼓励优秀的本科生建立科研志趣、勇攀科研高峰。

## 二、案例分析

就电院而言，入党动员工作的主要难度在于，如何在较短的新生入学教育"灌浆期"，适时、适当地开展新生喜闻乐见、入脑入心的入党启蒙教育，激发他们对于加入党组织的憧憬之情，引导他们走上追求更高的人生目标、树立远大的理想信念的道路。在前期由思政教师所做的新生入党动员工作当中，存在以下四点不足。

### （一）党建工作经验不足

一线思政教师，特别是兼职辅导员，很多没有从事过专门的党建相关工作，对党建工作的话语体系不够熟悉，也没有掌握熟练的党建工作技巧，缺乏入党动员工作的工作能力与工作技巧。

### （二）入党动员形式不完善

若将入党动员作为班会的一个部分，容易导致学生只关注班会中比较实际的事务性工作，而忽略入党动员的理论化内容，学生容易产生疲倦甚至反感的情绪。

### （三）党员代表形象不够丰富

作为党组织的代表，思政教师的形象相对单一，所具备的代表性也不够，难以较为全面地向学生展示党组织的形象，同时也难以激发学生对于党组织的憧憬和向往。

### （四）入党动员作用发挥不完全

入党动员教育往往集中于对入党流程的介绍，而专注于流程，只解读考察方式，这样的动员内容使得一部分学生望而生畏，失去了动员工作"教育"和"引导"的作用。

同时，相较于高年级学生，本科新生也普遍具有以下的心理行为特征：

第一，刚进入大学生活，专业学习难度上升，和高中时期的游刃有余形成了对比，很多学生有较强的心理落差，对于未来的方向非常迷茫；

第二，新生受到网络等渠道影响，具有鲜明的个性特征，对于常规的教育语话具有一定的抗拒心理，习惯于更贴近他们这一年龄段的话语体系和更活泼鲜明的表达方式；

第三，由于大学课程难度较大、身边的优秀学生较多，加之受疫情等因素的影响，出国深造机会减少、保研考研难度增大、就业竞争激烈等，新生对于学习本身的关注非常强烈，对专业成绩优异的学生非常推崇，而对学生活动、学生工作的参与热情明显不足，功利化、短视化趋势有所上升；

第四,由于分专业后同班级宿舍不在一起,加之前述的活动参与热情不足等问题,新生乃至高年级学生普遍存在生活圈子固定且很小、同学关系一般等实际情况,学生遇到问题或者困难时,很少有足够的支撑体系和倾诉渠道,孤独感较强,有融入集体的强烈渴望。

## 三、教育过程

针对上述新生群体的实际心理行为特征以及以往在开展入党动员工作中遇到的实际问题,我们从四个方面开展了工作。

### (一)开拓健全组织保障

结合新生群体入学后的迎新相关工作,我们首先组织了电院党建研究会大二年级的全体成员,即"星火计划"的全体成员,担任新生班级的班级助理。他们作为思政教师的主要助手,以"学长""新生工作志愿者"的身份直接参与迎新工作。从新生宿舍楼报到,到开展第一次班会和班级内建,再到日常为同学们解答学习生活等各方面问题,以"服务同学"为宗旨。这样我们第一时间在新生群体中树立了"党员群体""入党积极分子群体"的良好形象,也为后期开展入党动员工作打下了坚实的群众基础。

同时,作为此项活动的组织方,党建研究会也联合了班级助理和思政教师,以及电院的各个部门,包括本科教务办、学生综合事务办、团委、学生党建办等的负责老师,形成"新生—班级助理"和"思政—学院各职能部门"的完整信息传递和反馈答疑渠道,从下至上打通了新生刚进校的信息壁垒,也以党建的方式推动了迎新工作朝着更细、更深、更人性化的方向延伸。

### (二)探索研究工作方式

针对前述的各项问题,我们做了一些创新尝试。首先,打破从前由思政教师作为入党动员主讲人的传统,以班级助理在学生中的良好口碑为基础,挑选有代表性、综合能力较强、表现力较强的党建骨干(班级助理),作为思政教师的补充力量,到各个班级班会上进行入党启蒙教育,作为同辈人讲述入党的初心与使命。其次,针对讲述的内容,我们召集党建骨干字斟句酌地仔细准备,从学生现在最关心的话题,如对未来的迷茫、学习方向不明确、不能保持过去的优秀等谈起,说到人生多样化的选择和理想信念的重要性,再以有代表性的各类优秀学生党员(成绩好、科研能力强、学生工作水平高)为例,讲述入党对于他们的改变,以及党组织为了帮助每一位同学所作出的努力。最后,向每一位同学发起邀请,希望他们加入这个优秀、有担当、有梦想的群体。

### （三）创新工作形式和载体

为体现入党动员工作的重要性，我们注重在每一次班会的流程中做穿插，"一会一案"，将入党动员部分工作有机地融入班会当中，避免突兀。同时，我们还针对当代大学生喜闻乐见的信息接收方式，配合极简、明快风格的 PPT 内容，加上音频、视频等具有视觉冲击力的多媒体表现形式，形成对入党动员主讲人的有力补充和配合，便于学生接受。同时，通过现场收集入党意愿，后期思政教师进一步引导，以及指导申请书撰写等，有效减弱了学生对入党的畏难情绪，使学生在现场能够第一时间表达对党组织的感性认识和向往。

在第一轮入党动员工作后，电院 2020 级本科生（1 065 人）入党申请率达到了43.9%，较往年有了大幅提升。

### （四）探究入党动员与党建骨干培养系统融合

在收到同学们的入党意愿后，我们会结合思政教师推荐和面试谈话，从中选拔新的一期的"星火计划"成员（约 40 名）。从大一开始，对其在团队凝聚力、领导力、责任感等方面进行培养，使之成长为新一年的党建骨干。以学院二级党校、党员论坛、红色社会实践、教工党支部联谊活动等为载体，在培植学生"党员身份自豪感"的同时，也营造了温馨的组织氛围和集体情感。尤其针对学生在大学期间孤独感强的实际问题，将良好氛围传递到整个学生工作体系当中。面向学院所有学生营造团结奋进的氛围，也为之后包括入党动员工作在内的各项工作添砖加瓦。

## 四、总结反思

在开展本次本科新生入党动员工作的过程当中，我有以下体会。

### （一）有力的团队支撑是开展大规模动员工作的重要保障

过去的入党动员工作，主要是靠思政教师这支单一的队伍来推动的，难以保证工作的数量和质量，同时，呈现出的效果也不够理想。现在的入党动员工作得到了有力的团队支撑。首先，学生党建骨干队伍的组建，使得开展工作有抓手，工作内容得到充分探讨，同时，吸收学生骨干的想法，使工作在各个班级落地时，也可以得到有效执行。其次，与思政教师进行充分沟通。结合思政教师开展的班会内容，将入党动员与班会开展充分融合，在进一步加强入党动员信服力的同时，也丰富了思政班会的开展，实现了互相促进。这一举措不仅确立了电院党建研究会的核心团队地位，也推动了思政教师乃至班主任的参与，使之成为团队的拓展力量。最终，多方协同，共同推动了电院新生入党动员工作的顺利开展。

### （二）充分了解和调研是动员工作质量的重要保证

新时代的大学新生关心什么，希望了解什么，有什么性格特征，喜欢接受什么样形式和内容的教育，事实上，这些都会根据时代的不同发生很大的改变，其至会一年一个样。因此，充分了解学生真正的心理状态，从而针对性地从学生关心的话题入手开展动员，才能使动员工作入脑入心，真正打动学生、触动学生。

以本次入党动员为例，考试成绩、就业、保研等都是学生关心的话题，如果完全回避这类问题，就会导致宣讲内容无法引起学生的兴趣乃至共鸣，动员效果也会大打折扣。而如何巧妙地将这些看起来相对"功利"的话题和入党所需的高远理想、坚定信念、无私奉献等品德结合起来，也是充满挑战的研究话题。我们以"迷茫和选择"作为主题，引导学生走出功利，走向自我的成长，选择与党组织、与祖国同向同行，将眼光放在更宽广的地方，取得了良好的动员效果。

### （三）骨干培训选拔是动员工作长期发展的重要基石

为了实现入党动员工作储备力量的不断壮大，树立榜样力量，推出真正优秀的党员或者入党积极分子，我们不仅开展了新一期"星火计划"的选拔，同时也非常注重新一批骨干以及优秀典型的选拔标准的更新，力图实现标准的多元化。我们不仅看重现阶段学业成绩优异的学生，也注重寻找进步快、改变大的学生典型，注重发掘、鼓励并不突出但各方面持续努力成长的学生，力图有代表性和可追赶性。通过骨干的选拔，营造同学们努力上进、努力向党组织靠拢的氛围，从而扩大影响。

# 新形势下高校工科博士生
# 党支部主题党日的开展

材料科学与工程学院　许耀心

## ▌ 一、案例简介

案例来源：凝固所博士生党支部。

基本情况：凝固所博士生党支部，依托凝固科学与技术研究所成立。党支部由研究所 3 个课题组的全体博士生党员组成，现有成员 39 名。支部成员来自博士生一年级至博士生五年级（直博生），年龄跨度较大。党支部委员会现设书记 1 名，组织委员1 名，宣传委员 1 名。党支部设党小组 3 个，分别设立在研究所的 3 个课题组中。党的十八大以来，党支部严格落实"两学一做"学习教育常态化制度化，特别是党的十九大胜利召开以来，支委会在学院密切指导下积极践行"理论实践相结合为主线，特色主题党日活动为抓手"的建设思路，切实带领支部成员认真学习习近平新时代中国特色社会主义思想，不但提升了党性修养，而且深化了对于党的路线、方针、政策的认识。

党支部是党最基本的组织，是党全部工作和战斗力的基础，主题党日活动又是学生党员生活中最基础的环节。所以工科学生党支部主题党日活动的开展要坚持把解决思想问题与日常科研、就业、深造等实际问题相结合，创新活动形式，丰富活动内容，发挥主题党日活动在思想引领与政策落实等方面的重要作用。在加强新形势下学生党支部建设的背景下，为着力推进学生党支部标准化、规范化建设，全面提升基层党组织的凝聚力，党支部结合工作实际，直面高校博士生科研时间紧、任务重的主要瓶颈，围绕党日活动的开展进行了一系列的思考和研究，并且通过理论和实践的有机融合，进行了卓有成效的改革与建设，形成了一支颇有学科特色且凝聚力强的基层党支部。

## ▍二、案例分析

博士生党支部工作的开展有其自身的特点,针对我院凝固所博士生党支部工作情况和面临的困难,作为思政教师,我们尝试、摸索着做了相应的方法探究,总结如下。

### (一)科研任务重,生活节奏快,理论学习不保量,怎么办?

科研是博士生的主责主业,作为理工学科,创新和科学实践压力会随着年级的增长而日益累加,这是博士生面临的共性问题。鉴于党支部生活的指导思想和建设要求,作为学生党建负责人,我指导凝固所博士生党支部尝试"大块时间学理论,零散时间补认知",督促支部成员们除了在平时的主题党日活动以及党小组会上认真学习党的先进思想和理论之外,抓紧午饭后、睡觉前等零散时间通过各种方式了解党和国家的大政方针,强化理论学习。这样不但简化了支部主题党日活动的流程,而且使党日活动的影响扩展到了博士生生活的方方面面,润物无声般地用党的理论与思想指导博士生生活的点点滴滴。

### (二)党建科研不融合,怎么办?

凝固所党支部成员来自 16 个不同的省、直辖市、自治区,如何将党建融入大家的生活,丰富活动形式,强化科研与党建的融合是一个重要问题。与党员共同探讨后,我在不同的时间段开展了"家文化建设"系列活动,如组织滴水湖漫步、校园风筝节和春游踏青等聚会活动,增进了成员间的感情。另外,连续两年申报"共行计划"、暑期社会实践,增加集体实践的机会和频率,大大提升了团队凝聚力。

### (三)年级跨度大,实验时间散,主题党日活动不好办,怎么办?

针对年级跨度大、实验时间散等情况,协调大家的空余时间开展主题党日活动成为一个亟待解决的难题。为此,我主要分三步来解决。

(1)科学划分组织。科学划分党小组,通过党员带领入党积极分子的学习模式,切实提高党员及入党积极分子的思想素养。

**共行计划**

"共行计划"是上海交通大学学指委推出的党建品牌项目,旨在坚持"优势互补、互帮互助、校地联动"的原则,开展新形势下党建工作,实现校地共赢。自2017年以来,"共行计划"已支持上海交通大学面向120个学生党支部与重点行业、基层党委党支部开展长期结对共建,地域覆盖广西、云南、河南、湖南、内蒙古等14地,行业覆盖航空航天、电子、船舶海洋等20个领域。通过挂职锻炼、交流访问、暑期实践等形式,依托科研、教学、就业等渠道,引导学生党员深入基层、深入行业,在实践中不断增强"四个意识"、坚定"四个自信"、涵养家国情怀、培养学术志趣,未来到祖国和人民最需要的地方去建功立业。

党支部根据课题组分成 3 个党小组,每个小组组长,鼓励由非党支部委员会成员担任。

(2)优化管理模式。采取组会之后开党会的方式,尽可能多地利用每次组会后的时间召集大家开展学习和交流。

(3)固化组织活动。在每次的党日活动以及党小组会上设置固定环节,让大家在思维碰撞中不断学习。博士生的学习生活常常伴随着迷茫与挫折、压力与失败,组会后组织谈心交流,鼓励大家分享学习生活中的困难,和大家一起出谋划策、共同解决困难,用前辈的光辉事迹感召大家,用党的理论引导大家,用共产党人的责任与爱帮助大家,将党日活动变成分享会、谈心会。

## 三、教育过程

材料科学与工程学院学生党建工作部门充分认识到博士生党建工作是学生工作中的"老大难"问题,在实际工作中重视问题的发现,以学生为中心,采取了一系列措施,取得了一定的实效。同时,为其他博士生党支部的建设提供了思路。

### (一)夯实理论学习,提升党性认知

首先是党的重要文件的学习。对于党的十八大政府工作报告、党的十九大政府工作报告和习近平总书记在五四青年节的讲话等重要文件,凝固所博士生党支部在支部书记的带领下,一字一句、原原本本地学习。其次是书本、纪录片以及影视剧学习。通过观看红色影片,形象具体地领悟党的思想和相关精神。支部统一采购《习近平新时代中国特色社会主义思想三十讲》等理论书籍和《红岩》等革命历史文学作品,支部成员在文字中学习我党的光辉历史,体会我党的深刻思想。最后,通过学习强国 APP、公众号和微信群等方式随时随地学习。相对于组织生活会以及书本、视频,学习强国 APP 更加灵活和生动。党支部鼓励成员关注主流的公众号如"人民日报""新华社""央视新闻""共青团中央"等,鼓励党支部成员每天去主流门户网站浏览当天国内外时政大事。在支部微信群中,支部委员不定时分享国内外的时事新闻,同时成员们在群里分享理论学习的心得体会。凝固所博士生党支部凭季度"学习强国"积分奖励榜单排名优势获评上海交通大学学习"先进支部"(全校 1/30),其中,3 名学生获评"学习达人"荣誉称号(3/100)。

### (二)围绕党建引领,融合科研专长

凝固所博士生党支部 90%以上的支部成员研究方向与国防建设、军工企业相关,其中不乏大型精密铸件浇注成型、航空高性能铝合金的设计研究、发动机叶片热障涂层研究以及高性能金属增材制造研究等国家重点行业的重点课题。在支部书记周文

哲的带领下,支部 2017 年"价值引领　科研共行　结对共建　服务祖国"和"走进大国重器,科研实践同行"两个项目连续入选了上海交通大学学生党支部"共行计划",前者获 2017 年"共行计划"优秀项目。2018 年,围绕"了解国情、增长才干、增强责任感"主题,支部到红色革命老区广西百色市开展实践活动。2019 年,党建专项暑期实践团前往遵义开展"重温红色经典,共赴革命圣地"活动,并荣获 2019 年度上海交通大学社会实践项目二等奖。党支部成员积极响应党中央"将论文写在祖国大地上"的号召,面向国家重点行业的重大需求,承担起属于自己的责任和义务。

### (三)创新学习模式,凝聚集体力量

协调大家的空余时间开展主题党日活动和会议一直是支部的难题。针对此情况,党建工作部门合理规划,采取了"党员 + 积极分子"的组间、组内学习模式。在日常的学习生活和组织生活中固定进行爱国主义教育学习以及先进党员事迹的学习。这一做法在支部成员中引起了极大的反响,大家用行动证明了积极参加党小组的学习,不仅可以增进成员间的交流,还可以增强成员的参与感与荣誉感。

支部通常以"组会之后开党会"的方式,利用每次组会后的时间召集大家开展学习和交流。一方面,保证支部成员都有时间参与,给大家参与组织生活扫清了时间障碍。另一方面,为大家提供了继续交流学术问题的机会,大家可畅所欲言,互相出谋划策,一起解决科研中遇到的难题。

## 四、总结反思

### (一)关注个体学习,提升理论水平

奥苏贝尔的有意义接受学习观认为,有意义学习就是能将符号所代表的新知识与学生认知结构中已有的适当观念建立非人为、实质性的联系。否则,就只是机械学习。从客观来看,学习材料必须具有逻辑性,是学生可以理解的;材料应该是在学生学习能力范围之内,符合学生的心理年龄特征和知识水平的。而从主观来看,学习者要有有意义学习的意向或倾向;学习者认知结构中必须具有适当的知识基础;学习者必须积极主动地使潜在意义的新知识与认知结构中有关的旧知识发生相互作用,从而加强对新知识的理解,使认知结构或旧知识得到更新,使新知识获得实际意义。凝固所博士生党支部的理论学习活动符合了以上要求。

**奥苏贝尔**

戴维·保罗·奥苏贝尔(David Pawl Ausubel, 1918—2008),美国认知教育心理学家。主要理论观点和成就:①20 世纪 60 年代创建有意义学习理论,亦称"有意义言语学习理论";②倡导有意义接受学习和有指导发现学习;③倡导在教学中设计"先行组织者"。

### 罗杰斯

卡尔·兰塞姆·罗杰斯(Carl Ransom Rogers, 1902—1987)，美国当代著名的人本主义心理学家，他的教育思想对20世纪六七十年代的国际教育改革运动产生了较为深刻的影响。与传统教育中教学的主要特征——指导性相反，罗杰斯根据"自我学说"理论，形成了一种比较激进、用于促成个体"自我实现"的教学策略——非指导性。

此外，罗杰斯主张废除"教师"这一角色，代之以"学习的促进者"。一个好的班级、好的课堂，应充满真实、相互关心和理解的心理氛围。罗杰斯认为，这种气氛最终来自"促进者"。随着学习过程的推进，学生就会越来越多并且很自然地流露出这种情感与态度。在支部学习的组织行为中，支部书记和小组组长就扮演了"促进者"的角色，支部成员即"学生"。支部书记和小组组长提供各类红色书籍影像资料，做好思想引领和带头示范作用，讲微党课、提炼重要精神和讲话要点，或者在学习后进行梳理总结，力争使支部成员的自主理论学习成为习惯。多年来，本支部将理论学习和思想建设放在党支部建设的首要位置，特别强调多种方式相互结合，已在日常学习中逐渐成为党支部的工作特色，并受到成员的喜爱。对于有意义的学习，支部做到了四个特征，即全神贯注、自发自动、全面发展、自我评估，形成了良好的支部"学习氛围"。

### （二）注重日常交流，加强团队建设

### 维果茨基

列夫·维果茨基(Lev Vygotsky, 1896—1934)，苏联卓越的心理学家，他主要研究儿童发展与教育心理，着重探讨思维和语言、儿童学习与发展的关系问题。社会建构主义是认知建构主义的进一步发展，是以维果茨基的思想为基础发展起来的，它主要关注学习和知识建构的社会文化机制。社会建构主义认为，虽然知识是个体主动建构的，而且只是个人经验的合理化，但这种建构也不是随意的任意建构，而是需要与他人磋商并达成一致来不断地加以调整和修正，并且不可避免地要受到当时社会文化因素的影响。

以维果茨基思想为基础的建构主义，关注的是学习和知识建构背后的社会文化机制——学习不单需要个人对学习内容主动加工，更需要学习者的合作互动。探究不仅是一种认知活动，也是一种社会文化活动，表现为对某种社会实践活动的参与，对合作学习的重视。党支部凝聚不起来，工作就不到位，党员身份认同感就不强烈，要逐渐在实践中将理论学习融入生活，让成员在经验分享中互相取长补短，共同进步。因此，本支部遵循"理论引导实践，实践提升理论"的理念，并长期为大家提供学习、提高的机会。我们反对抽象的接受，主张情景教学。

维果茨基认为，人的发展过程是一个历史的、文化的发展过程，人在接受历史、文化的过程中，历史、文化也改变着人的心理，内化和外化的桥梁便是人的活动。富有特色的暑期实践活动，成功调动了支部成员的积极性，让大家释放了平时科研生活的压

力与烦恼,无形中增进了彼此之间的交流与了解。2019年"上海交通大学十佳优秀党支部""社会实践优秀项目",2020年学习强国"先进支部"等荣誉的获得,极大增强了支部的凝聚力和归属感,更促进了支部建设的良性循环。

### (三)围绕党建工作,夯实科研融合

有意义学习,不仅是一种增长知识的学习,还是一种与每个人各部分经验都融在一起的学习,关注学习内容与个人之间的关系。党的理论学习与材料学院博士生重大项目研究有着密切关系,贯通的学习更有双线互促互进的效果。同时,罗杰斯"学生中心"的教学观,强调为学生提供各种学习的资源,营造促进学习的气氛,让学生自己决定如何学习。我支部通过对百矿集团总部的机械化文化展厅、煤矿入井大堂、数字化排班房以及生产一线的参观学习,深刻体会到了艰苦奋斗、勇于创新、不断登攀的企业精神。

同时,结合百矿集团煤电铝一体化的建设思路和生产实际,党支部发挥课题组在高纯铝提取、先进铝合金设计、铝合金能源化应用等领域的技术积累和创新,在实际中找寻问题、解决问题,完成了相关的科研课题研究和可能的产业化、应用拓展研究等,双方合作,共同服务祖国的建设。

# 弘扬党建文化，夯实价值引领

## ——学生党员先锋论坛创设与实践

物理与天文学院　朱敏

## 一、案例简介

案例来源：物理与天文学院。

基本情况：物理与天文学院紧紧围绕"立德树人"的根本任务，全面构建"三全育人"的教育培养体系，创设学生党员先锋论坛，旨在进一步深入学习贯彻习近平新时代中国特色社会主义思想，弘扬党建文化，夯实价值引领。

从2018年开始，学院举办了"马克思的初心""新时代青年文化景观和启示""共产党人的初心和使命""坚定信仰，从'心'入党""初心和使命：中国共产党人砥砺前行的动力之源""查医生的援鄂日记"等35期学生党员先锋论坛。论坛主题聚焦国情社情及学生关切展开思维碰撞，邀请嘉宾代表指导交流和实践共建，切实起到了明确入党动机、坚守理想信念和彰显党建文化的实效作用，成为创新学生党建工作的有力抓手。论坛组织以学生为主体，邀请来自各行各业的优秀党员代表为嘉宾，构筑全员育人网络，夯实价值引领，弘扬党建文化，使学院涌现出了一批优秀学生代表。

学生党员先锋论坛的设立，为学生党员提供了思想建设与价值引领的平台，丰富了组织生活，具有持续性、系统性和实效性，形成了品牌效应与辐射效应。

## 二、案例分析

### （一）问题分析

物理与天文学院（简称物院）学生党支部在长期的实践中发现，当前学生党建工作面临的主要问题和挑战是：学生党建活动缺乏思想建设与价值引领的统一平台，学生自己组织的党日活动计划性、持续性不足，实效性有待加强，因此难以形成品牌与辐射效应。

### （二）对策分析

通过对各学生党支部的解决意见进行初步征集摸排，结合学校相关培养学生成长成才的指示精神，基于学院的现有资源和优势，物院创设了学生党员先锋论坛。

#### 1. 把握论坛初心：明确入党动机，坚守理想信念

学生党员先锋论坛设立后，邀请来自各行各业的优秀党员代表，如优秀校友、马克思主义理论工作者等，与学生党员深入交流，共同探讨时事热点以及学生们关心的问题。论坛面向物院全体学生党员以及入党积极分子，呵护和端正入党初心，学习和发展党建文化，表达和传播党建文化自信。

#### 2. 紧绕论坛主题：聚焦国情社情，弘扬榜样力量

学生党员先锋论坛已经成功举办了 35 期，主题聚焦国情社情，内容涵盖党史理论育人、明确党员义务、端正入党动机和弘扬榜样力量等。值得一提的是，每一期论坛的组织都由学生党支部承办，由学生党员直接参与，主题围绕学生需求，由学院老师把握育人方向，传达育人精神，充分做到了"从学生中来，到学生中去"。

#### 3. 加强论坛组织：以学生为主体，引领文化发展

物院共设 8 个学生党支部，其中本科生党支部 1 个，研究生党支部 7 个，分别来自光学所、激光等离子体研究所、凝聚态研究所、理论与粒子物理研究所以及天文系。学生党员先锋论坛以学生党员为主体，以学生党支部为承办单位开展。先锋论坛每月由学生党支部轮流承办，从联系论坛嘉宾、活动预告宣传到论坛内容记录全过程由学生参与或主要负责，主题充分围绕学生的需求展开，同时由学院党委书记、副书记、党建指导老师等主持和指导。

## 三、教育过程及教育成效

### （一）教育过程

#### 1. 理论实践结合，创新文化建设

物院开展的 35 期学生党员先锋论坛充分运用了理论与实践相结合、线上与线下相结合的育人模式，切实提升了学生党员理论学习水平。例如，先锋论坛线下实践团曾前往南京雨花台烈士纪念馆，与雨花英烈研究专家王跃等开展交流，就"共产党人的初心与使命""雨花英烈及其当代价值"等主题展开深入探讨，大大提升了学生党员理论学习的水平，起到了坚定理想信念、树立远大志向的引领作用。再如 2020 年上半年，为配合打赢疫情防控阻击战，学生党总支发出倡议书，倡导学生党员在疫情防

控期间发挥党员模范带头作用。2020年2月至今,学院举办的学生党员先锋论坛以线上论坛形式为主,真正做到了"停课不停学""线上线下相结合"的育人方式。

2. 构筑全员育人,厚植自信底气

学生党员先锋论坛的嘉宾是来自各行各业的优秀党员代表,如党史校史研究室龚诞申、上海市劳动模范陈益新、物理与天文学院优秀校友尹浩、上海社会科学院曾燕波、仁济医院呼吸科主治医师查琼芳等。嘉宾们结合当下时事和最新科技进展与学生开展交流,端正学生党员入党动机,真正做到多维度育人熏陶,厚植文化自信,多方位、多角度构建思想政治工作体系。

3. 夯实价值引领,弘扬党建文化

物院通过微信推送、新闻网宣传等方式大力开展线上思想价值引导工作。学院创建"物院学生之家"和"SJTU红色物理"微信公众平台,对学生党支部的特色活动进行宣传推送,充分运用和发挥新媒体的作用,扩大思想价值引导覆盖面。对于每一期学生党员先锋论坛,做到事前发布,事后宣传。论坛新闻多次受到"交大新青年集结号"公众平台转发。2020年4月,《上海交通大学物理与天文学院学生党总支发挥战斗堡垒作用》一文被高校思政网转发。

### (二)教育成效

学生党员先锋论坛举办至今,总辐射人数超过5 000人,获评上海交通大学"三全育人"优秀案例,在听完论坛嘉宾的主题演讲并和他们交流后,60余名同学递交了入党申请书。其中,王钰莹、张世博、屠洪欢三名同学响应号召,参加了大学生志愿服务西部计划,同时涌现出校"十佳党员标兵"王潇卫等学生榜样代表。

## 四、总结反思

学生党员先锋论坛举办至今,产生了很好的效果。学院将一如既往围绕"立德树人"的根本任务,全面构建"三全育人"的教育培养体系,在现有基础上开拓创新,使论坛成为学生党建工作的有力抓手,实现坚守理想信念和彰显党建文化的实效作用。

学生党员先锋论坛目前需进一步加强改进的有三项:第一,完善论坛组织架构,优化8个学生党支部的分工部署,实现计划性、持续性开展高质量论坛;第二,加强与学生党员的联系,多方面多途径了解学生需求,使论坛开设得更有针对性,更有效果,实现更高的参与度;第三,构建论坛评估反馈平台,收集论坛嘉宾和受众的意见建议,并据此进行改进,做到实时反馈。

针对第一项,论坛后期将通过按期召开论坛小组会,召集学生党支部书记,聚焦时事热点,按季度制订论坛开展主题,做到提前部署,按计划持续开展。

针对第二项,论坛后期将分三个层面展开。第一个层面,开展师生一对一的谈话，从这些谈话当中，了解每个学生的个性化需求，从教师层面提供一些帮助；第二个层面，开展学生座谈，了解每位学生近期学习和生活等情况，并针对不同的情况予以不同的指导；第三个层面，引导学生共同参与工作内容，及时获得工作反馈，以达到以学生为中心的目的。

针对第三项，论坛后期将设立评估反馈工作组。面向论坛嘉宾，通过专人采访形式，请嘉宾对论坛开展过程中存在的问题进行指正并提出指导意见；面向论坛受众，通过问卷形式，收集其在论坛过程中的收获感悟以及对论坛开展的建议。评估反馈工作组将定期整理嘉宾和受众的意见，再由论坛组织团队根据反馈意见及时改进，不断优化。

# 发挥党支部战斗堡垒作用，
# 助力美丽乡村建设

环境科学与工程学院　马青

## 一、案例简介

案例来源：环境科学与工程学院（简称环院）2018 级博士生党支部。

基本情况：环院 2018 级博士生党支部成立于 2018 年 9 月，由 16 名正式党员和 3 名预备党员及 9 名入党积极分子组成，支部党员人数占班级总人数的一半以上。入校时，党员同学自发组成"绿色闵行，生态闵行"实践小分队，为附近社区居民开展科普讲座，并免费为他们检测室内空气质量。

该党支部学生党员专业背景广泛，包括水、气、土、固废、噪声、生态、环评监测等，有充分发挥专业优势开展各项活动的基础，但党支部的四位支委同学认为，博士生自身学术科研压力大，对于简单的科普类讲座和采样工作产生了抵触情绪，很多同学参与活动积极性不高，希望能够得到相关指导和帮助。

## 二、案例分析

该案例反映了博士生党支部建设过程中常出现的一个问题，即参与活动积极性不高。博士研究生教育作为国民教育序列的最高层次，肩负着"高端人才供给"和"科学技术创新"的双重使命，对实现国家战略、支撑现代化强国建设具有重大意义。而做好博士生党支部的建设对提高班级的凝聚力，充分发挥党支部的战斗堡垒作用和党员的先锋模范作用有重要意义。为此，我们针对工作中的具体问题做了对策探索。

（一）筑牢战斗堡垒，激发支部活力

党支部是党的组织体系的基本单元，是党的全部工作和战斗力的基础。博士生党员科研压力较大，思想上对组织生活重视程度不够。由于专业方向和团队科研方向差别等原因，党员之间的联系并不紧密，开展组织生活的频率不高，党员参与组织生活的积极性欠缺，组织生活质量不高，这些普遍存在的问题束缚了博士生党支部活动的开展。

自入校成立支部以来，2018级博士生党支部积极探索支部构建模式，激发支部新活力。依据专业的特点和实际情况，通过将党支部建在年级上，依托多样性学科和不同科研团队这种形式，充分发挥"纵横结合"的支部构建模式，更好地发挥导师育人作用，把推动支部建设工作落实在日常科研中，实现了科研团队内党建工作与科研工作同步部署落实。研究生学业与组织生活形成了覆盖范围与管理相一致，有效提升了党员参与活动的积极性和党支部的凝聚力，积淀了党支部文化，传承了党支部优良传统，使支部有了更强的生命力。

### （二）探索共建模式，实现互惠共赢

在时代巨变的今天，传统的党组织生活模式吸引力有所下降，2018级博士生党支部创新工作理念，寻找行之有效和与时俱进的方式开展活动，减少主、被动模式的党员教育，避免教育形式陈旧枯燥，增加互动式实践教育。

2019年初，支部与奉贤区马路村党委多次沟通商议后，确立了共建合作模式。本着共建共赢的合作理念，共建活动的开展既要考虑到政府部门的工作性质，也要结合环境学院博士研究生特点，每次活动的开展提前召开协商会议，认真规划，合理布局，做到真诚合作，互利共赢。校地合作共建水平的提升，有效激发了双方党建活力，同时党员同志们在知识品德、知行合一上也有多重收获，真正实现了党建工作与机构发展的深度融合，为下一步携手并进、互惠共赢打下了坚实基础。

### （三）依托专业优势，打造品牌活动

学生党建工作是高校基础党建工作的一个重要组成部分，博士生党支部可以依托学科专业的特点，以党建活动为载体开展两者互融实践活动。这样既能发挥专业优势，又能将专业理论与实践相结合，还能充分调动学生党员参与活动的积极性、主动性和创造性，提升学生党员的实践能力，也能为高校基层党组织注入新思想、新理念和新动力。

环院2018级博士生党支部积极与地方党政部门共建，打造支部品牌活动，为环境专业学生提供了良好的展现自我的平台。参与活动率基本覆盖全部党支部，培养了学生社会责任感和专业使命感，为守护上海周边绿色乡村，助力美丽乡村建设，建设绿色环保家园，服务乡村振兴和地方发展提供了智力支持。

## 三、教育过程

推进基层党组织工作创新，增强党员队伍生机活力，是新形势下加强和改进党的

建设的重要课题和紧迫任务。

环院 2018 级博士生党支部以党建为引领,将班团建设与学术科研、服务地方相结合,做扎根中国大地的科学研究者,潜心科学研究,把科研论文书写在祖国大地上,为祖国的发展贡献力量。在党建工作过程中,支部找准校地党建工作的结合点,摸清党建与业务工作的平衡关系,实现了学做互促、知行合一,党建工作成效显现。

### (一)结合专业优势,发挥学科力量

作为环院思政教师,在日常工作中我接触到奉贤区马路村,该村位于上海市奉贤区庄行镇境内,占地面积 2.81 平方公里。全村总户数 749 户,总人口 2 120 人。该村曾荣获"全国造林绿化千家村""2013—2014 年度文明村""2014—2015 年度奉贤区社会治安综合治理先进集体"等称号。在迅速的发展中,马路村在经济建设、美丽乡村建设和文化建设上取得了丰硕成果。同时,在发展过程中也遇到了一些棘手难题,例如,种植业和畜牧业可能导致的污染,民众生活环保意识有待提高,产业技术理论与环境的协调等。

环院博士生党支部和马路村在党建和业务工作上有很大的契合度,我认为可以通过结对共建模式开展互帮互助,既可实现优势互补和促进共赢,也可以共建深化专业内涵,以党建推动业务发展,实现双方工作的稳步提升。我经过多次与双方的沟通,不断探索高校与基层党支部共建新模式,终于推动了 2018 级博士生党支部与马路村结对共建。在寒暑假和周末,我带领党员同学实地走访调研,了解奉贤区庄行镇马路村生态农业的发展状况,开展环境保护和垃圾分类知识的普及讲座、关爱独居老人的公益活动,建立环境学院博士生梨树认养林以及土壤检测与修复工作。对马路村周边土壤、水环境、垃圾分类状况进行调研,建立了长期环境监测体系。

### (二)落实"七个有力",打造学科团队

**"七个有力"标准**

教育部党组印发了《关于高校党组织"对标争先"建设计划的实施意见》,分别从高校党委、院(系)党组织、基层党支部三个层面明确了"对标争先"要求。文件指出,基层党支部是党在高校全部工作和战斗力的基础,在"对标争先"中,要做到"七个有力"。一是教育党员有力;二是管理党员有力;三是监督党员有力;四是组织师生有力;五是宣传师生有力;六是凝聚师生有力;七是服务师生有力。

为培育支部品牌,凸显基层党组织的凝聚力和战斗力,充分发挥基层党组织的战斗堡垒作用,支部启动了"三步走"战略。一是严格落实"三会一课"制度和主题党日活动,规范支部政治生活。对于在外出差或实习的党员,开通"腾讯会议室",让党员按时参加支部大会,接受教育,发表意见,参与表决等。二是对标"七个有力"标准,亮出党员身份。支部对标教育部提出的"七个有力"标准,制定了"支部党员十不准"和"支部党员十向前"两项规定,提出"牢记党员身份,争

做博士生标兵"要求，亮出了党员身份，增强了党员意识。三是着力党务业务融合，打造学科团队。支部将理论学习与业务学习相结合，学以致用，以用促学，经常开展专业比武，强化学科团队科研能力，立足岗位成长成才。

### （三）紧跟时代步伐，传播正能量

一是做党的思想政策的传播者。党支部与共建单位认真学习贯彻党的十九大精神，积极宣传党的路线、方针、政策。两年来，庄行镇和马路村微信公众号、官网先后多次报道了双方主题党日活动、支部共建学习讨论等，产生了较大的社会反响。当"最强大脑"遇上"最美乡村"，碰撞出共建火花，既打响了交大和生态马路的名片，又为乡村振兴提供了专业有力的支持。

二是做青年战疫的鼓劲者。2020 年新冠肺炎疫情暴发的第一时间，支部即以网络为纽带，发动党员围绕疫情开展线上线下志愿服务，支部 3 名党员和入党积极分子参加了服务社区的志愿活动，为抗疫做出了贡献，学院"环抱未来 SJTU"公众号报道了他们的抗疫事迹。

三是做科普微视频的宣讲者。支部与共建单位联合推出《博士说》科普微视频，用新颖活泼的形式开展健康科普，助力公民健康素养提升，切实发挥了环院在环境领域的专业优势。

## 四、总结反思

2018 级博士生党支部扎实加强自身建设，把党支部建在班级上，不断改进基层党组织设置模式，极大地提高了班级的凝聚力，充分地发挥了党支部的战斗堡垒作用和党员的先锋模范作用。环院将支部活动与实践育人相结合，坚持理论教育与实践养成相结合，不断强化学生价值引领，利用专业优势大力弘扬传播正能量，产生了良好的社会反响，形成了自身的特色和品牌。

### （一）创新党建活动方式

长期以来，学生党建活动的内容多以读报纸、看视频、学文件、搞文娱等活动为主，现在以结对共建的方式开展，如新老党员"一帮一"结对子，开展互学互促互动，使党支部活动方式和活动内容不断创新，提升了党员参与活动的积极性。

在与马路村党委的共建过程中，2018 级博士生党支部为马路村提供了三套环境评估治理方案，帮助马路村建立和完善了环境监测和治理长效预警机制。此外，针对居民生活垃圾分类和环保类的问题，还长期开展惠民环保知识讲座及各类公益活动，如捐赠爱心物资、关爱独居老人、关爱自闭症儿童等。村民也积极参与各种活动，活动参与者累计约 120 人次。

### （二）凸显党员先锋模范作用

无论是在繁杂的学习科研工作中，还是在助力马路村美丽乡村建设中，支部党员均发挥了先锋模范作用。2018级博士生党支部党员同志们克服时间、距离上的困难，周末节假日干劲不减、激情不褪，始终保持高昂的工作热情，出色完成了各项工作任务。党员的党性进一步增强，党支部活力也得到进一步加强。支部获得了上海交通大学"2019年暑期社会实践三等奖"，支部成员获得了"2020年暑期社会实践优秀个人"等荣誉。后期还拟在马路村建立院长办公室和博士生工作站作为日后科研工作基站。

而今马路村的发展不倚仗工业，而是依托"气净、水净、土净"的独特资源优势，大力发展环保农业、生态农业、休闲农业，成为上海的"菜篮子""后花园"，服务于以上海为主的周边大中城市。博士生也利用所学专业知识指导美丽乡村建设，逐步积累宝贵经验，逐步成长发展，促进了博士生党建工作蓬勃发展，创新了研究生党建工作品牌，有效提升了博士生党支部建设的活力，增强了党建工作对于博士生的感染力和影响力。

### （三）构建"党建＋思政"协同育人模式

在高校人才培养环节中，大学生党建工作与思想教育价值引领占据着举足轻重的地位。在育人价值方面，两者的作用更是不容忽视。2018级博士生党支部充分运用"党建引领、协同育人"的发展规律，从"立德树人"的根本任务出发，寻找合适的党建工作开展方式，以此不断加强高校学生党建工作和思想政治教育的相互融合，努力完善两者协同育人机制，构建全员、全过程、全方位协同育人的新模式，为培养中国特色社会主义事业接班人添砖加瓦。

同时，深化课程思政建设，用好"绿水青山"博士生讲师团绿色名片，全年面向企事业单位、中小学校、社区开展宣讲会，将"垃圾分类""吸吸相关""食品安全"3个课件打造成精品课程。支部还创新举办了"党员我先行""党旗下的环境人"沙龙活动，邀请专家学者、优秀毕业生党员讲理论、谈实践，分享经验、共话成长成才。这种"党建＋思政"的协同育人模式取得了良好的效果。

# 搭建军政校企党支部共建平台，<br>提升党建育人工作实效

安泰经济与管理学院　黄超芸

## 一、案例简介

案例来源：安泰经济与管理学院。

基本情况：为进一步落实全国高校思想政治工作会议和全国教育大会的工作要求，围绕学校"立德树人"根本任务和"四位一体"育人理念，安泰经济与管理学院军政校企党支部共建平台坚持围绕中心工作开展党建工作，切实发挥党建工作在科研能力提升、就业引导等多个方面的引领作用。

学院的学生党支部作为我们党在学生党员中的基层组织，发挥着教育、管理、监督学生党员和组织、凝聚、服务广大学生的重要作用。以往学生党支部建设过程中，"三会一课"工作落实形式单一，缺乏创新，学生党员参与的积极性不高，学生群体以支部为单位开展学习，具有一定局限性。为进一步提升基层组织力和基层学生支部活力，发挥党建工作的育人功能，学院经过研究和讨论，整合资源搭建"军政校企党支部共建平台"，通过前期试点和全面推进的过程，逐渐实现所有学生党支部走出去，对接一线，与企业、科研单位、武警部队等合作，开展主题党日活动，将"三会一课"融入结对共建中，落实"两学一做"，依托共建平台丰富党建内涵，提升育人实效。

自 2018 年平台建设以来，共结对校外武警部队、企事业单位和政府管理部门党支部 20 个，形成了三大共建模式，将志愿服务、社会实践、课题研究等共建内容融入共建活动，通过共建平台以党建引领育人工作，实现共建双方的互助共赢，切实提升了学生党支部的建设质量和水平。

## 二、案例分析

### （一）问题分析

在学生党支部建设过程中，如何进一步提升"三会一课"和"两学一做"学习教育活动在育人工作中的实效性有待进一步的研究和探索。通过调研，我们根据学生党支部的工作开展情况进行深入分析，对现有学生党支部学习教育活动开展情况进行总结，主要存在以下问题。

1. 在基层支部组织层面，组织生活开展在形式和内容上都存在一定局限性

（1）支部组织生活开展形式单一。学生党支部主要以主题党课等理论学习形式开展主题党日活动，主要局限于支部内部的学习和交流。

（2）一部分组织生活开展的内容与党员个人成长发展实际脱离、与社会行业实际情况脱离。学生党支部的组织生活大多以党课授课为主，与学生党员个人发展的结合度不够深入，部分支部会结合职业发展等主题开展主题党日活动，但主要也以分享交流为主，与实践结合较少。

2. 在学生党员个体层面，个体积极性和创造性有待提高和开发

（1）学生党员参与组织生活的积极性不高，往往以完成任务的心态参加组织生活会，对组织生活会重视程度不够。

（2）组织生活对学生党员的教育实效不够。理论教育多停留在纸面，难以入心，学生党员缺乏实践上的教育，而没有亲身实践很难实现教育效果的入脑入心。

### （二）对策分析

针对学生党支部组织生活开展过程中存在的问题，我们以学生党员个体发展需要和成长规律为基础，结合支部建设的要求，提出了以下几项对策。

1. 依托支部结对共建，推动党建引领就业，引导落地一线

通过与就业引导单位的党支部结对共建，搭建学生党员与引导单位沟通交流的平台，深化学生党员的行业认知和专业使命，培养学生党员扎根行业一线、服务国家战略的责任意识。

2. 依托支部结对共建，促成党建引领学术科研，服务行业

通过与专业相关的政府部门研究机构和科研院所党支部结对共建，针对经管专业的特色，为学生党员提供科研支持的平台，通过共建平台实现数据上的共享、研究上的互助。

3. 依托支部结对共建，丰富组织生活的内容和形式，激发基层活力

将课题调研、社会实践、志愿服务、理论学习等多个方面的组织生活纳入结对

共建的过程中，丰富党员教育的内容和形式，贴近大学生党员的成长规律和思想特征，激发基层支部的活力，提升学生党员参与的积极性，发挥支部组织生活的育人实效。

围绕育人中心开展党建工作是本案例提出的核心要义，通过搭建军政校企支部结对共建平台，在实现组织生活政治功能的基础上，进一步深挖学生党员教育的内涵，全面提升学生党员的素养，达到助力在校生成长成才的目的。

## 三、教育过程

### （一）教育开展的过程

#### 1. 前期试点

2018年春季学期，学院B1612091党支部与武警上海总队执勤第五支队六中队党支部结对，尝试以主题教育模式开展结对共建工作。通过前期调研，了解了两个结对支部目前工作的实际情况和对组织生活形式内容的需求。后期项目实施阶段，通过与结对支部共同学习党的理论知识、体验军营的训练生活等，提升了学生党员的爱国情怀和报国热情。

#### 2. 全面推进

2018年秋季学期，学院开始全面推进党支部结对共建工作，学生党支部与校外总计20支党支部建立了共建关系（详见下表）。基于长期的共建关系，年度的共建计划中，各支部与共建单位每年度至少完成2次共建活动。目的在于鼓励学生党员走出课堂、走出校园，深入社会、走进基层，通过亲身实践和历练实现自我教育和自我提升。2019年5月，学院举办了"结对共建促发展，合力育人谱新篇"安泰经济与管理学院军政校企支部结对共建仪式，阶段性总结了共建工作的开展情况，并进一步研讨了如何通过党建工作促进中心工作的进一步深入。

**结对共建单位情况一览表**

| 1 | 中共上海水之园经济城有限公司总支部委员会 | 5 | 中共东方国际集团有限公司总部第十一支部委员会 |
|---|---|---|---|
| 2 | 中共证通股份有限公司委员会第六支部委员会 | 6 | 中共东方国际集团上海投资有限公司支部委员会 |
| 3 | 中共武警上海总队执勤第五支队六中队支部委员会 | 7 | 中共东方国际集团上海投资有限公司联合支部委员会 |
| 4 | 中共招商银行上海分行零售金融事业部支部委员会 | 8 | 中共财通证券资产管理有限公司第一支部委员会 |

| 9 | 中共光大期货有限公司第六联合支部委员会 | 15 | 中共国开行（上海）规划处支部委员会 |
|---|---|---|---|
| 10 | 中共嘉定菊园新区机关第二支部委员会 | 16 | 中共上海国资经营第二支部委员会 |
| 11 | 中共上海临港漕河泾人才有限公司总支部委员会 | 17 | 中共徐汇滨江西岸集团支部委员会 |
| 12 | 中共申万宏源证券有限公司投资交易事业部支部委员会 | 18 | 中共上海银监局政策法规处支部委员会 |
| 13 | 中共宁波东钱湖旅游度假区钱湖人家社区总支部委员会 | 19 | 中共山东省新泰市龙廷镇政府委员会 |
| 14 | 中共申银万国证券研究所有限公司第二支部委员会 | 20 | 中共上海市第四中学委员会 |

### （二）教育开展的效果

**1. 提升了基层支部的活力**

共建活动丰富了支部组织生活的形式和内容，支部成员踊跃参加。每年寒暑假，支部根据共建计划申报党建专项社会实践，部分党建专项社会实践活动获评优秀。其中，2017级博士生党支部荣获2019年上海市教卫党委系统"先进基层党组织"称号。

**2. 发挥了党建育人的实效**

依托共建平台，涌现了一批有代表性的共建成果。如2017级博士生党支部与清算所结对，多次与清算所相关部门进行科研学术的研讨，支部内成员依托清算所平台的数据撰写和发表的英文论文受到业界认可。学院A181209党支部依托与国开行上海分行规划处党支部结对的平台，与江西省工商联合作开展暑期社会实践调研活动，形成政策咨询文件《江西省民营企业融资政策与企业家投资信心调研报告》，助力江西民营企业发展。

**3. 形成了共建工作的模式**

学院经过长期的尝试和探索，形成了主题教育共建模式、课题研究共建模式、人才培养共建模式三大共建模式，为党建育人工作提供了工作案例，创新了育人机制，进一步推动了学生党员素养和能力的全方位提升，促进了学生思政教育的入脑入心。

## 四、总结反思

### （一）案例总结

经过近三年的探索和实践，关于军政校企党支部共建平台的建设，我们总结了以下三大共建模式。

1. 主题教育共建模式

突出理论学习和党性教育，注重社会主义核心价值观的建设。强调加强支部成员的理论学习和党性修养，两个支部充分利用双方优势，联合开展主题党日教育。

2. 课题研究共建模式

突出问题导向和课题研究。结合基层或企事业单位在生产实践和管理过程中遇到的困难或问题，对接党支部工作实际，以课题研究、协同推进的方式共同寻求解决方案。

3. 就业引导共建模式

突出就业导向和专业相关。依托经管类学生的专业特点，对接与专业紧密相关的企业，充分发挥支部学生党员的专业背景和学科知识，发挥对口行业的资源优势，在人才培养、职业生涯发展方面共建共赢，进一步推动就业引导工作的落实。

各学生支部根据自身需求和专业特色与相关校外支部结对共同开展组织生活，进一步激发了基层学生支部的活力，提升了学生党员的党性修养、实践能力、科研素养和报国情怀。学院围绕学校"四位一体"的人才培养理念，将育人工作作为党建工作的核心，形成了校内外党支部结对共建的工作案例。

（二）案例反思

军政校企党支部共建平台建设过程中也遇到了一系列问题，对共建关系、共建实效等提出了挑战。

1. 支部设置阻碍了共建关系的接续

依托班级设置的学生党支部，存在流动性大、存续时间短等问题，班级学生毕业后，原共建关系的接续是需要解决的问题。目前，采取由同专业新生支部接续毕业生支部结对单位的方式接续共建关系。

2. 人事变动频繁影响了共建关系的稳定

结对单位人事变动也容易影响共建关系的稳定，目前我们主要通过与共建单位签订共建协议，并通过举行颁证仪式等方式，尽可能地稳定共建关系，促进长期的工作开展。

3. 疫情等特殊情况的发生对共建关系产生一定影响

由于不可抗力因素如2020年突然暴发新冠肺炎疫情，原计划的共建活动受到了影响，待情况好转后，尽可能恢复原有计划开展工作。

2020年，为解决实践过程中遇到的以上问题，我们尝试转化动态的共建关系为固态的基地建设。通过建设党员志愿服务基地与党员社会实践基地，实现共建关系的稳固化。原有的动态关系持续推进，在此基础上选取有代表性的合作单位形成固定的基地。目前，已完成一个学生党员志愿服务基地的建设。对于共建机制方面，建立长效动态机制能够维持共建项目的稳定永续进行；而固态共建机制则可通过点对点深入沟通、以点带面的方式，以形成个人的深入交流为基石，推动组织层面的深入了解。动态、固态共建机制各有优势，未来在建设长效支部共建项目时，应充分考虑共建支部特色与学生需求，因地制宜地发展合适的共建机制。

# 建设兼具家国情怀和世界眼光的卓越学生党支部

人文学院　韩红蕊

## 一、案例简介

**案例来源**：人文学院学生第三党支部。

**基本情况**：人文学院学生第三党支部成立于 2015 年，由人文学院汉语国际教育和语言学及应用语言学两个专业构成，支部成员均为硕士研究生，95% 的支部成员年龄在 22～23 岁，其余成员年龄在 29～30 岁。

学生党支部是党在高校中的基层组织，是党密切联系青年学生的桥梁和纽带，建设好学生党支部，对于改进高校党建工作、加强党对高校的领导具有重要意义。然而，受到自由而复杂的社会环境影响，我院当前学生党支部在组织生活中仍然存在一些问题。针对学生党支部活力不足、支部党员服务意识弱化等问题，人文学院学生第三党支部以价值引领为导向，以培养兼具家国情怀和世界眼光的卓越人才为目标，积极开展"沉浸式"党课，创新党课教育方式；搭建寓教于乐的平台，在培养学生党员的专业志趣的同时提高他们的社会责任感。如今，人文学院学生第三党支部的党员砥砺品格，带着交大人的责任和使命遍布祖国和世界各地，党支部就业引导工作成绩斐然。

人文学院学生第三党支部现有学生党员 21 人，其中正式党员 18 人，预备党员 3 人。自党支部成立以来，立足实际，紧紧围绕学院人文特色浓厚、汉教中心留学生数量多的特点，充分发挥党员同学的专业优势，组织开展了国学起跑线、海外汉语志愿服务等服务类品牌活动，形式多样、内容丰富。这些行之有效的活动，切实提高了党员同学的服务意识，同时，在助力文化传播，讲述可爱中国，打造"服务奉献型"特色学生党支部方面，发挥了重要作用。

## 二、案例分析

学生党支部作为高校基层党组织的有机组成部分,肩负着启发、团结、凝聚、教育、管理广大有为青年的重要作用。然而,受到自由而复杂的社会环境影响,我院当前学生党支部在组织生活中仍然存在一些问题。具体来说:

(1)支部生活更多着眼于上级要求的时政热点,缺乏内部自身的、系统的、主动的学习思路;

(2)注重理论学习,但在实践上与学科专业脱节,活动形式单一严肃,缺乏吸引力;

(3)党支部中研究生党员群体比例高且生源多样,年龄跨度大、社会背景与价值认识亦有所差异,且受学制影响,成员对党支部的归属感不强。

基于对学生党支部活力不足的原因分析及对研究生党员群体客观现状的把握,我们进行了深入的思考,决定将思想价值引领工作作为党员先进性教育的重要内容,以培养兼具家国情怀和世界眼光的卓越人才为目标,依托专业特色和学科优势,积极利用人文学院在党史党建方面的优质教师资源,在长期实践中,走出一条行之有效的学生党支部建设道路。

### (一)制订全年学习计划,有序开展理论学习

在组织开展学生第三党支部支部生活时,我们始终将思想价值引领和思想学习建设放在首位。在2020年的支部生活中,定期邀请学院领导、关工委老同志、知名教授等进支部讲党课,为学生党员指点迷津,如邀请上海社科院党委书记潘世伟教授作"关于意识形态建设的若干思考"专题报告、邀请校关工委原副主任李彩英老师作"脱贫攻坚与全面建成小康社会的意义"主题讲座。2020年12月24日,在上海交通大学第十一次党代会圆满闭幕之际,邀请校党委副书记顾锋为第三党支部的党员解读党代会工作报告的主题和重点任务。

自2018年起,学生第三党支部积极响应教育部关工委、校关工委和学指委的号召,引导支部成员参加教育部关工委"读懂中国"活动。2018年,支部专访上海交通大学原副校长范祖德。2019年,支部持续开展"读懂中国"活动,专访中共党员黄良余。2020年,围绕"脱贫攻坚"这一主题,支部采访了关工委原副主任李彩英及人文学院原副院长唐一中。

> **"读懂中国"活动**
>
> "读懂中国"项目是教育部关工委2018年推出的助力主渠道开展思想政治工作的品牌活动,旨在通过身边人讲自身事,感动影响身边人。

### （二）发挥人文专业优势，创新党课教育方式

探索并尝试开展"沉浸式党课"。在参观红色景点等社会实践活动中，我们聘请人文学院历史系专家教授或研究生，为学生党员实地讲党课。2019年，我们邀请范慕尤老师担任专业指导教师，在秋瑾故居、周恩来祖居及绍兴博物馆为党员学生实地讲授党课，从鉴湖女侠的革命精神，讲到鲁迅的人民性，先辈们的崇高品质和对革命道路的坚定信念，鼓舞着党员将前辈们的爱国之情融入学习和生活中去。参加此次"浸润式"党课的学生党员表示，通过考察一系列具有特殊意义的名人古迹，感受到了中华民族源远流长的历史和革命先辈的奋斗历程，也在不知不觉中增强了自身的爱国意识、历史责任感以及实现民族伟大复兴的使命感。2020年，我作为领队老师，带领学生党员前往上海市虹口区的赵世炎旧居、鲁迅故居以及瞿秋白旧居开展实地讲党课活动。通过实地探访以及革命故事分享，同学们进一步学习了党的伟大事业的星星之火是如何通过这些无畏的革命先烈前赴后继，终于得以形成燎原之势的。通过此次"浸润式"党课的学习，党员同学用更加坚定的理想信念筑牢了精神之基。从2017年至今，我们已累计开展"沉浸式党课"6次，极大地提高了学生的积极性，理论学习效果显著，党支部活力也得到了提升。

### （三）统筹第二课堂教育，发挥实践在党支部活力建设中的重要作用

打造以党建社会实践、党员先锋志愿服务、党史知识竞赛等为一体的第二课堂，形成对第一课堂的有效补充，将浸润式党课教育、调查与科研能力培养融入社会实践，充分发挥实践在党支部活力建设中的重要作用。

从2016年起，我们每年组织学生党员赴内蒙古鄂尔多斯市开展暑期社会实践，带领学生党员深入西部、深入基层，引导学生深入了解中国，未来在祖国需要的地方建功立业，目前已在内蒙古自治区城川民族干部学院、恩格贝沙漠博物馆、成吉思汗陵、空港物流园区、兴安盟等地建立暑期社会实践基地；依托人文青志队，选派优秀学生党员担任中国国际进口博览会、上海国际马拉松赛等重要活动志愿者，服务国家重大战略的同时，培养学生党员的使命感、责任感及志愿服务精神。

在2020年疫情防控常态化背景下，我们积极探索学生党支部开展社会实践的新方式，组织开展"星星之火，何以燎原"属地社会实践团，组织学生党员分赴各地红色基地考察学习，绘制红色地图，撰写心得体会，该项目获评校2020年党建专项社会实践优秀项目。依托项目成果，学生党员开展"四史"微团课、微党课，倡导学生团员及学生党员学四史、守初心、担使命，用青春告白祖国。

### （四）围绕"服务奉献型"支部建设主题，开展特色品牌建设活动

"国学起跑线"项目依托学院人文特色和党员专业优势，提供国学教学服务，旨在

提高学生党员的服务意识,打造有情怀、有价值、有温度的特色活动。同时,每次"国学起跑线"活动的开展均邀请学院留学生参加,帮助留学生提高汉语水平,深入感知中国文化。海外汉语志愿服务项目每年派出汉语国际教育专业优秀党员,赴澳大利亚、新西兰等地孔子学院担任汉语志愿者。党员在教授汉语、传播中华文化的同时,以承担社会责任为己任,自觉担当照顾同行志愿者、服务当地孔院同事的责任,积极践行社会主义核心价值观。

## 三、教育过程

在建设人文学院学生第三党支部过程中,我们讲求务实创新,为党员学生提供锻炼自我、提升自我的平台,努力做到活动多样化、服务人性化。在开展主题党日活动过程中,党支部书记和支委除了精心策划组织外,也会鼓励动员支部成员们积极建言献策,切实参与活动的准备、宣传等诸多环节,充分调动发挥党员同学的积极性与主动性,进一步增强支部的凝聚力。在每一次的活动中,每一位党员都会充分地参与活动的组织筹备,共同努力建设支部品牌活动,发挥党支部的基层力量,与支部共同成长进步。在支部成员的共同努力下,支部也取得了令人瞩目的成绩:

(1) 获评 2016—2017 年度上海交通大学优秀学生党支部;

(2) 获评 2017 年度上海交通大学学生基层党组织建设基金项目示范学生党支部;

(3) 获评 2018 年度上海交通大学"共行计划"中期考核优秀党支部;

(4) 2018 年 12 月,"读懂中国"活动征文《饮水思源　弘毅致远——范祖德教授访谈》获上海交通大学 2018 年"读懂中国"活动征文一等奖,并在中国教育电视台展示播出;

(5) 2019 年 5 月,获评 2018—2019 年度上海交通大学先进基层党组织;

(6) 2019 年 12 月,"引领党员知国情,深入西部洒青春"项目获评 2019 年度"共行计划"优秀项目;

(7) 2020 年 9 月,"星星之火,何以燎原"实践团获评党建专项社会实践优秀项目。

在党支部的建设过程中,许多优秀学子深受党支部服务理念的浸染,选择用青春奉献祖国,以青春回报祖国,做怀揣家国情怀的追梦青年,如 2018 届毕业生张楠青选择赴联合国教科文组织以"世界眼光、家国情怀"为目标继续学习、深造,为儿童权益保护和儿童教育保护贡献自身力量;从 2016 年至今,四位党支部书记章元羚、吴廷廷、李楠、吴怡婧分别前往华为、上海世纪出版集团、仁济医院团委、中共江苏省委组织部任职,以青春之我,创青春中国,在祖国大地上发光发热。

我们始终将价值引领和专业特色作为支部建设的重要指向,打造品牌,通过传承、帮带,在全院及全校范围内形成了颇具影响力的品牌辐射效应。近几年,"服务奉献型"支部建设模式进一步成熟,支部品牌影响力持续扩大,实现了同级横向辐射、纵向拓展示范的良性循环。

## 四、总结反思

人文学院学生第三党支部能够在思想学习建设、实践服务建设和特色品牌建设方面都取得成就,要归功于优秀的党支部书记及支委的努力、合理的党支部设置和专业特色品牌服务等。

在不断努力、不断取得阶段性成果的道路上,我们也总结出了一些成功经验。学生第三党支部的建设成果离不开党支部每一位成员的努力,也与支部自身的设置和特点密切相关。总结下来,支部建设成效显著的原因主要有三个。

### (一)党支部书记及支委选拔严格,引导正确,培养精准

自 2015 年以来,学生第三党支部对党支部书记及支委的准入要求十分明确,选拔标准较为严格。选优配强党支部书记和支委,切实加强培训、管理、考核,按期做好换届工作,党支部书记及支委始终秉持尽心尽力的原则,在工作上一丝不苟,具备高度的奉献意识和责任意识。

### (二)党支部设置合理,定位清晰

以学科为依托设置学生党支部,学生党支部成员主要由人文学院徐汇校区汉语国际教育专业和语言学及应用语言学专业的硕士生组成,大家所学学科相同或相近,易建立紧密联系。党员人数保持在 20 人左右。党支部以"组织设置合理、职能定位明晰、工作全面覆盖"为目标,将支部建设目标定位为"服务奉献型"党支部,并围绕这一目标,开展了一系列行之有效的主题党日活动。

### (三)发挥专业特色优势,打造志愿服务品牌

党支部始终围绕"服务"主题,结合学科优势和专业特色,在打造志愿服务品牌上不断发挥所长:"国学起跑线"旨在服务上海交大教职工子女,弘扬中华传统文化,培养党员学生的行业情怀;海外志愿者旨在服务海外孔子学院,赴世界各地传播中国语言文化,讲好中国故事。

人文学院学生第三党支部的支部建设虽取得了一些成绩,但尚有较大的进步发展空间,表现如下。首先,应进一步健全院级青年马克思主义学校(以下简称"青马学校")在党支部建设中的教育管理作用,将党员的先锋模范作用扩大到入党申请人和入党积极分子。重视入党前的培训教育及入党后的继续教育管理。其次,进一步完

善奖惩激励机制。为表现优秀的党员提供更多的培训学习机会、赴基层进行社会实践的机会及报考选调生的机会,进一步提高核心就业引导率。最后,要凸显专业实践,开展服务活动。如何将专业教育与学生党员素养教育相结合,将理论学习与社会实践活动相结合,一直是高校学生党支部需要解决的重要问题。聚焦专业实践,以自身所学提供专业而有效的服务活动,是解决这一难题行之有效的方法。

# 深入推进"读懂中国"，
# "五老"精神代代相传

媒体与传播学院　李永久

## 一、案例简介

**案例来源**：媒体与传播学院参加"读懂中国"活动的青年学生。

**基本情况**：2018 年以来，上海交通大学持续四年开展"读懂中国"活动，采访王宗光、刘西拉、孔海南、黄良余等教授的微视频作品荣获了当年度教育部关工委最佳微视频奖。

为了深入学习贯彻习近平总书记对关心下一代工作的重要指示精神，使我校广大青年学生受到生动鲜活的"四史"教育，以"五老"精神引领和带动大学生，上海交通大学各学院积极参加"读懂中国"活动。2018年，"读懂中国"活动的主题是"改革在身边、开放在眼前"。媒体与传播学院学生响应号

> **"五老"精神**
>
> "五老"精神是广大"老干部、老战士、老专家、老教师、老模范"在关心下一代工作中产生和形成的一种价值理念。

召，通过采访王宗光教授，推出了微视频《读懂中国之高教改革立潮头》，讲述了王宗光作为上海交通大学的改革开放历史参与者和见证者，从上海交通大学毕业后从一名普通教师成长为校领导班子成员，将青春和心血奉献给学校建设和发展的经历。2019 年，"读懂中国"活动以"我和我的祖国"为主题，船舶海洋与建筑工程学院推出了微视频《立德树人，润物无声——刘西拉教授访谈》，通过对刘西拉教授生平事迹的讲述，反映上海交大老教授与共和国同呼吸共命运的光辉历程。2020 年，"读懂中国"活动以"全面小康，奋斗有我"为主题，材料科学与工程学院制作了《不失戎马志，余热生辉时——黄良余教授访谈》，该视频源自 91 岁高龄的材料学院退休教授——黄良余的真实事迹：黄教授于 20 世纪 80 年代，带领五人团队圆满完成"大口径、大深

度铝合金鱼雷研制"科研项目,使我国鱼雷下潜深度达到 400 米;退休多年仍心系家国,向党缴纳万元特殊党费;关怀社会,先后捐助贫困学生三十余位,为母校浦江中学设立奖学金,多次为抗震救灾捐赠积蓄,在 2020 年全国抗击新冠肺炎疫情的第一时刻,身处病房的他携妻捐款 100 万元。2021 年,媒体与传播学院和环境科学与工程学院联合制作了视频《洱海情、绿水梦——孔海南教授访谈》,讲述了孔海南教授十六年如一日坚守在洱海治理水污染,将自己的人生设计与祖国的明天和民族的发展、社会的需求联系在一起,将个人追求与祖国需要结合在一起,守得洱海水清山静月明的感人事迹。孔教授退休之后还捐出自己的积蓄 200 万元设立洱海教育人才基金,以推动一代一代人的接力,完成洱海的治理任务。

## 二、案例分析

### (一)问题分析

当今时代,面对不断发展变化的外部环境,大学生思想政治教育既显得十分重要,又尤为困难。现在的在校大学生是 21 世纪前后出生的一代,这是一个生机勃勃、视野宽广、开放自信、富于创新的青年群体。当代的大学生具有求知欲望强、思维活跃、对新生事物充满好奇等许多长处,但也正如习近平总书记所指出的,"大学生正处在人生成长的关键时期,知识体系搭建尚未完成,价值观塑造尚未成型,情感心理尚未成熟"(《习近平关于青少年和共青团工作论述摘编》,中央文献出版社 2017 年版,第 37—38 页)。总结我院青年学生特点,发现与时代对大学生的要求,与党和国家对大学生的希望,还存在着差距和不足,主要表现在以下几个方面。

1. 部分同学政治认知能力有待提高

一些同学存在政治信仰模糊、理想信念不坚定、基础知识薄弱、政治关注度低和政治追求动力弱的问题。这些同学对历史了解不深,缺乏国情意识,缺少社会实践和锻炼,当接触到西方各种文化思潮或各种政治观点时,尚做不到对中国特色社会主义的"四个自信"。

2. 部分同学缺乏正确的价值判断

部分同学存在道德标准模糊、是非观念不清、价值判断混乱的问题。特别是在人生价值取向上,部分同学缺乏社会责任感和担当意识,缺少担当民族复兴大任的远大志向和家国情怀,满足"小确幸",把成为"高级白领"作为个人奋斗目标。这种错误的价值取向突出表现在对未来职业的选择以收入为导向,并出现明显的"跟风"现象,比如,不考虑主客观条件一窝蜂地选择金融类专业。

3. 一些同学心理承受能力不足

当前很多同学成长环境优越,从小吃苦少、依赖性强,常常以自我为中心,心理承受力弱。很多同学在父母的庇护下长大,没有经历过挫折,遇到一点困难就退缩,缺乏坚持不懈的毅力和持之以恒的精神。

（二）对策分析

通过对学生中存在的问题的分析,我们认为"读懂中国"活动,拍摄采访"五老"的系列视频,恰恰能够对当前学生的思想起到引领和带动的教育作用。活动采访的上海交大"五老",或是历史的开拓者和见证人,或是在专业领域为党和国家做出过突出贡献者,他们的品格、精神、阅历、经验等都给学生带来了正向的促进作用。主要表现在以下几个方面。

1. 他们坚定的理想信念、丰富的政治经验、深厚的理论功底给大学生以潜移默化的影响

老教授们有着坚定的理想信念和深厚的理论功底,思政教育经验丰富,用亲身经历现身说法做思想政治工作,青年更容易接受。他们与学生谈及理想、信念、中国梦,聊至改革、奋进、坚守,这些道理词汇从他们口中讲出,具象、生动、鲜活、触手可及,能够给大学生以潜移默化的影响。

2. 他们恪尽职守,臻于至善,工作贡献突出,给大学生树立了榜样

老教授们有远大志向和家国情怀,一生爱岗敬业,勤奋工作,在漫长的工作实践中,积累了丰富的经验和才智。他们在专业领域为党和国家做出过突出贡献,创下辉煌业绩。他们是大学生学习知识、提高技能的潜在资源,在大学生教育中具有重要的传、帮、带作用。

3. 他们以丰富的人生经历现身说法,令人感同身受

老教授们经历风雨见证过历史变迁,以现身说法讲述和分享自己的故事,可让生活在新时代的青年大学生们了解那些充满艰辛但又充满信念的岁月,传递这份宝贵的精神力量。他们在交大工作几十年,现虽已退休,但仍关注下一代成长。老同志对大学生有一种长辈对晚辈的挚爱之情,有一种亲切的情感,更容易与大学生进行心灵的交流和沟通,这也是他们宝贵的亲情优势。

## 三、教育过程

"读懂中国"活动的开展恰逢我国改革开放 40 周年、中华人民共和国成立 70 周年、脱贫攻坚决胜年以及建党 100 周年等重要历史节点。通过活动开展,广大青年学生与中国发展见证者、亲历者的本校"五老"深入交流,感受中国发生的历史性变革,深入理解脱贫攻坚、全面小康等伟大成就,强化对中国共产党的领导和中国特色社会主义的思想认同、情感认同、价值认同,从而树立正确的历史观、民族观、国家观和文化观。

### （一）团队同学走进"五老"，充分了解采访对象的时代背景

以王宗光教授的微视频制作为例，学生团队先通过查找资料、阅读和聆听王宗光教授的讲话对王老的经历进行了解。之后组织了王老的现场讲座，作为上海交大原党委书记，王老满怀热情地讲述了上海交大从一个单一的工科学校发展至如今综合性研究型的国际化大学，成为教育部"双一流"建设大学的发展过程。从上海交大老教授访美的破冰之旅，到校内管理体制改革；从开疆扩土的闵行校区建设，到凝心聚力地申报211、985工程；从与二医大强强联合，再到高校首个成立学生工作指导委员会单位等。讲座结束后，学生团队结合当年的时代背景，对所讲内容进行了选择，最终选取了老教授访美、校内管理体制改革、闵行校区建设等三个重点事件来表现。后期剪辑环节中一稿一稿精益求精，力争制作精良，在限定的时间内把故事的全部精髓呈现出来。最终，《读懂中国之高教改革立潮头》在数十所高校中脱颖而出，入选了教育部关工委首批"读懂中国"展映计划，并在15支最终入围短片中被安排首发播出。有了好的开头，又有了后来一系列的视频和征文制作，回顾整个活动过程，充分采访，结合当时的时代背景是人物呈现的重要基础。

### （二）团队同学充分采访，多地拍摄，充分展现采访对象的多面活动维度

在对上海市劳动模范、我校物理与天文学院教授陈益新的采访中，陈教授讲述了自己的求学之路，表示自己一生都在不断追求创新，在专业科研领域中孜孜不倦。根据事迹内容，团队同学选取了多个拍摄场景，如陈老在校办公室、物理楼实验室、退休后开展研究的公司以及画室等的情景。通过场景变化，生动呈现了陈老在科研上的不懈追求、为祖国光纤事业做出的努力以及对科学与艺术的完美结合。在采访拍摄环境科学与工程学院孔海南教授时，拍摄团队专程与孔老师一起赴洱海，拍摄了孔老师的生活场景和工作场景、孔老师从上海到云南洱海两地奔波的状态以及当地干部和村民对孔老师工作的反馈。

### （三）团队同学认真研讨，虚心求教，事先充分了解采访对象所在领域的专业知识

在拍摄孔海南教授期间，团队师生前期与环境学院多次沟通确定主线，反复讨论和修改脚本，并且多次连线孔海南老师团队的学生，学习了解团队所开展过的专业研究成果，以及团队所开展的具体工作。团队前往大理洱海拍摄时，实地考察了洱海的治理成效以及当地政府和居民对洱海治理成效的切身反馈，历时3个月制作完成。该视频讲述了孔海南教授十六年坚守洱海的深情，体现了孔教授勇担责任的家国情怀。该短视频荣获我校"读懂中国"活动微视频特等奖，教育部关工委最佳短视频奖，并在中国教育电视台播放。

## 四、总结反思

基于当下海量信息传播,以及市场经济条件下多元化信息的冲击,部分大学生存在政治信仰模糊、理想信念不坚定、社会责任感淡薄、心理承受力弱化等问题。本次"读懂中国"活动系列视频采访和拍摄,旨在充分挖掘上海交大"五老"优质资源,发挥"五老"先进典型的引领带动作用,感受新中国建设历程中的重要发展成果,感受老教授们浓厚的家国情怀,引导广大青年学生增强对中国共产党的领导和中国特色社会主义的思想认同、情感认同、价值认同,培养学生的责任感和勇于担当的意识。从活动效果来看,本次活动获得了不错的反响。

### (一)主创同学和受众同学纷纷表示受到了触动和鼓舞

在采访王宗光教授的过程中,王老如数家珍地叙述了发生在上海交大的件件往事,同学们边采访、边倾听、边录像,进一步了解上海交大几十年的发展历程,真正体会了"敢为人先,勇于创新"的交大精神所蕴含的丰富内涵。同学们都表示,这远比刚来学校参观校史馆了解的交大要真切、丰满和鲜活。在陈益新教授身上,同学们感受到了交大人科技报国、科艺双馨的情怀和勇于承担、振兴国家的责任感,同时也感受到了"五老"的真诚关爱之心,以自己的亲身经历和人格魅力感染着年轻一代践行社会主义核心价值观,为社会主义现代化建设添砖加瓦。在孔海南教授的实地采访和视频展现中,主创团队的同学看到了孔教授求真务实、严谨细致的科研态度,受到极大鼓舞,观看视频的同学也表示孔教授坚韧不拔、无私奉献的精神激励着他们将个人追求与国家需要相结合,知行合一,不懈追梦,为祖国的发展贡献力量。

### (二)涌现了一批优秀的学生党员代表

媒体与传播学院2018级硕士研究生党员马姣姣是该系列微视频的主创团队成员之一。疫情期间,她积极投身于防疫防控工作和脱贫攻坚活动中,获得河南省委高校工委、河南省教育厅授予的"新冠肺炎疫情防控优秀大学生群体"荣誉称号,她与同伴的事迹被央视新闻联播、《人民日报》、共产党员网等媒体聚焦报道。马姣姣同学将弘扬"五老"精神落到实处,付诸实践,她的身上体现的正是胸怀祖国、服务人民的家国情怀,听党召唤、追求进步的坚定信念,冲锋在前、甘于奉献的时代担当,这恰恰是"五老"精神所传递的。2018级硕士研究生邹佳雯热心公益事业,自费为贫困学子助学,在疫情期间参与献血和捐款等,毕业求职之际选择了媒体行业,继续用自己的专长做好中国特色社会主义的传播者以及讲好中国故事的践行者。2018级的毕业生选择政府机关、事业单位和媒体行业的人数比例较之前提高了20%。

基于此,总结、反思如下。

**（一）应当把类似于"读懂中国"这样的活动作为配合开展大学生思想政治工作的重要抓手,融入学院思想政治工作**

通过树立和表彰先进模范、宣传先进事迹等宣扬"五老"精神,引导大学生践行社会主义核心价值观,培育当代大学生"四个自信"。尤其是通过身边人讲自身事,感动影响身边人,使同学们在记述和传播老同志的故事中受到生动鲜活的党史国史教育,培养同学们的家国情怀和担当意识。向"五老"学习,不仅仅是弘扬尊重长者的传统美德,更是传扬他们身上经过岁月锤炼的优秀品质。

**（二）活动应体现院系鲜明特色,紧紧围绕时代需求创新育人形式,着力提升活动品质和育人价值**

本案例中,各学院选送拍摄的人物都具有鲜明的学院特色,有助于学生更好地了解所学专业的发展历程。此外,媒体与传播学院与不同院系的合作,不仅发挥了媒传师生运用新媒体的能力,也发挥了其他院系的专业所长,具有鲜明的特色。同时,微视频作为大学生喜闻乐见的方式,有助于进一步提高活动的传播力和创新性。

**（三）要注重调动发挥学生活动参与的积极性和主动性**

本次视频拍摄主要由学生团队执行完成,在此过程中,充分调动学生一起参与。学生们通过实地采访,获得一手素材,这不仅有利于参与团队真实感受老一辈身上值得学习的崇高精神和品质,更有利于主创团队将其更好地传播下去,让更多的同学通过间接的方式受到触动和鼓舞。

**（四）充分利用新媒体平台和新的内容传播手段,达到"参与一个,受益一方"的效果**

习近平总书记在全国高校思想政治工作会议上强调,"要运用新媒体新技术使工作活起来,推动思想政治工作传统优势同信息技术高度融合,增强时代感和吸引力"。本次活动十分重视宣传工作,注重采取适合青年学生的媒体传播形式,在官方微信、主流视频平台上进行传播,进一步扩大了活动的受益面。

总的来说,新时代新背景下弘扬"五老"精神,应把握时代脉搏,深研时代特点规律,创新活动方法和形式,只有这样,才能吸引同学们参与活动,为同学们所接受和认可,真正体现活动的意义,发挥活动的育人价值。

# 党建引领下的大学生网络思想政治教育方式探索
## ——以国务学院党建思政网络文章创作工作室为例

国际与公共事务学院　李锦红

## 一、案例简介

案例来源：国际与公共事务学院（简称国务学院）。

基本情况：注重从思想上建党，是我们党加强自身建设的基本原则和重要法宝，也是党的十八大以来以习近平同志为核心的党中央全面从严治党的鲜明特色。在"两学一做"的背景下，国务学院高度重视学生党员的理论学习工作，坚持以理论学习为引领，推动党建工作上台阶。2017年初，国务学院公共管理专业学生党员自发成立了"习近平治国理政思想学习研究小组"（后更名为"习近平新时代中国特色社会主义思想学习研究小组"）。2017年5月起，国务学院党委整合前期工作基础，统筹谋划学生党建做新做深做实的工作布局，成立了党建思政网络文章创作工作室（以下简称"工作室"）。工作室成立三年来，在线上开辟了"学习路上"与"党员新声"原创专栏，在线下举办了体系性的学习活动，开展了卓有成效的工作，夯实了党员理论学习基础，筑牢了理想信念长城。

## 二、案例分析

### （一）互联网时代下的党建工作

#### 1. 互联网技术使得学生认知方式发生了巨大的变化

互联网技术使得信息的传播形式由中心扩散向网状扩散转变；信息传播的主体由单一向多元转变；信息内容呈指数型增长，在海量增长的同时又变得碎片化、快餐化。以上互联网信息传播的特点，极大扩展了信息交换的跨度、频度和深度。同时网络具有的身份隐匿性对年轻的大学生尤其具有吸引力,大学生能够较为轻松地利用网络探索和获得信息。互联网已然成为大学生获得信息、传播信息、进行价值观交流与重构的主要阵地。并且大学生在通过互联网进行认知时,往往倾向于获取与自身背景、认知习惯、思维立场相似的信息,并在"信息茧房"中不断强化立场认同与自我论证。

2. 党建工作抢占互联网舆论高地的必要性

在互联网成为大学生获取信息、进行认知的主要方式时,传统主流媒体,包括报纸、广播以及电视媒体等,因为其固有的局限性,而受到极大冲击。但互联网媒体的特点是每一个人都可以成为信息源,加之网络的隐蔽性,使得对其信息的监督成为难题。有时学生获得的信息虽多,却未必能了解事实的全部真相,容易被一些精心制造的观点左右。这个时候大学生的党建教育一定要抢占互联网舆论高地,起到思想引领作用,一方面,不让学生因偏听偏信而陷入错误的立场,另一方面,引导学生走出碎片化、快餐化的网络阅读习惯,培养其深度思考、辩证思考的能力。

**(二)传统网络党建中存在的普遍性问题**

国务学院在推进成立工作室的过程中,通过调查比较发现,传统网络党建中存在的问题主要有以下几点。一是重形式、轻内容。不少党建网络平台发布的内容单一、重复,新闻动态多转载近期党和国家的新闻事件、上级部门及学校党委的要闻等,不少内容都为"炒冷饭",缺少新鲜感,学生们的阅读兴趣较低。二是重线上、轻线下。党建网络平台的建设若缺少实践支撑,一方面容易成为无源之水、无本之木,另一方面也会使得线下活动的社会实践逐渐成为线上内容的附庸,线上发布与否与线上关注度成为评判线下活动的主要标准,从而使线下活动的凝聚作用、探索作用有所褪色。三是重发布、轻交互。不少党建网络平台在信息沟通、联系群众方面做得不够充分。长此以往,师生对党建网站的热情将逐渐降低。

**(三)新时代网络党建的创新性**

国务学院认为要解决以上问题应该在工作室的建设中做到以下几点。

1. 坚持内容为主,创新党建形式

内容是党建网络平台的根本,只有在内容上下功夫,才能使党建网络平台有吸引力、生命力。在内容创作上应该兼具理论性与可读性,在发挥思想政治教育作用的同时吸引更多的人参与进来。内容创作还要具有引领作用,以习近平新时代中国特色社会主义思想为引领,严守政治底线,追求政治高线。互联网是党建网络平台的重要属性,要利用好这个优势,创新网络党建的形式。

2. 扎根线下,聚焦线上

党建网络平台的建设应该积极开展线下学习活动,与线上活动互为补充,为线上活动提供素材支撑,确保理论学习宣传的内容贴近党员实际,做到"沾泥土、带露珠、冒热气"。

3. 加强师生互动,让师生党员做党建网络平台的建设者、参与者

党建网络平台建设,在内容上应积极与师生合作,向他们约稿,把师生创作的具有思想性、引领性的文章挑选出来通过网络进行分享,扩大影响力;在建设中要积极听取各方意见,回应党员群众的诉求。

## 三、教育过程

工作室在日常运行时,主要从以下几个方面深入推动国务学院相关工作。

### (一)坚持正确政治导向,强化组织制度保障

(1)工作室通过跨支部、跨师生的组织运行方式,将师生党员骨干凝聚起来,发展成为工作室的核心成员。成员们在学习、研究、宣传的过程中,对于理论章程的理解更加深刻和全面,但工作室不应当只局限于成员内部的自娱自乐,也不应当只对师生党员进行理论宣传,而应当以全体师生作为受众来开展工作。因此工作室面向全校师生党员公开征稿、约稿,引导党员勤于思考、积极发声,以广大师生喜闻乐见的形式和对理论的精准把握来开展理论学习引导和宣传工作,希望通过宣传让群众对党更向往,让党员信念更坚定,让支部组织更有力。

(2)工作室的发展得到学院党委高度重视、支持与指导。在学院党委支持指导下,工作室不断完善组织结构,在制度上给组织运行予以保障。学院党委书记直接统筹负责"学习路上"与"党员新声"两个线上专栏的建设,学院其他领导也多次以座谈等形式现场指导工作室的工作开展;建立文稿审核机制,通过"作者自查—支书初审—学生党建指导教师审阅"以及"专业教师审阅—分管领导审阅"发布,重点审查文章的政治导向、学术规范、思想内涵以及传播效应等内容,严守政治底线,确保文章质量;学院为工作室的发展提供场所、资金等多方面的专项支持。在工作室的组织架构上,学院党委副书记总体负责日常工作,学院组织干事、思政教师共同协助,统筹各个支部党员,建立起了跨支部的党建文宣工作模式。

(3)在政治导向上严守红线,是党建宣传工作和理论学习引导的首要标准。工作室旨在不断增强党员"四个意识",坚定"四个自信",弘扬主旋律、正能量,积极践行社会主义核心价值观。在学习内容上,以党章党规等内容为基础,对最新的理论热点实时学习和讨论。在召开党的十九大、纪念马克思诞辰200周年、庆祝中华人民共和国成立70周年等一些重大事件的时间节点上,工作室也组织了专门的纪念学习活动。

### （二）创新学习内容形式，拓展宣传手段载体

工作室坚持"学思践悟"相结合，扎根线下聚焦线上，不断创新学习内容形式，努力提高学习实效。在微信平台上，工作室推出"学习路上""党员新声"系列专栏，重点发布师生党员对习近平新时代中国特色社会主义思想的学习解读和学习过程中的所思所想。经过两年多的努力，线上专栏初具影响，共发表原创文章130余篇，引起了校园内外党员群体、新闻媒体的关注，专栏成员还接受了东方卫视、上海新闻综合频道的采访，部分专栏文章还被推荐参与上海市委组织部主办的"喜迎十九大"主题征文活动。

对比2017年与2020年的工作室供稿情况，可以发现有三大明显改进。一是供稿范围扩大。供稿的教工党支部从原来的四个教工党支部扩展到了六个教工党支部，实现了学院、研究院教工党支部的100%参与，供稿人从以青年教师为主逐步变为由老、中、青教师共同组成；另外，工作室还主动联合交大"青马学校"共同举办"庆祝新中国成立70周年"主题征文活动，共收到来自19个院系的27篇投稿。二是供稿数量增加。工作室发布的全部文章中，专业教师稿件的比例从20%提升到了将近40%。专业教师的供稿频次从每两周一篇原创文章提高到每周一篇原创文章，以尽可能满足研究生的阅读需求。三是供稿质量的提升。教师供稿文章被报刊录用转载的数量从3篇增加到了8篇。供稿的主题随着参与教师的增加不断丰富、更加全面。工作室也积极开展线下学习活动，与线上活动互为补充，比如，开展的实地调研、理论学习沙龙以及党员微讲堂等活动，既帮助学生更好地理解了理论知识，又帮助学生做到了知行合一。

教育部综合改革司党支部书记、司长刘自成，中央和国家机关工委宣传部副部长郭建军曾参加工作室"党的十九大精神"专题学习会并给予高度评价；前驻德大使梅兆荣先生为党支部讲述大国外交；学院名誉院长熊光楷上将为学生党员讲授专题党课；与江川路街道办事处合作共建党建实践基地，邀请歼击机飞行员徐永康讲述中华飞天梦，邀请"航天老将"方国隆老师做事迹分享；推动多个支部积极申报"共行计划"，赴云南洱源、嘉兴南湖等地开展共建活动；组织学生党员集体观看庆祝中华人民共和国成立70周年大会、阅兵式等。

### （三）整合学院学科优势资源，共推学生党员深入实践

（1）工作室立足专业特色，整合学科资源，以国务学院众多智库和中国城市治理研究院为依托，获取当代中国改革实践的最新素材，提供丰富的实践调研资源，在已有的云南洱源丰源村，上海的江川路街道香樟家园、瑞金二路网格化治理中心、黄浦区党建服务中心共建学生党员活动基地的良好基础上，又与上海徐汇区康健街道、漕河泾街道新建大学生实习实践基地，为大学生党员读懂中国提供素材支撑，让党员感

到"改革在身边,开放在眼前"。

(2)在工作过程中,工作室注重发挥教工支部的理论优势和先锋作用,引导理论名师带头撰写刊发理论学习文章,特别是对党的十九大以来大政方针进行深入研究,相关文章多次在《人民日报》(理论版)等重要媒体上刊发。国务学院教师多次向中央有关部门递交资政建言,一些教授多次入选上海市和上海交大的中央有关精神宣讲团成员,学院党委邀请这部分理论素养较高的名师对工作室进行指导,邀请学习贯彻党的十九大精神专家宣讲团成员胡近、彭勃、陈尧等为全院党员做专题报告,为工作室的理论学习和理论宣传工作把握方向、提供指导。工作室也充分调动学生支部的积极性,记录学生党员日常所思所想,传递国务学院学生党员的心声。最终形成师生合力,实现师生共同参与,激发党建研究活力。

工作室在推动国务学院学生党建工作整体水平上台阶以及学院师生党支部的党员教育管理质量提升上发挥了巨大作用。另外,还直接取得以下成果:

① 获评教育部思政司网络育人精品项目;

② 原创网络文章已结集出版,书名为《新时代 新青年——党建思政文宣成果集》;

③ 工作室学生党员接受东方卫视、上海新闻综合频道采访,积极传递青年学生党员的所思所想所悟。

## 四、总结反思

在工作室的建设中我们深刻认识到,网络党建首先需要关注内容,只有把内容做好做足,才能发挥好文宣工作的引领作用、辐射作用;其次要创新党建文宣形式,既要发挥好互联网平台的优势,又不能刻意追求网络化,要做到扎根线下聚焦线上。要加强互动,不能把党建网络平台仅仅当成信息发布平台,而要加强师生党员的参与感,让师生撰写的具有思想性、理论性的文章作品能够通过党建网络平台进行传播,扩大影响力。

结合工作室成功经验,我们认为要进一步延伸、深化党建网络平台的建设还应注意以下事项。

### (一)运用网络技术建设智能化的信息沟通渠道,关注师生心声,密切党组织与党员群众的联系

1. 关注用户需求,激发学生的内生动力

党建文宣要以学生为主要对象,切实关注学生的利益诉求和价值取向,善于运用符合学生特点的新鲜语言,提高学生对党建工作的关注度和认可度。

2. 根据学生的使用习惯,有针对性地推送学生感兴趣的学习材料,提高党建工作的灵活性

针对学生思想活跃但社会经验不足的现状,党建网络平台应该发挥引领作用,有

意识地培养一批政治信仰坚定、知识丰富的党员。党建网络文宣平台要认真对待各种诉求，主动回应广大党员关心的问题，提升党组织的服务效率，扩大党建服务的覆盖面，永葆党组织的生命力。

### （二）运用网络技术掌握思想理论宣传的主动权，主动感知引导，提升党的政治影响力

**1. 主动感知舆情，健全防控机制**

互联网背景下，从众化、超现实化和隐匿化的认知趋向使得党建工作处处面临挑战。首先，要建立主动感知的安全防控体系，以教育引导为目标导向的防控模式。在保证舆论公信力、信息合法公开、言论自由的前提下，将党建文宣网络平台建成遏制网络谣言和非法信息传播的阵地。其次，研究制定应急处理安全保障制度。把责任落实到人，明确应急事件处理的组织流程，并开展形式多样的网络安全教育和培训，进一步培养师生的信息安全意识和遵纪守法意识。

**2. 加强思想引导，健全舆论引导机制**

堵不如疏、疏不如引，思想引导可以从这几方面着手。首先，增强党建文宣平台的公信力，加快更新速度，正确引导师生中的舆论，加强师生党员之间的互动交流。其次，不断丰富线上交流的形式和内容，合理利用新媒体，使党建工作方式由单一的从上而下传播转变为多元交流，增加党建文宣平台的亲和力和影响力，建设网络舆论的前沿阵地。再次，提升相关党建工作人员的媒介素养，打造一批兼具专业素养和网络新媒体知识的"网络辅导员"，监测舆论实况，主动发声，引导思想意识在主流价值观范围内健康发展。最后，提升师生的媒介素养和民族自信，提高其鉴别信息真伪的能力、理性看待问题的能力和价值判断能力，使其理性地面对纷繁复杂的舆论环境，客观分析问题，合理表达观点。

### （三）规范的制度是网络党建能够行稳致远必不可少的条件

党建网络化，并不是要完全脱离甚至放弃传统党建工作的程序和模式，而是对党建载体的创新。党员通过网络探讨支部生活时，如何克服网络虚拟化带来的挑战，把网络传播的便利性与党建工作的规范性相结合，是必须考虑和完善的环节，只有如此，网络党建才不至于变样，才能扬长避短。

# 党章学习小组的建设与运行

农业与生物学院　魏佳妮

## 一、案例简介

案例来源：农业与生物学院（简称农生学院）入党申请人。

基本情况：根据习近平总书记在"不忘初心、牢记使命"主题教育工作会议上的重要讲话精神和上海交通大学党委有关部署要求，结合学生党建工作实际，2019 年 9 月至 12 月，农生学院学生党支部和学生党员全面把握守初心、担使命、找差距、抓落实的总要求，进行了党内外座谈，征集关于学生党员发展等方面的问题。

其中，发展党员教育培养工作，在入党申请阶段存在以下问题：面向已递交入党申请但尚未确定为入党积极分子的学生，缺失入党启航教育集中培训阶段。党章学习小组作为对学生进行思想政治教育的重要载体，可有效弥补这一不足。

### 党章学习小组的成立背景

2016 年 2 月 24 日，中共中央办公厅印发《关于在全体党员中开展"学党章党规、学系列讲话，做合格党员"学习教育方案》，并提出"逐条逐句通读党章，全面理解党的纲领，牢记入党誓词，牢记党的宗旨，牢记党员义务和权利，引导党员尊崇党章、遵守党章、维护党章，坚定理想信念，对党绝对忠诚"的要求。

## 二、案例分析

发展党员是一项政策性强、组织要求严、周期长、参与人员众多的工作。如何在发展党员工作中提升学生的党性修养，使之满足中共党员的政治标准，是从严治党背景下高校学生党员发展面临的挑战。

入党申请人教育培训在高校学生党建和党的教育工作中具有重要意义和作用，是高校学生党建工作的重要阵地，也是保证大学生党员发展质量的重要环节。但现阶段，学校和学院党建工作重点偏向于入党积极分子、发展对象和党员的教育培训，面向已递交入党申请但尚未确定为入党积极分子的学生开展党的基础理论教育工作还存在空白。建立党章学习小组，从入党初始阶段加强学生党性修养无疑是十分关键的。

第一，建立党章学习小组有助于提升学生思想政治觉悟。党章学习小组以《中国共产党章程》（以下简称《党章》）为主要学习内容，对党员需要掌握的党的基本知识做出了系统阐述，对党员的权利和义务、党员领导干部应该具备的基本条件、党的纪律等做出明确规范，为广大党员、干部进行自我教育、自我提高提供了好的教材。组织入党申请人学习、理解、实践《党章》，有利于加强对申请人进行思想教育和引导，有助于提升学生思想政治觉悟。

第二，建立党章学习小组有助于提升学生入党黏着性。学生提交入党申请书之后，党组织对申请入党的学生应采取热情欢迎和郑重对待的态度：吸收入党申请人参加党内活动，对入党申请人进行教育培养，对入党申请人学习党的知识提出要求，增强入党申请人通过努力就能够加入党组织的信心，提高党外学生向党组织提出入党申请的勇气和热情，让学生感到党组织不是高不可攀的遥远目标。

党章学习小组的建设和运行应明确以下几个方面。

（一）组织保证

明确的组织体系、坚定的领导核心对于党章学习小组的建设和运行至关重要。学院党委要出台相关措施和规范意见，为党章小组的建立提供领导保证。同时，明确责任单位或组织，为党章学习小组的创建创造积极有利的条件。

（二）学习内容、方式的确立

党章学习小组主要以对《党章》原文通读学习的形式强化党的基础理论和基本知识的启蒙教育，使入党申请人熟知党章内容，并用党章指导自己的思想和行为，在平时的学习和工作中努力按照党员标准严格要求自己，发挥先锋模范作用。由于党章学习小组定位于二级党校培训内容中，对于入党申请人的培训形式可以借鉴学院现有二级党校的模式。

（三）培训师资专业素质过硬

培训师资的专业素质直接决定着党章学习小组的创建质量，在培训过程中，一定要加强小组负责人高度责任感的培养，使其将学习的内容通过灵活多样的形式传授给学员。可借助校、院两级师资力量，对小组负责人进行政治理论指导。必须保证党章学习小组的活动内容紧跟时代的步伐，且对入党申请人有具体的指导作用，坚定他们的理想信念。

## 三、教育过程

面对目前农生学院已递交入党申请但尚未确定为入党积极分子的学生缺失入党教育的问题,作为思教教师,我从学习形式、学习内容、激励方式三方面出发,在农生学院创设了党章学习小组。同时,提供强有力的组织保障,为农生学院有意愿入党的同学提供学习渠道。

### (一)强化组织保障,提升党建工作科学化水平

学院各级党组织高度重视,强调统一管理。本案例源于"不忘初心、牢记使命"主题教育期间对党内外学生的调研,在将问题聚焦于如何建立并运行院级党章学习小组之后,此项内容也成为主题教育期间院领导班子十分重视的一项工作。由于学院早前建立了学生党建工作相关的学生组织——党建研究会,考虑资源整合等因素,将党章学习小组也作为党建研究会的一项经常性工作,党章学习小组的定位更偏向于培训。党建研究会直接负责党章学习小组的培训与考核。同时发挥基层党组织的战斗堡垒作用,入党申请人提交申请书后一个月内,由党组织派人谈话,党支部对入党申请人的党性提升也能起到积极作用。

### (二)发挥朋辈作用,激发入党申请人积极性与获得感

党章学习小组每组 5~8 人,配一名小组长。小组长由思想觉悟、理论水平、入党积极性较高的入党申请人担任,负责组内学员日常学习工作的组织和开展。其朋辈影响力的发挥将带动其他入党申请人,增强群体认同感,从而优化党性培养环境,提升党章学习小组凝聚力,起到部分之和大于整体的效果。

### (三)丰富学习内涵,强增内容的影响力与时效性

学习形式作为党章学习小组内容的载体,在很大程度上决定了内容的影响力与时效性。可增加交流讨论等互动环节增强入党申请人的新鲜感和吸引力。入党申请人的教育培训不应该是阶段性的,而应该是一个循序渐进的长期过程,对入党申请人的日常引导教育十分重要。另外,结合国内外时政和热点问题开展小组讨论,也是解决理论与实践脱节的可行之道。

截至目前,党章学习小组已举办三期。其作用表现为以下几方面。首先,学生从入党申请人阶段开始,就形成了学党章党规的重要意识,这有利于促进学生主动学习党的基础理论和基本知识,达到启蒙教育的目的,在一定程度上也增强了学生的理论知识积累。其次,有助于学生提高思想觉悟,端正入党动机,熟知《党章》内容,并用《党章》指导自己的思想和行为,在平时的学习和工作中努力按照党员标准严格要求

自己,发挥先锋模范作用。最后,有助于营造政治理论学习氛围,加强理论指导实践。入党申请人往往是刚入学的新生,《党章》学习过程能从一个新的角度激发学生的学术志趣,使之更加关心社会,将自身专业与社会发展相结合。

## 四、总结反思

党建工作的价值目标在于培养马克思主义和共产主义的坚定信仰者、积极传播者和模范践行者。大学生正处于价值观形成和确立的关键时期,学生党员的发展,抓好入党申请人阶段至关重要。党章学习小组是大学生开展政治学习的重要方式,如何进一步发挥其教育引导作用,可以从以下几个方面推进。

### (一)增强党章学习小组与党建研究会其他活动和形式的联结

第一,借助党建研究会的网上平台,扩大学习阵地。党章学习小组活动可依托网络进行交流,同时扩大党章学习小组、党建研究会的影响力。党建研究会的主题活动形式多样,包括党建定向越野、党史知识竞赛、党建专项社会实践,等等,可以将这些活动作为党章学习的实践载体,鼓励入党申请人积极参加,加深入党申请人对理论的理解与践行。第二,加强学生党员与入党申请人的联结。大学生党员已经过考察培养,思想已基本成熟,可以发挥他们在党章学习小组中的先锋模范带头作用。

### (二)加强党章学习小组组织队伍的专业性

结合农生学院的学生党建工作实际情况,目前学院的入党申请人更加急需的是围绕党的基础理论和基本知识的启蒙教育。党章学习小组的定位更加偏向于集中培训,可以根据学院开展入党积极分子培训班的经验,开展党章学习小组的学习。要充分发挥党章学习小组的作用,需要一支高素质的党务工作者队伍,负责组织实施党章学习小组的活动。目前,我院的学生党建工作主要是由专职思政教师来承担。思政教师的专业背景不同,若理论功底不够深厚、党建工作经验不丰富,就难以完全适应要求,也就不能充分发挥党章学习小组的作用。要进一步利用好学校"青马学校"师资库和马克思主义学院的资源,提高理论层次,更新知识体系。

### (三)加强线上党建学习小组建设,扩大影响力

在党章学习过程中,还可以通过线上资源平台完成对入党申请人的宣传教育,提升学习效率。进一步优化线上党建工作,利用新媒体优势,借助微信公众号、学习强国 APP 等新载体做好发展党员,传递理论信息、青年党员之声等工作,鼓励入党申请人及时关注,自主学习,加深对党组织和中国特色社会主义制度的了解,进一步端正入党动机。

# 党建引领聚合力，学科责任明初心

农业与生物学院　李明

## 一、案例简介

**案例来源**：农生学院食品科学与工程系硕士生第一党支部（简称食品硕士生第一党支部）全体党员、入党积极分子。

**基本情况**：大学生党员是大学生中的先进群体，如何保持学生党员的先进性，发挥学生党员的先锋模范作用，是学生党建工作的一项重要内容。硕士生普遍科研压力较大，且分散于不同课题组，除"三会一课"等活动外，平日里交流较少，党员之间的熟悉程度不高，参与常规形式主题党日活动的主观能动性不强，这些不利于学生党员政治觉悟的提升、先锋引领作用的发挥及支部凝聚力的提高。

食品硕士生第一党支部的党员、入党积极分子均来自食品科学与工程系。支部成员本科学习背景各不相同，且横跨多个年级，学业、科研压力较大，平日交流机会较少，尤其是较为内向的同志，在支部内的存在感较低，导致党支部凝聚力不强，支部归属感较为淡薄。支部成员参与座谈会等常规形式主题党日活动的主动性明显不强，且这类活动缺乏专业相关度，不利于党员专业价值的发挥与落实。与支委和支部同志交流后，我以食品硕士生第一党支部作为试点，从支部成员所学专业出发，组织大家学习与讨论专业相关重大国家战略，加强成员间的互动，在潜移默化中提升大家的党员意识和专业认同感，了解国家所需，增强党支部凝聚力。

## 二、案例分析

创新支部活动的目的在于强化支部研究生党员的党员意识和专业认同感，增强党支部的凝聚力。要解决的几大问题如下所示。

### （一）理论学习有待强化

支部研究生党员大部分是在本科阶段加入中国共产党的,但是一部分党员的思想根基并不扎实,不同程度地存在"入党前加把劲、入党后松口气"的想法,且不愿意下功夫学习钻研相关理论文件,把党的理论学习看作是额外的负担;有的虽然学习了相关理论知识,但是缺乏自己的思考,没有将党的理论内化于心。此外,一些党建的工作方法和制度建设已不适应当前时代要求,致使一些党员得不到有效的教育和管理,党员意识逐渐淡化。

### （二）参与热情有待增强

目前,研究生党支部活动大多为集体政治理论学习,偶尔也会组织一些户外的实践活动。虽然户外实践活动形式较受研究生党员的欢迎,但相应经济成本较高,活动频率受到一定限制。党支部活动缺乏与研究生党员特点相适应的活动组织形式,缺乏新意,造成研究生参与组织活动积极性不高,更有甚者直接缺席组织生活会,党支部的凝聚力自然也就不强。

### （三）个人规划有待明晰

与本科生党员的特点不同,超过半数的研究生在毕业后选择直接就业,早日做好生涯发展规划,确定个人发展方向非常重要。欠缺个人规划导致一部分研究生一方面缺乏学术志趣,不愿继续学术深造,另一方面缺乏工作经历和经验,不能正确认识自己的特点和优势,短时间内难以找到心仪的工作。

## 三、教育过程

结合研究生党员的实际情况,举办形式多样的专业相关系列支部活动,提高党员的政治觉悟、责任意识和专业认同感,明晰个人发展规划,增强归属感,强化党支部的战斗堡垒作用,显得尤为重要。本支部具体工作方案和教育效果如下。

### （一）引导支部成员关注国家战略政策,提高政治觉悟和党员意识

食品硕士生第一党支部通过"三会一课"制度的落实等,引导支部党员关注国家食品安全现状及相关战略政策。比如,2020年初新冠肺炎疫情暴发,作为思政教师,我组织大家围绕两会期间的食品安全热点问题展开线上讨论,大家对此十分感兴趣,积

**"三会一课"制度**

"三会一课"是党的组织生活的基本制度。"三会"指定期召开支部党员大会、支委会、党小组会;"一课"指按时上好党课。

极参与材料的搜集工作，并围绕部分观点，提出自己的看法。与专业相关的支部理论学习，极大提高了党员们的学习热情，增强了学习效果，也使大家深刻意识到新时代食品人身上的责任与担当。

### （二）丰富支部活动形式，落实党建引领和支部凝聚

除常规的座谈交流、影像学习形式外，食品硕士生第一党支部联合上海市闵行区市场监督管理局江川市场监督管理所（以下简称江川所）、上海交通大学后勤保障中心、陆伯勋食品安全研究中心一起开展党建系列活动。比如在江川街道"安全月"活动中做食品安全科普宣传、支部党员作为志愿者在学校各个餐厅普及食品安全与营养知识、调查并总结草拟学校"光盘行动"活动方案、为学校发展建言献策等。此外，支部党员也积极参与暑期社会实践项目，如对全国各地食品安全现状展开调研。通过这些活动，一方面，支部成员合理分工，真正参与其中，提高了活动参与度和个人获得感；另一方面，支部成员之间的交流增多，彼此更加熟悉，无形之中增强了党支部的创造力、凝聚力和战斗力。

### （三）明晰个人发展规划，树立学术志趣和专业认同感

为了更好地发挥支部成员专业本领，大家分组制作适合不同人群的食品安全与营养知识宣传册，内容涵盖了识别食品安全谣言、食品安全加工方法等。不仅如此，大家还到广场、社区、学校等地现场科普。而与江川所党支部的共建结对，既整合了学生党支部与基层党支部的优势资源，深化了合作交流，又使同志们清晰认识到了江川所的工作职责和具体工作内容，了解了所学专业的用武之处，树立了行业理想，培养了学术志趣。部分党员同志立志毕业后加入市场监督管理的队伍，为保障人民群众的身体健康和生命安全贡献力量。

## 四、总结反思

本案例具有研究生党支部的特殊性，在解决问题的过程中，如果一味地灌输知识，很难达到理想的效果，甚至会引起厌烦情绪。因为大多数研究生思想成熟，对事物有自己的见解，很难改变其固有看法。另外，组织传统的支部学习活动，虽然简单易开展，但是没有新意，大家参与积极性低，很多情况下流于形式，学习不够深入，没有针对性，学习后也不能认真贯彻实施。因此，必须探寻构建研究生党员质量保障体系的有效新途径。

总结案例核心内容，可以将提升研究生党员意识和专业认同感的方法归结为：通过党建引领凝聚合力，依托学科责任明确初心。具体工作主要分为以下两点。

### （一）做好前期调研，了解党员诉求

开展支部活动，必须建立在深入调研的基础上。沟通是第一步，通过一对一谈话等方式，弄清楚支部党员的真实想法，了解每一位党员的真实诉求，调研支部成员对活动形式和内容的意见与建议，以此为出发点，筑牢党支部的战斗堡垒作用。

### （二）因专制宜制订详细计划，密切结合党员发展需要

开展支部活动需要循序渐进，既要保证政治高度，与时俱进，也要紧密结合党员个人发展需要，综合提升支部成员们的政治觉悟、道德情操、管理技能、社会责任感等各方面素质。本案例从明晰国家政策出发，让大家了解与自身专业相关的国家重大战略需求，并以此为契机，增强大家的行业认同感。党支部一方面通过开展各种具有专业特色的社会实践活动、志愿服务活动，鼓励支部成员发挥专业本领，学以致用，以自身所学服务周围同学和广大民众；另一方面，与专业对口单位共建，为大家搭建平台，提供更多的实习基地和实践机会，让大家在实践活动中接受锻炼，强化党员党性意识，在潜移默化之中树立行业理想，增强学术志趣和专业认同感。

此外，考虑到研究生的主要任务是科研，根据该特点，将党支部活动与学术活动联系起来，也是今后可以尝试推行的一个方向。

# 系好科研生涯第一粒扣子：研究生入学教育

生命科学技术学院　李文纯

## 一、案例简介

案例来源：生命科学技术学院全体研究生新生。

基本情况：近年来，网络公开资料显示，研究生自杀问题、实验室安全问题、科研工作者学术道德问题多发。第一，教育部历年的数据对比显示，中国 2002 年至 2017 年未正常毕业的博士生比率从 58.4% 上升到 66%。博士生的超高科研压力已经成了人们热烈讨论的话题，几乎每年都能见到博士生因科研压力、师生关系等原因而自杀的新闻。第二，作为一门实验型学科，我们的研究生每天都会接触到各类化学物，实验室安全是教育的重中之重。第三，科研诚信、学术道德是科研人员应该坚守的底线，思想上的教育远比技能上的教育重要。

"这就像穿衣服扣扣子一样，如果第一粒扣子扣错了，剩余的扣子都会扣错。人生的扣子从一开始就要扣好。"习近平总书记以扣扣子的比喻形象生动地说明了大学生价值取向的重要性。生命科学技术学院每年研究生人数约 200 人，生源构成多元。除了应届生，还有往届生；除了生物专业学生，还有跨专业读研的学生；除了理科学生，还有工科、医学学科学生。每个个体的学习经历、工作经历、能力素养存在很大差异，我们不仅要加强"三观"引导，也要结合学科特点，比如科研周期长、科研压力大、实验室化学药品多等，在入学之初就针对上述问题开展系列教育，帮助他们树立崇高的理想信念，建立坚不可摧的意志，坚守学术诚信和实验安全底线，正确看待师生关系，正确看待科研压力，最终成长为能担当科技创新、民族复兴大任的优秀人才。

## 二、案例分析

上述问题看似是学生发展过程中出现的问题，实际上是学生在思想认识、安全意识、科研素养等方面的认知问题，因此，系好科研生涯"第一粒扣子"意义重大。

### （一）思想认识是主要问题

研究生在做科研的过程中往往会由于科研不顺而带来悲观的情绪，有些学生因此一蹶不振，失去科研的动力，甚至失去生活的动力。这些同学没有搞清楚为什么做科研、为谁做科研的问题。做科研，往大了说是为了国家强盛、民族复兴而增添一块砖、一片瓦，往小了说则是培养自身综合实力、改变自身命运的机会。只要能使他们把这个问题想清楚，科研的压力便会转化成内生的动力。所以，针对思想教育问题，我们举行新生入学教育，通过一系列的主题讲座给学生传递能量，坚定其理想信念。

### （二）安全问题是意识问题和管理问题的综合

首先，安全意识是实验室安全的关键，在安全领域有这样一个共识，即暴露出来的永远只是冰山一角，大部分隐患都隐藏于大海之下。根据著名的海因里希法则，每一起严重的安全事故之前都有 29 起轻微事故，以及 300 起未遂事故作为先兆。如果安全意识较强，完全可以从这些轻微事故、未遂事故中发现安全隐患，及时采取防范举措。某高校曾经购置大批气瓶防倾倒架，供实验室免费领取，但是很多实验室嫌麻烦不去领取，气瓶仍然随意摆放，这是安全意识不强的典型表现。

其次，实验室安全事故发生的根源在于"三违"行为，即违章指挥、违章操作、违反劳动纪律。防范安全事故的方法是要按照法律法规的规定，健全实验室操作规范，务必使实验室内的每个人都遵守相关规定。此外，除了要提高学生的安全意识，还要对学生进行基础的安全技能培训。

### （三）学术科研道德失范的内生原因是个人道德的缺失

随着我国经济的高速发展，社会上出现了一些浮躁、急功近利的现象，学术圈也无法避免。外部主要原因在于没有很好的惩处措施和晋升机制，科研圈"唯文章论""唯帽子论"的标准驱使某些科研工作者为了更高的职称、更好的待遇而选择造假。对于学术诚信问题，我们需要强调学术不端的严重后果，培养良好的科学素养，引导学生做一名严谨的科研工作者。

## 三、教育过程

学院党政领导班子对于研究生入学教育高度重视，提前进行了分析和研讨，征集教师意见，结合研究生入学教育时间短、任务重的实际情况，制订了研究生入学教育工作方案，由分管学生工作的副书记与分管人才培养的副院长组成双组长，联动推进，重点从思想教育、安全教育、学术诚信教育三方面开展。

### （一）思想教育

学院组织全体新生观看上海交通大学党委书记杨振斌的"入学第一课"《选择交大，就选择了责任》及校长林忠钦的讲话《求真务实，勇攀高峰》。这两段讲话视频，是学校对于我们全体研究生新生的思想教育，是基于宏观层面对学校全体研究生新生的要求和期望。

在学院新生入学教育活动中，我们邀请学院党委书记嵇绍岭讲授《不忘初心　开拓进取——做新时代创新创业者》，他从学院从无到有、由弱攀强的发展历程讲起，指出"开拓进取、敢为人先"是生科人的初心，一代代生科人对初心的坚守造就了学院长久的发展。他寄语新生，要以社会主义建设者和接班人的使命担当，为建设社会主义现代化强国而努力奋斗，让中华民族伟大复兴在我们的奋斗中梦想成真。学院院长邓子新讲授《逆境、执着、激情、人文》，他从自身的求学和工作经历谈起，希望同学们在逆境中积极乐观面对，自立自强，把各种压力转变

> **上海交通大学入学第一课**
>
> 上海交通大学每年坚持由校党委书记给全体新生上入学第一课，这是自2005年以来一直就有的良好传统。在入学第一课上，交大丰厚的历史底蕴，历届交大人爱国奉献、创新图强的精神风貌生动展示在同学们面前；书记的谆谆教诲在新生们心中烙下深厚印记，同学们将砥砺强国之志、实践报国之行。同时，学校各院系积极组织"院长第一课"，通过院党委书记或院长讲课的形式，第一时间传达学院精神以及相关专业的价值引领，为新生坚定理想信念、立志专业报国打下坚实基础。

成动力，执着于自己的梦想，永远保持激情，拥有深厚的人文底蕴，推动自己不断走向成熟和成功，实现个人对国家的贡献。

### （二）安全教育

我们开展危险化学品综合治理及消防演练专题安全培训，旨在深入汲取事故的教训，提高学生的安全意识和危险化学品管理能力，提高应急处理技能。我们邀请学院副院长张晓君做实验室安全管理培训，向研究生新生介绍学院实验楼宇设施情况、学校与学院实验室安全体系和实验室防护要领；邀请学校安全与环保中心工作人员介绍各类危险化学品分类与特性、化学品全生命过程安全管理规范、常见危险化学品

存放规范与隐患、实验气体及钢瓶存放规范与隐患、各类试剂柜使用常见问题和使用要求；邀请保卫处工作人员介绍防范火灾的基本知识、灭火的基本常识等，并佐以案例作为警醒；组织全体新生在学院药学楼广场前进行应急救援和消防演练。

### （三）学术诚信教育

我们邀请学院副院长林双君做科研诚信教育，阐明科研道德规范，鼓励新生传承"脚踏实地、实事求是"的底色，加强学术自律，在诚信的土壤上成长为优秀科研人才；邀请学院副院长李志勇围绕"如何成为一名合格的研究生"作主题讲座，介绍研究生的培养目标，激励学生在求学路上脚踏实地，刻苦钻研，养成良好的实验习惯，培养科学严谨的态度，正确看待导师要求严格与学生成长成才的关系，鼓励学生在学术道路上勇攀高峰，不断前进。

经过一系列的主题教育和培训，同学们认识到了身上肩负的责任与使命，学习掌握了一系列安全知识，提高了安全意识和安全技能，对学术诚信、科研道德产生了敬畏之心，对科研压力、师生关系等有了更加深刻的认识，为今后的科研之路奠定了坚实的基础。

## 四、总结反思

在解决改进系列问题的过程中，我认为以下三点是值得特别注意的。

### （一）理想信念教育是奠定学生未来格局的基石

在入学第一课上，我们着重强调对学生进行思想理论教育和价值引领。组织学生集体学习了上海交通大学党委书记、校长的讲话，邀请了生命科学技术学院党委书记、院长对新生讲授入学第一课。学生在入学第一课上，主要学习因图强而生、因改革而兴、因人才而盛的交大校史文化与时代精神，了解生命科学技术学院的成立，以及生物学学科从无到有、由弱攀强，学院各项事业实现跨越式发展的历程。"饮水思源、爱国荣校""选择交大，就选择了责任"，在这种集体主义、爱国主义的教育下，莘莘学子的家国情怀、社会责任感得以加强。正是在这种思想的教育下，交大涌现出一批又一批的英雄儿女，前有钱学森放弃美国丰厚的待遇，毅然回国，参与祖国的国防建设，后有500多名交大系统医护人员在2020年年初新冠肺炎疫情期间奋战在武汉抗疫一线，奋不顾身、精勤不倦，为疫情的控制贡献力量。

### （二）安全教育是保证学生健康成长的前提

我们对新生开展系统的安全培训和演练，不仅结合具体事例给大家讲述安全教育的重要性，也讲授学校和学院的各种安全管理规章制度，告诉同学们如何预防安全事故的发生、发生了事故如何紧急处理。安全教育也是我们唯一一个安排了实际演练的培训项目，因为我们知道，安全教育不能停留在纸面上，要通过实际操作让学生自己动手体验，这样在真正遇到紧急事故的时候才不会慌慌张张，手忙脚乱。

### （三）学术诚信及科研道德是对科研工作者的基本要求

我们通过主题教育，告诫研究生新生"人无德不立"，学术诚信是科研工作者的底线，科研道德是做科学研究的基本要求，在日常工作中要严格遵守科研规范。我们还与学生探讨如何明确自我目标、做好自我定位、处理好师生关系，告诉学生养成严谨规范的科研习惯，做到实验分析有据可依。

往年学院在新生入学阶段的做法与很多兄弟院系类似，会组织隆重的开学典礼，安排领导致辞、老生发言、新生发言、教师发言、校友发言等环节，因为时间紧、议程多，虽然具有较强的仪式感，但形式大于内容，无法给学生留下深刻的记忆和持久的印象。如何在正式上课前利用为数不多的时间来帮助研究生新生明确目标，转换角色，尽快适应研究生阶段的学习呢？从2019年开始，学院摒弃了以往举办开学典礼的传统做法，改为开展入学教育系列活动，邀请多位院领导、专业教师给新生做讲座，与新生面对面探讨理想信念、人生价值、学术诚信、实验安全、师生关系等新生关注的话题，在入学伊始就帮助他们系好科研生涯第一粒扣子。党政领导、师生反馈积极，效果良好。

今后，我们一方面需要不断丰富和完善入学教育活动主题。例如，加大对学生心理健康的教育。尽管新入学的研究生心理普遍健康，但是在读研究生的过程中，或多或少会因为目标缺失、科研压力、情感问题等因素出现心理问题，与其等问题出现后再去解决问题，何不在一开始就加强预防？上海交大有专业的心理健康指导老师，可以请老师们来院开展心理健康讲座，引导学生在遇到心理问题时积极寻求帮助。例如，加大对女硕士生的学术志趣引导。通过分析毕业数据发现，生命科学与技术学院硕士生中女生占比较高，但毕业后选择继续深造的比例较低，且大幅低于男硕士生的继续深造比例，这个问题同样需要引起我们的高度重视，要在今后加强分析、教育和引导。另一方面，集中式的入学教育不可能一次性解决问题，我们需要加快构建"三全育人"工作机制，依托课程、科研、实践、文化、网络、服务、管理、组织、心理、资助等主阵地，在日常各项工作中持续加强学生思想政治教育，特别要引导任课教师积极开展课程思政，引导研究生导师关注学生的思想成长、学术成长、能力成长，帮助学生全面成才。

# 凝学生骨干之力，成朋辈互助之效

船舶海洋与建筑工程学院　王婷

## 一、案例简介

案例来源：小 A，男，船舶与海洋工程系（简称船工系）大三学生。

基本情况：为帮助部分同学从缺乏目标、迷茫低沉的状态中脱离，我借助班杜拉社会学习理论，通过挖掘、培育和树立学生身边的先进典型，灵活借助朋辈教育优势，卓有成效地促进了班风学风建设，让更多同学有目标、肯拼搏。

心理学家班杜拉认为：人们通过观察榜样的行为就可以获得学习。学生骨干往往人缘较好，并与其他同学在年龄、生活体验方面相近，是学生观察与学习的绝佳对象。因此，我将班杜拉社会学习理论中的朋辈互助效应引入高校思政教育工作中。

本案例以学生骨干小 A 的事迹为代表进行阐述。小 A 是一位品学兼优的学生，对专业具有清晰的认识，立志投身于祖国海洋事业。而班里有些同学由于主观能动性差、主动获取信息的意识不足等原因，对未来规划模糊，学习动力不足，焦虑浮躁。在我的鼓励下，小 A 积极竞选并当选班长。我引导小 A 多与有困惑的同学聊天并给予帮助。最终，班级里形成了你追我赶、共同进步的良好风貌，同学间也建立起了深厚的情谊。

## 二、案例分析

高校辅导员由于人数比例、专业差异、年龄身份等原因，在开展思政教育工作中存在一定局限性。学生骨干可以充分发挥朋辈育人实效，在学业帮扶、行业认知、专业志趣培育等方面为思政教育工作提供有力补充。

（1）高校辅导员是开展学生工作的主体，但辅导员人数有限，无法对每一位同学都投入大量的精力进行指导与培育，部分学生群体比如成绩处于中间的学生就容易被忽略，这部分学生看似不需要过多关心，但其实有时也存在专业认知不清、学习动力不足、人生规划不清晰等问题。

（2）辅导员的所学专业与所带学生的专业可能存在差异，因此在学生面临学业困难、专业认知不清时只能提供宏观上的、方法上的建议，无法直接、持续性地进行帮助。

（3）大多数学生认为，辅导员的身份是老师，与自己在心理上存在距离，在遇到困难时不敢或不愿直接向辅导员求助。

（4）班杜拉的社会学习理论强调环境、教育者和受教育者的交互作用，榜样教育发挥作用的过程实际上就是在一定的环境下，教育者和受教育者在交流互动中建构知识，受教育者逐渐领悟榜样精神的过程。而辅导员不与学生一起上课、生活，与每位同学的人均交互频率较低，无法作为观察学习对象发挥榜样力量。

## 三、教育过程

### （一）挖掘与培育学生骨干

在与学生谈心谈话以及与班主任的交流中，我发现船工系的小 A 理想信念坚定，品学兼优，乐于助人；热爱所在的船工专业，并积极从各种渠道获取专业的前沿信息，能与学院的专业教师进行广泛深入的交流，对于专业领域具有比较清晰和深刻的认识，对行业充满信心；积极参加各类科创项目和竞赛并获得奖项，科创经历和经验较为丰富；未来计划攻读博士学位，在船工专业的学术领域深耕，为海洋强国做出自己的贡献。因此，我与小 A 进行了深入的谈心谈话，鼓励他承担班级职务服务同学，并积极向党组织靠拢。在我的鼓励下，小 A 同学参加了班级的班长竞选并成功当选，主动与班里同学加深交流并且提供帮助；也向党组织递交了入党申请书，积极接受党组织的培养教育。

### （二）发现与分析学生个体面临的问题

通过与学生本人、学生家长、班主任的交流，我发现部分同学需要朋辈的帮助，本文选取了几位有代表性的同学，情况如下：

小 B 是班里一位成绩在中下游的同学，大一和大二时比较迷茫，进入大三后依旧对于专业认知不清、学习动力不足、对未来没有规划；

小 C 的成绩在保研线边缘，科研经历匮乏，对于科研的了解较少、兴趣不高；

小 D 的学习成绩较好，但是对于行业的认知比较局限、信心不足，对专业的研究方向知之甚少，纠结于是否转行；

小 E 是班上为数不多的女生,性格较为腼腆内向,多门课程面临重修,存在交流学习问题的需求但是不好意思主动开口。

### (三)引导学生骨干关心同学,分类施策、有针对性地帮助同学

我在与小 A 交流班级同学情况的过程中,将几位同学的情况向小 A 进行了简要说明(同时注意保护学生个人隐私),建议小 A 在日常的学习生活中有意识地与以上几位同学多交流,并根据不同同学的情况交流不同的内容,在交流过程中讲述自己的观点与看法,通过现身说法感染、带动他人。

### (四)朋辈互助开展过程与效果

小 B:迷茫、没有规划→确定考研并积极备考

经过我的引导,小 B 在日常学习中遇到困惑时会积极向小 A 请教,小 A 也会积极解答并与小 B 建立了深厚情谊。随后,交流讨论的内容也不再局限于课内的学习问题,自然而然地加入了对专业的讨论。在长期的交流中,小 B 一方面学业成绩有所提高,产生了成就感,另一方面,随着对专业了解的深入逐渐对学习产生了浓厚兴趣。在榜样的影响下,小 B 对自己提高了要求并设立了目标,希望在本学年拿一次奖学金,不给大学生活留下遗憾。此外,他还确定了考研的计划。目前小 B 每天除了上课都会在图书馆学习,学习目标明确、动力十足,状态相比大一大二有了很大的好转。为了防止小 B 退回之前怠惰的状态,我和小 A 也会对小 B 进行持续的督促与鼓励。

小 C:对科研兴趣不高→主动参加科创竞赛并获得奖项,积累科创经验

由于小 C 的科研经历匮乏,小 A 在与其聊天时主动提到自己正在参加或参加过的科创项目与竞赛,并详细地介绍了项目的具体内容,激发了小 C 对科研的兴趣和想要参加科创项目的愿望。在我和小 A 的鼓励下,小 C 报名参加了一项专业竞赛,小 A 指导他学习竞赛用到的相关软件和知识并分享了学习资料,最终小 C 在竞赛中取得了不错的成绩,学到了很多专业知识和技能,积累了科研经验,为之后的学习和工作打下了基础。

小 D:纠结是否转行→确定扎根本专业并明确研究方向

小 D 对行业的了解不够深入,也未能区分学术与工作内容的差异,针对他的情况,小 A 在与其交流过程中主动介绍船工专业领域的学术前沿问题与研究进展,以及学院的学科地位、师资力量、不同老师的研究方向,并表达了自己对于行业的信心。在小 A 的长期感染与帮助下,小 D 也认识到自己之前的局限性并重新对行业充满信心,目前也明晰了自己研究生的科研方向以及想要选择的导师。

小 E:挂科课程较多→成功通过该学期所有课程并取得良好成绩

由于小 E 的性格较为内向,小 A 在课间借助交流班级工作的机会,主动与其交流学业问题,引导小 E 表达出自己在学习方面的疑点,帮助其解决,并且向其分享课程

的学习重点与答题技巧。在我的鼓励、小A的帮助与小E的个人努力下，小E成功修过了该学期的所有课程并取得了不错的成绩。

## 四、总结反思

基于学生骨干的朋辈互助可以作为高校开展思政教育的有力补充和学业帮扶的有效方式。学生工作开展中，如果能够挖掘到品学兼优的学生骨干并予以培养和指导，可以充分发挥朋辈教育实效，从而在潜移默化中推动班级学风建设，带动同学共同进步。

### （一）基于朋辈互助的学生骨干能够发挥的作用

基于辅导员开展思政工作的局限性，学生骨干群体可以作为高校思想政治工作的有力补充，协助辅导员关注部分学生群体，直接、持续地对同学进行学业帮扶，在科创竞赛上带动同学，在心理问题上开导同学，将思政工作日常化、经常化，通过日常持续、深入的交流帮助同学提高行业认知，培育学术志趣，发挥榜样力量和标杆效应。

### （二）基于学生骨干的朋辈互助开展方式

基于学生骨干的朋辈互助开展方式可以分为以下三步：挖掘与培育学生骨干，发现与分析学生个体面临的问题，指导学生骨干与同学开展精准互助。

1. 如何挖掘与培育学生骨干

基于班杜拉社会学习理论的朋辈互助对观察学习对象提出了更高的要求，也更加强调环境、教育者和受教育者的交互作用，因此，对基于朋辈互助的学生骨干的挖掘与选择要十分慎重。由于期望学生骨干发挥的作用不同，对学生骨干的要求也可以不尽相同，此类学生骨干具备的特点应该包含但不限于以下几点。

（1）个人能力方面：①思想态度端正，主观能动性强；②学习成绩优异；③科创竞赛经历丰富；④热爱所学专业，对专业与行业认知较为广泛和深刻；⑤对个人的未来规划较为清晰；⑥积极向党组织靠拢等。

（2）品质素质方面：①乐于助人；②有耐心，有同理心；③有隐私意识、保密意识；④有责任心。

在"党""团""学""社"优秀群体中，结合开展班会、谈心谈话的过程，发现与挖掘表现突出、影响力大的同学。对于这样具有标杆效应的同学，不应仅停留在评奖评优、宣传分享方面，更应该引导他们产生服务同学的意识，主动承担起帮助同学的责任，担任一定的学生职务，在工作岗位上对有困难的同学有意识地进行关注与帮扶，在服务他人的同时锻炼自己的能力，从而实现双向成长。

2. 如何发现与分析学生个体面临的问题

通过与学生本人的谈心谈话，与班主任、学生家长的交流，召开班会，走访学生宿舍等方式，引导学生本人正面倾诉自己面临的困难，或是从同学的师长伙伴口中侧面了解同学的问题，结合辅导员本人对学生的观察、了解与思政工作经验，分析学生面临的困惑与背后的原因，有针对性地制订个性化问题解决方案。

3. 如何引导学生骨干关心同学，分类施策，有针对性地帮助同学

与存在困难的同学交流时，向他们指明针对具体问题可以寻求帮助的学生骨干，并建议他们积极主动与学生骨干交流。与学生骨干开展一对一谈心谈话时，告知学生骨干需要帮助同学的基本情况与帮扶重点（注意保护被帮扶同学的个人隐私），提供帮扶工作的开展方法与方式建议。在后续学生骨干帮扶同学的过程中，应持续关注帮扶开展情况与效果，针对帮扶过程中出现的问题及时修正与改进，确保帮扶过程有效、高质地进行。

# 从受助到助人
## ——上海交通大学资助体系助力贫困生成长成才

船舶海洋与建筑工程学院　邹碧铖

## ■ 一、案例简介

案例来源：小木，男，硕士研究生。

基本情况：小木 2018 年进入上海交大攻读硕士研究生。了解到他家处农村，父母收入较低，家庭经济情况不佳时，我有一些担心，怕他会因为经济问题而分心，从而影响学习和科研。从我的角度来说，之前也遇到过具有类似问题的学生，深入了解之后发现，他们的原生家庭对他们的发展产生了一定的负面影响。

经过思考，我初步认为处理这一类情况的重点和难点在于以下几个方面。第一，学生的自卑心理容易成为沟通的阻碍，表现为遇到各种问题后不善于与老师或者朋友交流，喜欢把问题隐藏在心里。第二，家庭经济方面的困难易造成学生对生活和学习缺乏信心，表现为不能够以积极向上的心态对待日常生活和学习，很多机会不能勇敢争取。第三，这一类学生容易陷入非良性循环中，表现为一旦遇到挫折和问题，自暴自弃，不能够妥善处理，甚至做出一些伤害自身的举动，从而耽误了自己的前途。

但是在小木的身上，我看到他一直沿着正确的方向发展，与此同时，在学校"奖、助、勤、贷、补"的完整资助体系之下，小木安心学业和科研，取得了多项学习科研成果，在学校获得了自身综合素质的全面发展，初步实现了阶段性的目标，为其他学生树立了一个良好的榜样。

## ■ 二、案例分析

自我担任辅导员以来，一直负责家庭经济困难生的管理以及各类奖助学金工作，每年都能够遇见许多优秀的学生代表,小木是交大家庭经济困难学生中通过自己的不懈努力取得优秀成绩的代表之一。此处我以小木为例,阐述交大助学体系助力贫困生成长成才的故事。

### (一)学校助力贫困生的举措

交大的资助体系是完善且颇具温情的,一切从学生的切身利益出发,总是站在学生的角度思考问题,从入学到毕业,都在为家庭经济困难学生保驾护航。入学前的家庭走访,让学生充分了解交大的各项政策,能够放心地走入交大校门;开学的绿色通道,让学生可以快速入学,校园的贷款政策覆盖学生四年的学费和住宿费,每个月发放的基本助学金可以让学生在交大安心求学;学校有一系列向家庭经济困难学生倾斜的奖学金,帮助他们获得更多的肯定和鼓励;交大的补充助学金鼓励学生拓宽视野,发展课堂之外的能力,不断提升自己的综合素养和能力水平;学校也为家庭困难学生提供出国交流和学习的机会,让他们更好地走出国门,走向国际舞台。每一位贫困生的求学之路都有着国家和学校的资助体系的铺垫,学生的成长和成才也反过来激励着我们不断去完善资助体系,把它做得更好。

1. 学业奖学金和基本助学金让小木抛开经济顾虑,更好地追求自身的发展

新生入学后,我在审核家庭经济困难生入库资料的时候关注到了小木,认真审核了他的各项信息后,我通过了他的困难申请。入库成功后,生活上的补助缓解了小木经济上的困难和焦虑。勤工助学方面,小木利用自己的课余时间,不仅主动承担了学院学生工作办公室、国际化与对外发展办公室助管工作,还同时担当了协助老师更好地完成教学任务的课程助教工作,在勤工俭学的同时为广大老师同学的日常生活提供了服务。小木积极地参与学校的勤工助学活动,不仅通过自己的双手减轻了家里的经济负担,也让自己更好地融入了交大这个大环境中,锻炼了自己的能力。

2. 相关的引导和疏导工作帮助小木建立起在学习和生活上的自信心

小木在进入学校后,导师给予了他恰当的引导,为他指明了研究的方向,并为他提供了丰富的实验室资源,方便他学习与动手实验,为他的研究提供了支持。与此同时,小木找到了自己喜欢的领域并且认真进行研究,也争取到了不少学校提供的机会,增长了见识,开阔了视野,变得更加优秀。研一的时候,小木奔走于教学楼、实验室和图书馆,扎实学好基础知识,多门课程都取得了非常优秀的成绩。在导师和学校的资助下,小木参加了多项学术交流活动,其间圆满完成交流学习任务并获得了船舶领域著名教授的推荐信。

3. 对学生进行理想信念教育和感恩教育

我们经常鼓励学生多多参与实践活动,小木通过参加各类志愿者活动,认识了很多朋友,也让自己的价值在为他人奉献中得到了体现,树立了自信心。小木自立自强,奋力进取,既获得了较多的科研产出,又增长了自己各方面的能力,甚至已经可以

用自己的力量帮助其他人,真正实现了从他助到自助,并到助人的过程。

### (二)家庭经济困难学生"群像"分析

不让一个学生因家庭困难而失学,是党和政府对人民做出的庄严承诺。随着多年的大力度资助工作的开展,家庭经济困难学生基本都能完成学业,但其中还是存在着一些其他问题,表现如下。

第一,家庭情况给他们的心理性格带来的影响是深刻且久远的。家庭对他们的人格养成和价值观念产生的影响,容易造成两极分化。一种是极度自卑心理,常常体现在日常生活学习中,相对来说缺乏自信,对于新奇的事物不愿意去探索和发现,没有尝试的勇气,容易安于现状,得过且过;另一种则是相对积极的心理,寒门苦读十余载,终于登上一个能够改变自己和家庭命运的舞台,他们常常坚韧且自强,主动地担当起很多家庭的责任,不轻易向困难低头,但有时会因为给自己过大的压力,给心理造成负担,一定程度上影响心理健康发展。

第二,走出校门,面临着适应社会和身份转变的难题。原本家庭应该是每个人的后盾,但是家庭经济困难学生的家庭一般会成为学生的软肋。无论是本科毕业的去向考虑,还是临近毕业时的就业抉择,或多或少都会受到家庭因素的影响。而真正走出校园后,缺少家庭的经济支持,很多学生起步就十分艰难,在就业初期,不仅要独自面临生活和工作上的诸多问题,还不得不承担起家庭的责任,这样的重压会给初入社会的他们带来巨大挑战。

第三,家庭的局限限制着学生的长远规划和成就上限。家庭经济困难学生相对来说父母辈的受教育程度和个人能力要小一些,在一些人生选择上难以给子女提供具有长远眼光的建议,对学生本人提出的要求也会局限于某些方面,比如是选择找一份高薪工作还是出国留学,若只考虑家庭经济情况,绝大多数人会选择前者,但有可能后者会让学生本人获得更好的发展。如果不能正确认知,跳出这样一个困局,很难在未来取得大的成就。

### (三)教育过程

对待家庭困难学生,我的基本工作思路是加强沟通与交流,及时掌握情况;在日常事务工作中增进交流和了解,并与其班主任或导师保持联系,增强育人效果。

#### 1. 通过事务工作加强了解,及时帮助

比如,在家庭经济困难生入库申请的时候,我关注到小木的家庭情况,于是及时地反馈给他的导师;在日常交流中了解到他有一些自我提升计划,但苦于没有经济方面的支持,我就给他介绍学校的补充助学金,让他有机会去提升自己,从而掌握更多的技能。总之,通过日常的事务工作,我可以很好地了解到小木的学习和科研以及勤工助学等情况,也能够根据他的情况适时适当地提供一些帮助。

## 2. 帮助树立正确人生观和价值观

对小木,我会鼓励他参与学校的励志典型的评选活动,帮助他正确地看待家庭经济与个人成长成才之间的关系,让他树立正确的人生观和价值观。

### (四)教育效果

在学校奖助学金资助体系的帮助之下,小木没有因为家庭经济原因耽误自己科研和学习的进程,没有因为要赚钱维持自己的生活而在学业上与他人产生差距。此外,小木平时也很热衷于志愿工作,并以此作为回馈学校和社会的方式之一,多次积极主动地参加学校冬季长跑和研讨会等各项志愿活动,真正用自己的实际行动践行了"饮水思源,爱国荣校"的校训。

现在,小木已经基本确立了未来的发展方向和努力目标,即将开启崭新的人生。在交大学习的这一段时间,他通过自己的努力,学习了知识也掌握了技能。无论毕业后选择什么样的工作岗位,我相信他都可以胜任,并且他也可以通过自己未来的发展改变家庭的命运,甚至带着这样一份感恩之心,在将来有机会的时候回馈母校,为国家和社会做出更多的切实贡献!

# 三、总结反思

作为辅导员,我们需要预防阻止由于贫困导致的学生心理问题,将"扶困"与"扶智","扶困"与"扶志"结合起来,形成资助育人的长效机制,着力培养受助学生自立自强、诚实守信、知恩感恩、勇于担当的良好品质。与此同时,每个学生都是独立的个体,需要具体情况具体分析,尊重学生的隐私和尊严,实现共情、交心的沟通交流。

贫困生在专业学习中容易出现如下问题:第一,不能够正确认识自己,缺少基本的自信心;第二,不能够妥善对待学业上遇到的困难和问题,常常觉得手足无措;第三,容易把自己遇到的问题和家庭经济情况联系起来,从而产生不正确的认知,并且容易陷入失败和自责的恶性循环之中。

小木同学的事情就是这样的典型案例,而通过教育引导,小木同学能够提升自己,改变命运,这体现了学生工作的价值。我认为在处理贫困生问题时,应该注意以下几点。

### (一)充分地了解和尊重学生,真正抱着为他们解决问题的心态和他们平等对话,倾心交流

每一个学生都是一个宝藏,虽然他们来自五湖四海,有着不同的家庭背景和成长经历,但他们都值得拥有美好的人生。对于家庭经济困难的学生,在与他们打交道的过程中,更要讲究方式方法,如果处理不当,可能会让他们心理上产生阴影,甚至对他

们未来产生不好的影响。我也遇到过一些学生,家庭经济情况不太好,但碍于面子不申请学校的助学金等,却让自己花费更多的时间和精力去解决基本的生活开支,这让他们没有办法安心学习,最终反而耽误了学业。我们真诚地希望,在可以认真学习的这一段大学时光里,经济条件永远不要成为每一个学生追求梦想的羁绊。

### (二)关心学生关心的事情,站在他们的角度为他们考虑最佳方案

我长期从事奖助学金等事务性的学生工作,与各个年级、各个类型的学生都有很多接触机会,我发现,不论是本科生还是研究生,奖学金都是他们很关注的事情,如何公平公正地进行奖学金的评选,使得奖学金可以真正起到激励学生的作用,一直是我在思考的问题。在奖学金的评选过程中,一方面,要充分地看到和挖掘优秀学生典型,使他们发挥榜样作用;另一方面,要给予优秀的学生更多的锻炼机会,为优秀的学生提供交流的平台,帮助他们好上加好,不断迎接新的挑战,不断突破自我!

### (三)充分调动多方面的积极因素,共同助力学生成长成才

小木同学的成功不是某一个人努力的结果,而是各个方面的力量汇聚在一起共同作用的结果。从小木被交大录取的那一刻起,学校和老师就提供了全方位的关注,这是学校"三全育人"体系下给予每一位学子的温暖和关怀。小木在交大的成长与进步得益于国家和社会的大环境,也得益于学校奖助学金全面覆盖困难学生的政策。小木的成长和进步,就是对我们工作的最大肯定。我们真正见证着学生的蜕变和成长,他们的成长必然也将带来交大的不断发展和腾飞。

2020年国家脱贫攻坚战取得全面胜利,教育扶贫是重要的战略举措之一,是帮助困难家庭真正走出贫困的长远方法。交大为所有的学生提供了广阔的发展空间和舞台,并提出"不让任何一个家庭困难的学生因经济困难而辍学"的口号,正是学校完善的"奖、助、勤、贷、补"的资助体系,才让我们有了说出这句话的底气。这个体系是全方面、多层次贯穿于学生求学之路始终的,新生开学前就广泛开展的助飞计划让学校可以掌握新生家庭经济的第一手资料,为尚未踏进校门的学生解读多项资助政策,国家助学贷款、各类奖助学金、充足且形式多样的勤工助学岗位、临时困难补助,针对学生可能会遇到的困难和问题,学校和老师都会先一步想到并提前给出解决措施。这是一个温暖的大家庭,我很庆幸自己能够成为其中的一员,未来我也希望可以在这个岗位上继续发光发热,帮助更多需要帮助的学生,成为这些学生成长路上的一点微光,为他们前行的道路提供一点点光亮!

# 一个班四名同学参军报国的故事

化学化工学院　李安英

## 一、案例简介

案例来源：化学化工学院 F1511001 班小王、小鹏、小斌、小曾、小法。

基本情况：化学化工学院 F1511001 班是基地班，少数民族学生多，家庭困难学生多，学生学习基础普遍较弱，但他们上进心强。学院通过征兵宣讲会、优秀退伍军人座谈会、个别谈话，通过班级氛围营造、朋辈教育、典型引路等方式鼓励参军，鼓励深造。这个班级先后有四名学生参军，分别是小鹏、小斌、小曾、小法（在伍）。另外，他们班的副班主任小王，也是退伍军人。

小王，F1511001 班副班主任，大三入伍，属原南京军区某部队，在伍期间曾获优秀士兵、旅嘉奖、连嘉奖等。退伍回校后担任学院辅导员，曾获"凡·星"励志人物、"辅导员标兵"的称号，现在在江西省南昌经济开发区白水湖管理处北山村工作。

小鹏，大一入伍，属南部战区陆军某部队，在伍期间曾获"优秀义务兵"称号、旅嘉奖。退伍回校后转往电子信息与电气工程学院，通过努力获得了国家励志奖学金、校级 B 等奖学金，85 届计算机系教育发展基金暨杨元庆奖学金等。

小斌，大二入伍，属东部战区陆军某部队，在伍期间曾获"优秀义务兵""旅优秀共青团员"称号、旅嘉奖。退伍后获得 2019 年上海市主题征文演讲大赛一等奖、2019 年"上海交通大学学生年度人物"、第六届中国国际"互联网＋"创新创业比赛上海市银奖、"海峡杯"两岸青年创业创新大赛特等奖、2020 年凯原励志奖学金、2019 年度"中国大学生自强之星"。

小曾，大三入伍，属西藏军区某部队，在伍期间曾获"优秀新兵""优秀义务兵"称号、旅嘉奖。退伍后获得 2020 年"上海交通大学学生年度人物"、2020 年上海团市委组织举办的"青春心向党·建功新时代"上海青年说暨上海团员青年学习习近平新时代中国特色社会主义思想演讲比赛决赛三等奖、2021 年"上海交通大学校长奖"。

小法,大四,正在服役。

## 二、案例分析

这是一个从大一到大四,每年一人参军,薪火相传,青春报国的故事。大学生参军入伍,对于国家军队整体素质的提升、军队现代化建设、国防事业发展等都具有重大意义。而部分学生和家长对大学生参军有所顾虑,因此动员学生参军是一个系统性工程,需要开展国防教育、组织参军动员会、发挥退伍军人典型作用、营造浓厚的参军氛围。学院在充分了解学生特点的基础上,从他们的成长需求出发,帮助他们制订个性化的职业发展道路,让参军学生圆梦军营,无悔青春。

### (一)真心真情,点滴中蕴含关怀

入学伊始,作为年级思政教师的我就和班主任迅速了解、熟悉了班级的每一位同学。通过参加班会、去宿舍看望同学、个别谈心谈话等,了解同学们平时的学习思想状态,提出关于未来规划的建议,分析不同选择的利弊,为想保研、出国、从军入伍的同学提供个性化的咨询服务。小斌对未来有些迷茫,在我们的关心帮助下,他了解了入伍的政策,坚定了入伍的决心。退伍回来后,在我们的持续关注下,小斌补足了自己在英语上的短板,成功获得直升推免研究生资格。小斌说:"军旅生活是丰富多彩且有意义的,在别人眼中的弯路现在都已经变成了我人生的催化剂,让我活得更加精彩。"

### (二)精心组织,加强国防教育

我们注重军训在高校育人工作中的作用。学院重视选拔学生骨干担任军训连队辅导员和小班长,让他们了解军营文化。军训期间组织开展的多项国防教育活动,增强了参训学生热爱祖国、献身国防的信念。2010 级本科生退伍军人小王就是一个很好的例子。2016 年 8 月,小王担任 2015 级学校军训团连队的指导员,他带领着 120 多名同学,协助负责日常训练,他用军人纪律严格要求同学,同时用学长的温暖来关心帮助他们。在他的带动和关怀下,同学们的集体意识和纪律性大大增强。通过军训,小鹏开始对军营充满向往。

### (三)挖掘典型,营造参军氛围

在学生工作中,我们注意开展教育与自我教育,注重挖掘学生中的典型事迹。学校每年在组织的参军入伍学生欢送大会上,在宣传参军入伍、携笔从戎的征兵工作的同时,鼓励学生以参军入伍学生为榜样,培养家国情怀、责任担当和奉献精神。学院每年组织的"报国参军,无上光荣"征兵动员大会,邀请学校武装部老师宣讲国家政策,邀请退伍回校的老兵分享部队经历和收获,鼓励更多学生履行社会责任。小王同学的参军经历对大学生活迷茫的同学有一定的参考价值。从刚入学时的羞涩内向成绩一般,经过两年军营生活的磨砺,到最后成功直研并成为班主任助理,他的故事非常励志。结合个人职业规划,讲交大学生参军故事是我们在征兵宣传时采取的行之有效的方法。大三入伍的小曾说:"我是受了我们班级参军氛围的影响,因为我大三的时候很迷茫,不知道是要考研还是要工作,所以决定去参军。"

## 三、教育过程

习近平指出,广大青年要肩负历史使命,坚定前进信心,立大志、明大德、成大才、担大任,努力成为堪当民族复兴重任的时代新人,让青春在为祖国、为民族、为人民、为人类的不懈奋斗中绽放绚丽之花。化学化工学院坚守"为党育人、为国育才"的人才培养理念,尊重大学生的身心发展规律,不断提高思想政治教育的针对性和实效性。因本校直升研究生名额有限,竞争很激烈,对基地班同学我们采取了因材施教、加强朋辈教育、培养典型、鼓励参军的措施,引导他们补短板、扬优势,不断提升自己的综合素质。

### (一)因材施教,参军动员融入日常教育

班主任开班会和日常谈话时,常常鼓励同学们参军。小斌当时是班长,学习很认真,也做了学院办公室助管,他高中时就递交了入党申请书,是学院第一批参加学校"青马学校"学习的学生,但因他学生工作较多,学习成绩不理想,未能顺利入党。他很想读研究生,我们建议他考虑参军。小斌是 2017 年参军的,当时也深受小王学长的影响,同时他还多次咨询了正在服役的小鹏的意见。开团代会时他决定:与其茫茫然地生活,不如用两年的时间做更有意义的事,让自己对未来想得更清楚。尽管当时还没有到征兵的时间,但他先递交了入伍申请书。部队里的生活十分辛苦,各种各样的训练对人的身体素质与意志都是极大的磨炼。在部队,他们开阔了眼界、丰富了阅历,政治思想素养也得到了提高。2020 年,本科毕业生小法如愿参军入伍,也成就了一个本科生班级先后 4 名同学参军的故事。

### (二)加强朋辈教育,激荡青春梦想

退伍大学生也是学生,相比辅导员,更贴近学生群体,对其他学生的需求和心理掌握得更具体,他们的经验、规划、成长历程对其他同学有着直接的影响,在心理上易引起共鸣、情感上易获得认同,具有不可替代的优势。作为副班主任、积极宣传参军入伍的小王同学经常说:"我是大三入伍的,军队的经历塑造了我的三观,给了我精神上的力量。"小鹏刚入大学时感觉有些迷茫,学习成绩也一般,感觉在生活和学习上没有什么实质性的收获。自我反思后,认为自己不应该这样浪费美好的青春时光。军

训后,小王给他详细地讲解了参军的利弊,并鼓励他投身军营。最终他决定大一就参军入伍,锻炼自己的意志品质,同时希望能在两年里找到自己未来的人生规划方向。参军退伍后他顺利达成了心愿,转到了自己心仪的专业继续学习。

### (三)提供锻炼平台,培养退伍学生典型

朋辈榜样对同龄大学生的行为有重要影响。2015年9月,学院聘任小王为化学基地班的班主任助理,在他的影响下,班级先后有3人参军入伍,有1人获得国家奖学金。后学院老师动员他加入学院学工办团队,负责困难生认定和助学金评审等工作,并协助负责毕业生事务等,参与组织学院毕业生学位授予仪式、90周年院庆等活动,进一步提升了领导力。2016年学院推荐他参评"凯原励志奖学金"并获得成功,不仅如此,小王还成功获评校"凡·星"励志人物称号。退伍学生小斌荣获2019年度"中国大学生自强之星"称号,退伍学生小曾荣获2020年"上海交通大学年度人物"称号。宣讲会上学长们的现身说法,给低年级本科生带来很大冲击。小斌说:"耐得住寂寞,吃得了苦头,受得住委屈,才可能成得了气候。"

## 四、总结反思

传承红色基因是培养社会主义合格建设者和可靠接班人的需要。党的十八大以来,习近平多次强调,要把红色资源利用好、把红色传统发扬好、把红色基因传承好。这为思想政治教育在实践中解决"用什么培养人""培养什么样的人""为谁培养人"的根本问题提供了行动指南。化学化工学院注重在日常思想政治教育中传承红色基因,抓住大一关键期,启迪理想信念,在学生中树立参军典型并拓展退伍军人榜样的宣传方式和力度,充分发挥朋辈教育互相促进、共同成长作用,营造参军光荣的氛围,为参军退伍学生提供更多的发展机会,并持续关注退伍军人的长远发展,引导他们与祖国同向同行。

### (一)传承红色基因,启迪理想信念

红色文化是中国共产党独有的文化,具有先进性、纯洁性等优秀气质。学院从2012年9月开始设计并逐步建立了"虚拟红色书屋"模式,利用红色思想教育人,以红色活动影响人。2014年"红色书屋"项目获校文明项目。2015年9月,读书活动从支部扩展到大一新生。2016年,学院党委认为学习践行"两学一做",就要将思想引领与学业促进相结合,提出"读书·修身·立德·坚定理想信念"的要求,在"红色书屋"的基础上,结合入党答辩,以考核机制为保障,加强实践育人环节,激励青年学生立德修身、志存高远。"读书·修身·立德"获上海交通大学党建创新一等奖。学院还利用暑假组织学生到嘉兴南湖、井冈山、延安、大别山、西柏坡等地参观学习,增强大学

生对红色文化的认同感,激活"红色基因"意识,体验奉献精神和爱国情怀等。同时学院抓住新生可塑性强的特点,开学之初就对他们进行共产主义理论和党的基本知识的宣传教育,鼓励新生"入学第一天,写下红色誓言"。

### (二)树立参军榜样,拓展宣传方式

学院通过组织退伍学生开展征兵宣传,营造携笔从戎、参军报国的浓厚氛围,以参军学生的鲜活事迹鼓励学生积极参军入伍。近年来,化学化工学院每年都高质量完成征兵任务,一批有情怀、动机纯粹的学生到部队得到了锻炼。在宣传方面,学院不仅注意激发学生参军报国的热情,同时宣传讲座时也详细讲解参军学生关心的各项福利、保研政策、转专业等问题,让学生感觉到参军报国对自己的职业发展也是很有帮助的。根据 00 后学生"网络原住民"的特点,学院还充分利用新媒体和网络平台建设"花火""sjtu 花火""化院聚能量"公众号,积极推送并转载交大官微、"益友 sjtu"上优秀参军退伍学生典型事迹,《榜样的力量:赤心忍性,不负青春》《创业特等奖、演讲一等奖、乐队吉他弹唱……交大这位帅气兵哥哥,符合你的全部想象!》《青春风采:最美的青春就是"交大红"撞上了"橄榄绿"》《退伍大学生士兵感言:有一段岁月,叫军旅》《在西藏,我的青春不一样》《交大化院"戎耀班"》,均获得 1 000 ＋ 的阅读量。在他们的带动下,近年来化学化工学院同学们参军热情高涨,朋辈典型引领作用显著。

### (三)加强思想引领,持续关注退伍学生的长远发展

学业和就业是学生最关注的事情,也是思想政治教育的重要抓手。学院以思想价值引领为主线,面对本科生、硕士生、博士生三类群体针对性地进行人才培养、行业引领以及学术氛围营造,号召化院学子与祖国同向同行。对参军学生,我们一直保持关注和跟踪,并针对性地加强生涯指导和价值引领。学生入伍期间,学院定期寄送小礼物给他们。在后期落实方面,与征兵宣传时态度一致,不让退伍学生感到冷漠,对关系到退伍学生利益方面的事落实到位。像小鹏,退伍后顺利转往电院,考虑到他家里经济较为困难,我仍会定期关心他,每到助学金申请季均提醒他要认真准备申请材料。小斌是困难生,回校后学习上进步很大,学院推荐他担任辅导员,2019 年学院推荐他参评校年度人物,2020 年学院推荐他参加凯原励志奖学金答辩,均获成功。退伍后,我主动关心他的入党问题,向学院负责党建的老师详细介绍小斌的情况,请学院给他提供再次参加"青马学校"学习的机会,继续培养考察。经过近一年的努力,小斌现已经成为一名光荣的共产党员。小曾退伍回校后,学院推荐他参加 2020 年上海团市委组织举办的"建功新时代,青春心向党"上海青年说暨习近平新时代中国特色社会主义思想演讲比赛,还推荐他参评"2020 年校年度人物"。这些经历和荣誉为他们今后的发展打下了良好的基础。小王研究生毕业后毅然选择回到江西,小曾选择回到西藏,为家乡建设添砖加瓦!

# 圆梦西部　砥砺前行

## ——一名后进生考上研究生的励志故事

化学化工学院　李安英

## 一、案例简介

**案例来源**：小 A，女，化学专业大四学生。

**基本情况**：小 A 出生在新疆吐鲁番的一个医师家庭。刚入学时，小 A 信心满满，学习认真，工作积极，担任了班级团支书，并递交了入党申请书。她还积极组织同学参加新生系列活动，并主持了迎新晚会。作为一名专业基础较为薄弱的学生，小 A 对大学的学习生活既充满期待，又有些担心。看着身边遍布着从全国各地考入上海交大的拔尖同学，小 A 决定"笨鸟先飞"，努力做到课前预习、课后复习，希望能够跟上课程进度。但第一次期末考试成绩并不理想，一门课程的不及格使她不知所措，她感觉很困惑，一度处于很自卑的状态。我主动联系小 A，安排了一名新疆籍辅导员一对一帮助她，并且不断地鼓励她，让她参加学院的学业辅导班。大二上学期，小 A 再次一门课程不及格。大三，因三门课程不及格遭遇退学警告。在我们的鼓励下，小 A 决定调整学习方法，合理安排学习和工作的关系，提高学习效率。正因为小 A 不放弃，越挫越勇，后考研成功，毕业时还获评校"凡·星"励志人物。现在新疆大学读研。

## 二、案例分析

这是一个开始因学习适应不良、通过社会实践明确自己目标，并坚持不懈努力，最终考研成功的案例。一些同学因为知识基础相对薄弱，学习面临很大的压力。有的同学处于迷茫状态，不知道自己未来想做什么；有的同学学习动力不足，无法脚踏实地地完成学习任务。虽然小 A 学习非常努力，但成绩并不理想。我们通过朋辈教育,谈心鼓励,组织和鼓励少数民族学生开展社会实践,帮助像小 A 这样的学生了解社会、了解基层、提升能力,让他们在实践中成长,找准未来发展方向。

### (一)朋辈教育

榜样的力量是无穷的。我们通过挑选各方面表现比较优秀的少数民族学生,采取一对一结对的形式开展朋辈教育。因为小 A 上进心、自尊心都很强,在她学习遇到困难的时候,我们安排一位同样来自新疆的优秀榜样——迪丽热巴学姐一对一谈心帮扶,学姐用自己的成长经历告诉小 A:只要坚持付出努力,就一定可以克服这些困难。同龄人的鼓励和帮助给了小 A 信心和启发,她重新看到了希望,决心调整状态,重新出发。我们鼓励她参加学院的学业辅导班,还给她讲已毕业学长的故事,启发她树立信心,调整学习方法。

### (二)谈心鼓励

了解学生是做好思想教育的前提。小 A 思想上进,学习努力,多才多艺,开学初和她谈话后我建议她竞选班级团支书,参与大一迎新活动的组织策划,她成功竞选主持人。我鼓励她积极靠拢党组织,她也递交了入党申请书。虽然大一出现一门课程不及格,但我在与她谈话时鼓励她,只要重修合格,按学校规定,不影响直升研究生。大二下的期末考试,她坚持缓考 3 门,学院副书记郑老师和她交流后同意了她的安排。大三开学,我和小 A 就如何缓解焦虑、出现问题的原因、策略上如何调整,如何科学安排学习计划进行了深谈,达成了共识。她虚心接受,并制订了一份比较科学的学习计划,尽量做到专注地听每一节课、认真地做每一次作业。经过一段时间的努力,小 A 学习成绩有了明显的进步。

### (三)加强社会实践

大学生参加社会实践,可了解社会、认识国情、增长才干、磨炼意志、培养品格。学院鼓励学生组队参加社会实践,大一暑期,小 A 报名了学校的"助飞计划"。她利用假期和同学一起走访考上上海交大的学弟学妹,向他们介绍上海交大的情况,解答他们心中的疑惑,帮助他们顺利融入上海交大这个新环境。2016 年 8 月,小 A 和同学组队在吐鲁番、伊犁等地开展了以"走进大美新疆"为主题的社会实践,在当地得到了不错的反响,在暑期社会实践校级评优当中,获得了二等奖的好成绩。在实践当中,小 A 目睹了中国贫穷地区的现状,也看到了祖国在改革开放后所发生的翻天覆地的变化,更看到了祖国在前进道路上一步一个脚印的奋斗历程和她充满机遇的未来。而这些,坚定了小 A 建设家乡的决心。

## 三、教育过程

少数民族学生教育管理工作是高校人才培养的重要组成部分,培养输送优秀的少数民族人才对维护民族团结、加快少数民族地区建设具有重要意义。学院通过思想引领、岗位锻炼、学业帮扶等,培养了一批既能团结学生又能引领学生,既思想过硬又能力过关的少数民族学生骨干,小 A 就是其中的典型代表之一。我们主要从以下三方面开展工作。

### (一)思想引领

引导少数民族学生树立正确的国家观、民族观,加深其对社会主义核心价值观的认识。学校每年组织少数民族学生参观钱学森图书馆,培养新生"祖国强盛,我的责任"的理想信念;开学组织入党导航活动,引导新生积极向党组织靠拢;国庆节组织学生参加"国庆升旗仪式"活动,组织入党积极分子赴中共一大会址、嘉兴南湖等红色基地参观学习;学校还成立"大学生习近平新时代中国特色社会主义思想学习研究会"(简称"研习会"),旨在吸引和凝聚一批对理论学习和研究有浓厚兴趣的大学生深入学习、研究、宣传习近平新时代中国特色社会主义思想。考虑到小 A 有非常强的上进心和入党愿望,大二时学院推荐她加入了学校的"研习会"。在"研习会"里,小 A 主动担任联络部部长一职,成功组织了三次"享·思"读书分享会、两次寒暑假社会实践活动、一次"我与十九大知识大比拼"竞赛。经过不断的努力,大四,小 A 成了一名中共预备党员。

### (二)提供锻炼机会

岗位锻炼是学院在实践中培养少数民族学生骨干工作能力的一种方式。在克服了学业方面的难题之后,为了让小 A 进一步开阔视野、认识更多优秀的人,学院鼓励她申请加入了化学化工学院学生会。她在学生会担任了联络部部长一职,先后参与了学院举办的化学节、"21 天读书计划"、女生节、生环平台"一二·九"红歌会、120 周年校庆志愿服务等活动,具体承担活动方案策划、节目排练、赞助商联络等工作。小 A 还发挥特长,在学院学代会、迎新晚会等场合担任主持人,展示了阳光自信的精神风貌。这段经历开阔了她的眼界,也提升了她的工作能力和自信心。

### (三)学业帮扶和心理支持

围绕上海交通大学"四位一体"人才培养模式,化学化工学院 2015 年起成立学业分享中心,通过集体自修、学业辅导、一对一结对学习等帮助学习困难学生培养学习习惯、提升学习能力。小 A 参加学业辅导后,对自己的学习更加重视,减少了不必要的社会活动。功夫不负有心人,她的成绩慢慢有了提升。重塑信心后,她开始准备新疆大学行政管理专业的研究生考试。大四上学期,她课程学习很紧张,经常熬夜也完成不了学习任务。我鼓励她背水一战,并同意她先缓考两门,一心一意专注考研。考研结束后,她马上投入了两门缓考课程的学习。大四,顺利通过了研究生考试。

## 四、总结反思

做好少数民族学生的教育工作是我国重要的人才培养战略。由于新疆地处中国的西北地区,无论从地理环境、气候条件,还是当地少数民族居民的宗教信仰和风俗习惯而言,都有其自身的特点。如何帮助新疆少数民族学生适应内地高校的教育,做好他们的思想政治教育工作,是内地高校人才培养的重要内容。我们通过开展适应性教育、学业帮扶、谈心鼓励等,帮助小 A 克服学业难题;通过开展助飞、支教等实践教育帮助学生树立合适的职业目标;通过思想引领、提供锻炼机会等,启迪理想信念,提升就业竞争力,促进他们和祖国同向同行。

### (一)开展新生适应性教育

文化、生活习惯差异以及学习基础薄弱等客观原因都使少数民族大学生在生活、社会交往、语言与心理适应等方面存在一定的问题。学院通过安排学长做副班主任、班级志愿者,帮助新生适应新环境,开展座谈,了解他们入学后的具体情况及困难,请优秀的学长分享学习生活经验,鼓励他们努力学习,树立正确的学习目标,毕业后回到家乡服务父老乡亲、服务国家。精心安排室友,让新疆少数民族学生和汉族同学一起居住,让他们在日常的共同生活中培养良好的感情,使他们更快地融入班集体,通过"上海一日游"、实验室开放日、企业参观、班级联谊等帮助新生了解上海、了解学校、了解专业。

### (二)指导学生树立合适的职业目标

随着市场竞争逐渐激烈,帮助大学生做好职业规划工作,对其今后就业和发展有着重要意义。小 A 的优势是上进、热情、勤奋。弱点是基础较差,对化学专业不是特别喜欢。遭遇退学警告后,因为无法转专业,她也曾有过迷茫。我告诉她,不管如何,也要努力完成大学学业,拿到毕业证书。同时要和同学多沟通,寻找适合自己的学习方法。经过一年的努力,她逐步适应了大学学习生活,学习成绩也有进步。克服学业难题后,助飞、支教和"研习会"的经历促使她选择考研,回到新疆。中间虽遭遇挫折,但我们对小 A 不抛弃不放弃,在她需要帮助的时候,帮她联系学长。临近毕业,她终于考研成功,并成了一名中共预备党员,还获评校"凡·星"励志人物。

### （三）生涯引导全程化，推动和祖国同向同行

学院鼓励学生根据自己的兴趣爱好和能力水平，将个人发展与国家需要紧密结合，承担起大学生的使命和责任。针对不同年级不同阶段的任务，我们对学生的职业规划进行了系统的设计。大一，引导学生尽快适应大学生活，促使其尽早养成生涯规划意识；大二，帮助学生了解职业信息，做好大学生涯规划，树立成为重要行业、关键领域领军人物的个人职业理想；大三，鼓励学生为确定的职业生涯发展规划而努力奋斗。在学生求学过程中，引导他们理性对待专业，利用学分制优势，设计个性化的学习计划，完善知识结构，为将来成为复合型人才打下基础。引导他们不但学好专业知识，而且积极参加社会实践，全面提升综合素质。鼓励同学们选择适合自己的学校、专业继续深造。小A跨专业考研，经过三年的努力，被新疆大学行政管理专业录取。就像她自己说的："不管遇到多大的困难，都不要忘记初心，要怀着一颗感恩的心，树立远大的志向，去实现自己的梦想，去报效伟大的祖国。"

# 从话剧舞台到发射中心
## ——美育实践在高校三全育人工作中的作用

人文学院　卢倩

## 一、案例简介

案例来源：晓舒，男，本科生，毕业后投身航天事业，现为某发射基地中心分系统指挥员，参与过数次发射任务。

**话剧《钱学森》**

上海交通大学原创话剧《钱学森》是根据新中国"两弹一星"元勋、交通大学1934届校友钱学森的传奇经历创作改编的学生原创话剧。话剧通过演绎钱学森的人生经历，并以钱学森与夫人蒋英的爱情故事为副线，鲜活展现了钱学森的爱国情怀与报国之志，旨在传承"爱国、求真、创新、奉献"的钱学森精神。自2012年9月首演以来，已经分别在北京、上海、武汉等地公演13轮，共39场，观众累计近6万人次，并获得第三届中国校园戏剧节"优秀剧目奖"、上海交通大学校长奖、"感动交大"等诸多荣誉。

基本情况：上海交通大学原创话剧《钱学森》剧组成立之初，晓舒同学通过遴选，参与助演工作，饰演剧中解放军某发射中心成员，并承担协助维持现场环境等场务工作。

初见晓舒，他与话剧《钱学森》剧组里其他参与助演的同学一样，对这个戏剧舞台充满了新鲜与好奇。谈起参演的缘由，他说，当初就想来看看菁菁堂的后台到底是什么样的，尝试一次传闻中的剧组放饭，站在舞台视角看看观众席，体验一下戏剧舞台是否与工科生的实验生活截然不同。结束了第一天的彩排后，他表示钱学森爱国、求真、奉献、创新的精神深深打动了他，也是这部戏剧带给他的最初感受。在结束了一轮三场演出后，他认为演出经历给他的大学生活带来了不一样的体验。在不知不觉中，他深刻体会到了中国初代航天人的创业维艰和爱国深情。

次年，他在考虑要不要跟随剧组参与赴中部某省份的全国巡演时有过犹豫。他坦言自己心中隐隐地产生了纠结,毕竟已经深度体验过一次剧组演出了,现在再参加,去千里之外的地方担当剧务工作,是否有必要。

## 二、案例分析

对于晓舒而言,话剧演出并非他的主修专业。上一年度的演出已经让他深入体验过一次话剧演出的运行机制,也已经完全实现了他的"初衷"。然而晓舒的纠结从一定程度上反映出,这个活动已经在潜移默化中影响着他的选择。晓舒的疑问看似是纠结要不要去参加一次已经有过充分经历的文艺演出,实际上是在思考参与文艺演出对于非艺术专业的理工科学生而言究竟意义何在。晓舒的问题非常具有代表性,在实际沟通和交流中,我认为需要着重从以下两点入手。

### (一)明确纠结的症结

首先,引导晓舒明确他纠结的症结是什么。如果是因为学业,例如考试冲突、学业预警等,那么我会站在他的角度,引导他以学业为先,文艺演出等课外活动在学有余力的基础上适度参加。如果他不存在学业冲突等问题,只是在参加哪种课外活动的问题上产生犹豫,那么我们需要进一步明确他的需求和心理倾向。如果他确实对文艺演出毫无兴趣,那么无须勉强,应鼓励他将时间和精力用在真正想参加的活动上。如果他对演出还有强烈的不舍,那说明在他的思想中,即使这个活动已经参加过了,对他而言还是有继续参加的价值和意义的。

### (二)了解文化实践和美育工作的价值和意义

以话剧演出为代表的文化实践和其他所有课外活动一样,可以丰富课余生活,增加参与者的社会经验,增强实践能力。但不同的是,文化实践是一项重要的美育工作形式,其根本宗旨是培育美好的人格和心灵。好的文化实践不仅能培养和提高人对美的感受力、鉴赏力和创造力,还能帮助人们树立美的理想,发展美的品格,培育美的情操,形成美的人格。晓舒也曾被剧中钱学森克服重重险阻依然归国的情怀以及为科学奉献的精神所打动,说明在一定程度上,他已经触碰到这项演出所要传递给演职人员以及观众们的精神内核。参与演出不仅仅能使自我得到提升,同时也为以钱学森为代表的科学大师们的精神的推广贡献出了交大人的力量。

## 三、教育过程

针对晓舒的疑问,我站在剧组行政助理的角度上与他交流,分享我们对这项工作内容和意义的理解。

### （一）剧组结构

从剧组结构上说，我们不是主演，却承担着主力工作。一场戏 90% 的时间我们都待在幕后观众看不到的角落，不是在准备道具就是在思考下一幕戏该准备什么道具。我们必须聚精会神，当到达预设的时间点时，平台必须平稳而快速地推出，精准地停在固定的位置。此时灯光亮起，确定一切正常，我们方可松下一口气，等待下一波忙碌。确实，不是所有人都能站在聚光灯下说出一句又一句动人的台词，但我们像是戏剧的骨骼，为血肉的生长提供着不可或缺的基础。就像剧中那些为了祖国的国防事业隐姓埋名的基层工作者一样，无名但不可或缺。

### （二）演出意义

从演出意义上说，我们在这场艺术实践中贡献着自己的力量，传播着科学大师的精神和爱国情怀。每当谢幕，大家以整齐的脚步、昂扬的精神出现在观众面前时，雷鸣般的掌声让我们觉得这一切很值得；当想到我们齐心协力奉上的这一场戏剧或许会影响成千上万的人，以生动的形式，在他们的生活中留下科学大师的影子时，我们觉得这一切很值得；当我们的观众因剧中的一句台词或一处情节而有所触动，并在走出电影院之后仍能记起钱学森对祖国深沉的爱与强烈的历史责任感时，这让我们觉得所做的一切很值得。

### （三）自我成长

从自我成长的角度上说，我们不仅在话剧演出的过程中积累着实践经验，同样也与剧中人物一起经历着抉择和成长的过程。经过慎重考虑，晓舒最终选择了继续参与巡演活动，不仅如此，在那之后直至毕业离校，他共跟随剧组参与了 17 场全国巡回演出。其间，钱学森的饰演者换了两位，乔贵先的饰演者换了三位，梦兰、密探等角色的扮演者换过十余位。晓舒虽然不是主要演员，每轮演出甚至没有固定的角色，但他一直都在。在场务工作方面，他承担着传帮带的角色，每当有新成员加入，他都主动承担带新人的任务，帮助新成员尽快熟悉剧务工作。剧组中像晓舒一样坚持了多年的学生助演还有十余位。

毕业后晓舒婉拒了北京某单位的邀请，毅然奔赴我国航天事业第一线，现为某发射基地中心分系统指挥员，已参与过数次发射任务。他曾说，上海交通大学四年的专业学习和教育，让他拥有了坚实的技术能力，而参与剧组演出的经历，则以润物无声的方式坚定了他航空报国的信念和决心。他表示也要像钱学森学长一样，为祖国的航空航天事业"打下最坚实的后盾"。

# 四、总结反思

"理性的说教,不如感性的示范。"高校原创文化和美育实践在育人工作中发挥着越来越重要的作用:通过生动的文艺作品形式,增强学生文化认同感,通过美育精神的熏陶,培养学生综合素养。高校原创文化和美育实践以形象生动的方式发挥着思想理论教育和价值引领的作用。晓舒的思想变化过程和毕业选择也代表着这种美育实践正发挥着越来越重要的作用。如何持续发挥高校原创文化和美育实践在高校"三全育人"工作中的作用,我认为还需要从以下几方面入手。

## (一)以价值导向为中心,持续推进优质原创文艺作品的创作与建设工作

以话剧《钱学森》为例,它的初衷意在回答两个关键问题:当年钱学森为什么会选择出国?为什么最终面临重重阻碍也要回归祖国?希望通过话剧《钱学森》,能够让更多青年大学生理解科学大师的情怀与内心世界,并且积极思考怎样的学习发展规划和怎样的人生设计才是对自身、对社会、对国家都有益处的选择。此外,剧组也在不断尝试以艺术的方式,反思著名的"钱学森之问",力求在交大学子中营造出崇尚科学、追求真理、爱国奉献的良好氛围,激发广大青年学子的爱国情怀和报国热情。将价值引导融入生动的艺术实践之中,需要我们持续推进优质作品的创作与建设工作。

## (二)坚持与时俱进,探索贴近当代大学生审美要求的艺术表现形式

力求在艺术表现形式上贴近当代学生的审美接受水平、贴近时代发展的实际,以提高艺术感染力。以话剧为例,需大胆使用声、光、电等现代舞台艺术手段以及多维空间的舞台布局等,增强舞台的立体感和真实性,争取在短短的2个小时里,让大学生接触到美育的内核。除话剧形式外,也可尝试更多青年大学生喜闻乐见的艺术形式,如脱口秀、歌剧、舞剧、歌会等。

## (三)注重整合资源,各部门通力合作打造文化新名片

文化艺术精品的打造需要优质资源和精神内涵作支撑,需要学校领导的高端定位,只有充分整合各方资源才能调动方方面面的潜能,真正促使优质的原创文化发展成为当代大学生的爱国主义和科学主义教育名片。一部优秀文化作品需要在学校领导的高度重视下以及各兄弟单位丰富资源的支撑下,不断深化,细致雕琢。同时,拓宽宣传渠道,更多地获取演出和交流机会,实现快速发展和品牌建设。

党的十九大报告中,习近平总书记向全党全国人民发出了"坚定文化自信,推动社会主义文化繁荣兴盛"的伟大号召。国家之魂,文以化之,文以铸之。高校原创文化是高校校园文化建设中最鲜明、最具特色的部分,发挥原创文化和美育工作的作用

具有重要意义。一位观众在观话剧《钱学森》后评论说："在战争年代的烽火岁月逐渐远离、异彩纷呈的物质文明不断充斥眼球的今天，需要一些人、一些事、一段情去重新唤起当年那份奋不顾身、毫不利私的情怀。"广大的青年学生，正是钱学森精神传承的希望。当然，这种精神的召唤与传承并不是一两部话剧演出就能够完成的，但我们愿意成为这场召唤的开始，并将之传承下去。

# 大学生缺乏专业认同感导致退学的案例分析和启示

设计学院　聂唱

## 一、案例简介

案例来源：小乐，女，设计学院大二学生。

基本情况：小乐通过贫困专项进入建筑系学习，父亲是所在县城的一名检察官，母亲因身体欠佳待业在家。总体上，小乐入校以来表现良好，成绩中等，没有明显的学业困难或心理问题，但性格较为内向，不热衷参与课外活动。小乐从未表露过转专业的意向，大一时也并未报名参加自主转专业考试。

2019年10月底的一天，小乐来到办公室找我，称自己身体不适，想开张假条。我观察到小乐面色苍白，精神恍惚，便关心她的身体和心理状态，小乐却十分抗拒不想多说，只想尽快得到一张假条。在反复追问下，小乐突然情绪失控，崩溃大哭，哭诉了她内心的真实想法。

小乐最初选择建筑专业只是听从父亲的安排，但是建筑专业区别于传统理工科，重实践的教学方式和多元化的评价体系让小乐十分不适应，所以专业学习对她来说特别吃力。上大学前成绩一直在班里名列前茅，进入大学后，竞争激烈，难以拔尖，所以情绪长期处于低落状态。小乐个性要强，不愿让父母失望，所以她不想轻易放弃本专业的学习，一直咬牙坚持，还放弃了自主转专业的机会。繁重的学业压力、平庸的专业成绩、无形的家庭压力、沉重的心理负担等多种因素的叠加，最终导致小乐的身体和心理都不堪重负，出现了失眠、多病、中度抑郁等症状。她开始想要逃避这一切，旷课、迟交或者不交作业的现象频繁发生。

在和我的谈话中，小乐多次表示对建筑专业的学习十分反感，提出退学复读的想法，关于自己的人生和未来表现得十分消极。

## 二、案例分析

小乐同学这样的情况在现实工作中并非个案,当前大学生退学现象日渐增多,退学原因可主要归纳为以下五类:一是对学校没有归属感或对专业缺乏认同感;二是受主客观因素影响,心理压力巨大,精神不堪重负;三是自身学习的主观能动性不强,导致学业荒废;四是家庭原因;五是个人急于进入社会锻炼而放弃学业。就本案例而言,缺乏专业兴趣是小乐想要退学的根源,自身的心理问题以及来自父母无形的压力也进一步加深了她退学的想法。

### (一)淡薄的专业兴趣

关于建筑专业,小乐的父亲只是从同事的只言片语中听闻该专业就业前景好、薪资待遇高就推荐小乐选择,小乐本人对建筑专业没有进行更多的了解,盲从了父亲对自己专业的安排,总体上,小乐和父母对于建筑专业都知之甚少。在当初专业的选择上,小乐没有综合自己的兴趣爱好、优势特点、未来发展等多种因素进行考量。

建筑专业的学习有别于传统的理工科教育,学生不只是接纳老师的讲授,还需要在一个复杂多元的评价体系中自我寻找教育增值点。由于缺乏了解和准备,小乐难以适应建筑专业的学习模式。随着专业学习的不断深入,学业压力越发沉重,学习热情日渐低落,对本专业的负面情绪逐渐加深。

### (二)自身的心理问题

小乐在入大学前学习成绩一直名列前茅,没有承受过较大的学习压力,也从未经历过重大的学业挫折。小乐认为自己的付出和取得的成绩不成正比,对自己的学习能力产生强烈的怀疑,自信心遭受重大创伤。

小乐性格内向,不擅长表达自己的情绪,不善于向老师或者同学求助,内部的情绪和外部的刺激日积月累,使得不良情绪累积到了心理防御的临界点,产生了严重的心理问题。这已经影响到了小乐正常的学习和生活。

### (三)无形的家庭压力

当学习遭遇困难和挫折时,担心对家庭产生负面影响,小乐选择不与家人交流在校的真实情况、内心的真实想法和情绪。同时,她担心自己一旦转专业或者退学,会对父母造成巨大打击,对家中经济情况产生额外的压力。小乐和家人之间的交流障碍使她背上了沉重的思想包袱。

根据以上的分析,解决小乐的问题需要多管齐下,包括:加强专业引导,努力培育其专业志趣;关爱心理健康,帮助其树立正确的价值观念;形成家校联动,帮助她做好与家人的沟通交流。

## 三、教育过程

鉴于目前小乐已经出现严重的心理问题,如不及时干预可能引发严重后果,因此首要任务是安抚小乐的情绪,做好其心理疏导。小乐产生退学想法的根本原因是她对建筑专业缺乏兴趣,因此要加强专业引导,树立其专业志趣。此外,与家人之间的隔阂、沟通不畅也是她的一大思想阻碍,因此辅助手段是加强其和家长的沟通交流。

### (一)关爱心理健康

首先,安抚小乐当下失控的情绪,对于她所感受到的压抑、失落、焦虑、抑郁等负面情绪表示理解和接纳,给她一个发泄、释放压力的空间,让她吐露心中压抑已久的真实想法和情绪。其次,缓解小乐的"完美主义"观念,让她接纳自己的不完美,客观看待自己的优势和短板,帮助她接受大学以及社会的多元评价体系,端正学习态度,重拾学习动力。最重要的是,帮助小乐理性客观地看待心理问题,督促她及时接受治疗,尽快恢复心理健康,回归生活正轨。

### (二)加强专业引导

我邀请班主任张老师为小乐进行专业解疑。张老师从建筑行业从业者的角度介绍了建筑专业的专业性质、就业方向以及未来的发展前景,从专业教师的角度介绍了建筑专业的培养计划、课程安排以及专业要求。张老师还对小乐目前遇到的学业问题进行了细致的分析和指导,希望解决小乐的实际困难。之后,我又与小乐多次谈心谈话,劝解她大学学习最重要的是学会思考问题的方法,只要扎实学好了技能,任何专业都可有所作为,要积极、客观地看待建筑专业的学习,在专业特点和个人兴趣之间寻求更多的相通点、相似点。讲解专业问题之余,也委婉地提醒小乐复读未必能实现自己原本的期望,完全可以通过辅修、第二专业学习、跨专业考研等多种途径来实现专业的跨越,最重要的是不要浪费大学的每一天。

### (三)形成家校联动

我第一时间与小乐的父亲取得联系,详细说明了小乐目前的状况,建议其家人尽快和小乐进行面对面的沟通交流。小乐父亲非常重视,隔天就来到上海陪伴开导小乐。我也与小乐父亲进行了面对面的交流:一是劝导他以小乐个人身心健康为首要,其次才是孩子的学习成绩和未来就业;二是不论小乐最终如何选择,希望家人能给予她最大的支持;三是平时和孩子保持交流,积极关注孩子的思想动态,全面了解孩子的需求。

通过专业老师、家长等多方面的共同努力，小乐对于建筑专业的反感情绪有所缓解，愿意在建筑系再尝试一学期，如果在学习生活过程中遇到困难会和专业老师或我及时沟通。这一学期中，我通过小乐的班主任、室友、班级同学密切关注她的动态，也定期和她的父亲保持联系。学期结束后小乐仍明确表示不喜欢建筑专业，执意要退学复读或者降级转专业，家人也对小乐的选择表示理解和支持。由于小乐不符合学校转专业的相关规定，最终只能退学。

后来，通过小乐父亲，我得知小乐已经在当地的一所高中开始复读，心理问题得到了极大的缓解。她想要学习法律专业，像父亲一样成为一名检察官。

## 四、总结反思

造成大学生退学的原因往往是多方面的，调查显示，对所学专业缺乏认同感是一大主要原因。专业认同感主要表现在以下几个维度：一是对专业的了解或认知，这是产生专业认同的前提和基础；二是对专业的态度和情感，即对所学专业的态度是否积极，是否满意和认可所学的专业；三是学习专业的动机及其学习行为；四是由以上维度产生的学习效果。学生缺乏专业认同极易产生倦怠感、减弱学习动机，进而减少对专业的投入，学生难以处理学业中暂时的挫折，最终影响到个人的成长。

良好的专业认知教育是达到专业教育目标的重要基石，是高校人才培养工作中的重要组成部分，可从几方面着手提升学生的专业认同感。

### （一）加强低年级新生的专业认知

有相当一部分同学选择专业时是像小乐这样听从父母的安排，对于专业的了解十分欠缺，对于专业的学习保持着不确定的心态。工作中，要抓住新生刚入校时的灌浆期，尽早开展培养计划解读、职业规划培训、专业实验室参观、知名企业走访、毕业校友访谈、名师大家讲座等活动，让学生对专业进行较为全面的了解，加深对本专业的认知，明确自己的学习目标，树立远大的行业理想信念。

### （二）加强中高年级学生的职业规划

中高年级学生容易产生自我定位的迷茫，要从求职升学、创新创业等方面进行引导教育，开展创业教育培训、课题科研实践、企业实习实践等活动，帮助学生提升专业综合竞争力，逐步增强其对专业行业的认同感。

### （三）加强困难学生的学业辅导

学习经验是学生专业学习兴趣的重要变量。小乐的成绩不理想、专业学习吃力是造成她学习热情减退的原因之一。建立与各个专业特点匹配的学业指导长效机制,真正帮助学生明确学习目标,找对学习方法,提高学习成效,才能促进学生个人的进步。这部分需要依靠专业教师力量、朋辈榜样引领等多方面共同发力。

（四）加强家长和学校间的沟通联动

学校和家长紧密联系,协同联动,第一时间发现学生的问题,准确切入问题核心,可以事半功倍地解决问题。本案例中,小乐在进入大学之后很少和父母进行深层的交流,家长并不了解孩子在校学习、生活、人际关系等方面的状况,难以对孩子进行适时的引导、疏导。家长要及时与孩子沟通,推动孩子形成正确的学习态度和择业观念。

关怀篇

# 剥开心中的茧，成就自信的蝶

## ——家校联动用心用情陪伴抑郁学生

船舶海洋与建筑工程学院　古莉

## 一、案例简介

案例来源：皮皮，男，某工科专业大四学生。

基本情况：皮皮同学进入大学以来成绩一直处于中上水平，在同学眼中开朗优秀，平时也很让老师们放心。在大四上学期研究生推免选拔中，皮皮成绩差了几分，未能保研，但他自己有考研计划。不久后，他表示自己状态非常差，向班主任和我（辅导员）寻求帮助。在与皮皮深入交流后，我们了解到他自高中起被诊断为中度抑郁后，默默承受着抑郁症带来的睡眠、胃口、情绪上的一系列困扰，但因为担心周围人戴着有色眼镜看待他，他一直未向大学里的老师、朋友提起过自己的病症，也不敢去寻求学校和社会专业机构的帮助。由于这段时间失眠沮丧、胡思乱想、精力无法集中，对生活感受不到期待等的失落感愈发明显，甚至到了崩溃的边缘，他才抱着试一试的想法，无奈前来向老师倾诉。在与皮皮进行了交流后，我发现他是个思维敏捷、健谈的人，如果不是他的自我袒露，我不会觉得他有任何心理健康问题，是"高功能"抑郁症患者。皮皮自述他感觉不到自己的价值，内心也极度不自信，表面上还看得过去的成绩都是依赖班里优秀同学的帮助得来的，再加上父母的不理解和未来目标的缺失，让他对自我更加否定。

## 二、案例分析

这起案例的症结在于心理障碍，且综合了生涯规划、毕业就业压力、原生家庭等多种因素。原因和相应对策整理如下。

### （一）学生心理健康问题未得到正视

以前皮皮对待自己的抑郁症是采用藏着掖着的方式，不愿和周围任何人分担，也不敢利用学校资源进行心理咨询，唯一知道他情况的家人又不能真正理解他，结果负能量就一直积攒在体内，越积越大，最终自己濒临崩溃。鼓励学生正视问题，利用学校和社会资源向专业人士求助是当务之急。也要看到，思政教师具有师长和朋友的双重身份，因此要和学生建立和维持信任关系，做学生的知心朋友，让学生愿意和我们分享分担。共情和理解，倾听和支持，应该说是我们非专业心理咨询能提供的最好帮助。

### （二）生涯规划不清晰激化心理压力

生涯规划不清晰是这起心理事件发生的导火索。前三年在相对比较稳定的学习环境中，皮皮与抑郁症的斗争还坚持得不错（或者说"隐藏"得很好）。然而，他虽说成绩不错，却缺少规划，大学生活并不充实。在错失研究生推免资格后，他发现考研也并非易事，而找工作也不知道自己热爱什么，缺乏学生工作和实习经历让他未做好直面社会的准备。看到身边的同学工作都有了着落，本身已经有一定的心理落差，对未来的不知所措更加重了这种落差。面对毕业和就业压力，他的紧张和焦虑开始放大，抑郁症的各种症状更加明显，甚至药物也不能缓解其焦虑。因此，引导学生合理规划和思考自己的未来，及时缓解毕业焦虑和就业压力，可以有效减轻目前激化的抑郁症状。

### （三）原生家庭对学生心理影响不容忽视

亲子关系、家庭矛盾也是导致这个情况发生的重要原因。作为皮皮抑郁症的唯一知情人和最亲近的人，农村的父母却由于文化程度不高以及对抑郁症的不了解而无法对其提供开导与帮助，认为皮皮是无病呻吟。加之父亲爱打牌，与皮皮沟通少，在日常生活中皮皮感觉一直折磨自己的抑郁症并未得到亲人正视，自己未得到足够的关心，所以他出现了问题也不愿意和家人沟通。因此在与学生沟通过程中要保持家校联动，深挖问题的根本原因，让学生感受到来自家庭、学校和社会的关爱，帮助学生树立价值感和归属感。

## 三、教育过程

### （一）教育方式

收到皮皮的求助后，我与皮皮进行了两个多小时的谈心谈话，了解了事情的始末，并表示了对皮皮的理解。随后我和皮皮所在班的班主任、班长，皮皮的朋友，以及他的父母逐一进行了细致沟通，深入了解了皮皮平时生活状态、在校情况，以及其成长环境和父母对这件事的看法。后续在我的鼓励下，皮皮表示愿意接受专业的心理咨询。在这起案例中，主要有以下几点工作思路。

1. 与学生共情，做学生的知心朋友

一开始皮皮说，老师你不了解抑郁症，你无法理解我。我告诉他，虽然没有经历过他的痛苦，但我能在某些细节上理解他的感受，同时我也不断地表示出对他坚持与抑郁斗争的肯定，对他学业、能力上的认可。我和他分享了我的故事，告诉他我曾经也因学习压力大而长期受失眠困扰，但通过运动、和亲友倾诉等方式释放压力，坚持了过来；我和父母沟通也有代沟、有困难，但要明白父母是最爱我们的，可能只是不会表达；我以前也很自卑，觉得自己事事不如人，但既然发现了自己的不足，那就想办法一点点提升，总有一天自己也会成为别人欣赏的风景。我先通过分享经历，拉近了与皮皮的距离，再以事说理，用情讲理，让道理插上感染力的翅膀。随着我分享得越来越多，皮皮也开始吐露他更多的困扰和藏在心中的秘密。只有和学生共情，做学生的知心朋友，赢得学生的信赖才能有后续的引导和引领。但在倾听和交流的过程中也要注意，不能因为他的抑郁对他特殊对待，要让他感觉到被尊重和关爱，但没有被特殊关照。

2. 引导学生正视问题，为学生提供专业帮助

很多事情我们选择憋在肚子里，以为随着时间的推移它会自己消失，而事实是，时间不一定是一味良药，它可能会将原本的伤风感冒催化为沉疴痼疾，反倒是早些暴露问题更能及早掐掉火苗。因此在交流过程中我不断引导皮皮把自己的真实感受表达出来，无论是对家人还是对朋友。我也鼓励皮皮积极寻求外界专业的帮助，他当即预约了学校的心理咨询。在学校心理咨询师的建议下，皮皮去了专业医疗机构接受治疗。通过心理咨询和就医，他对自己的情况也更加了解，在医生的指导下采取了更有效的治疗方式。

3. 家校联动，寻找冰山下隐藏的根源问题

我把和皮皮交流的情况第一时间反馈给了皮皮母亲，向她说明了抑郁症的症状和潜在的风险，希望家长能重视皮皮现状，多关心他。他母亲也到学校和我当面做了交流。在我的帮助下，皮皮和母亲有了深入的交流。寒假回到家，父母更加理解和关心他，他也明白了父母对他的爱。

（二）教育效果

大四上学期结束后，皮皮选择休学一年集中精力治疗并调整状态，做一些自己感兴趣的事。他表示，与其糊涂毕业，不如停下来思考，以更好地迎接未来。我对其做法予以了鼓励与支持。他本来想参加海外志愿者，但由于疫情不能开展，于是在上海

找了份培训机构的兼职，为初、高中学生补习，赚到了人生的第一桶金，也发现了自己在讲课、学业辅导上的天赋。他准备并参加了教师资格证考试，目前已经通过了笔试，等待面试。同时，他正视并接纳了自己的抑郁症，定期前往精神卫生中心就诊，每两周预约一次学校的心理咨询，偶尔和朋友去旅游换心情、在家里做饭体验生活，向着未来的目标一步步迈进。他时不时和我分享他的生活动态，我也很欣慰他把我作为可以分享喜怒哀乐的好朋友。现在和他聊天能明显感觉到他对生活的热爱和对未来的期待。复学前，我问他准备好了吗，他说没问题。通过一年的生活体验，他找到了兴趣方向，锻炼了自己的能力，也发现了自己的优点。

## ▌四、总结反思

对于类似的大学生心理抑郁问题，学校、家长和社会应共同采取措施，联合助力学生恢复心理健康。有以下几点可供参考。

### （一）关注中间群体，打开学生心门

以往的思政工作更多的是关注"一头一尾"：对优秀学生群体、学生干部，我们经常有相关工作上的交流；对有学业预警、家庭经济困难学生，我们也会及时提供帮助和支持。但对大部分平时各方面都还过得去、却不会主动找老师进一步交流的同学往往疏于交心。每一位学生都是与众不同的个体，每个学生也会遇到不同的问题，因此我们工作中遇到的情况纷繁复杂，涉及学业、情感、心理、家庭、就业等方方面面。作为思政教师，不能以偏概全，我们心要再细些，眼界再放宽些，关注的范围再广些，让每位同学都成为我们关注的焦点，不仅要感受到优秀学生的精彩和困难学生的需求，也要能感受到平凡学生的不平凡，从而让每位同学都能个性化地发展。谈心谈话就是打开学生心门，剥开学生心茧的有效途径。然而，谈心谈话不深入就只是隔靴搔痒，无法解决实际问题，平时一些简单的事务上的咨询交流和日常关心也不能等同于深度交心谈话。因此，我们要主动发现，注重创造与每一位学生交心谈话的机会。日常的谈心谈话做扎实了，才能发现学生不同的成长需求，也才能成为学生遇到问题和困难时第一个想到的人。达到了以上要求，我们也就更加接近"精准思政"的目标了。

### （二）启发式引导并激发学生正视问题，发现原因

只有发现问题、正视问题，才能有针对性地解决问题。因此，先帮助学生发现问题、接纳自己，再发展引导，是帮助学生改善抑郁心境的重要手段。对于在心理健康方面有问题的学生，在做好心理关怀的同时，应该将其视为正常的普通大学生，引导其在生涯规划、职业规划等方面树立符合自身情况的长远目标，这在一定程度上对病情有所帮助，也对学生长远发展大有裨益。在引导学生的过程中，也要注意方式方

法。现在的大学生群体具有强烈的主体意识，思路敏捷，在思政工作中单方面地说教灌输会适得其反，让学生对抗似地坚持其固有的观点看法。与学生交流时要打消其顾虑，让他明白，我们不仅是老师，也是他可以信赖的朋友。在交流中需要用学生的视角、鲜活的语言、生动的事例、巧妙的方法把道理讲清楚、讲明白，获得学生的认同，让学生愿意表达，并引导其自发思考原因和探寻方法。缺乏了事例的支撑，单纯的说教只会让学生反感，左耳朵进，右耳朵出；用故事说理、用感情讲话，学生才会喜闻乐见。

### （三）家校联动是开展大学生心理健康教育的有效途径

学生行为背后必有原因，且多半与原生家庭有关，学生的行为只是浮出海平面的冰山一角，要想解决问题，还要与学生、家长一起寻找隐藏在海平面下的更深层次的问题。在工作中，常常会遇到父母太过强势导致学生叛逆或亲子关系不和造成学生学业心理状态不佳的案例。因此，高校育人不可忽视家庭育人的重要性，思政工作也一定要注重家校联动，对于需重点关注的学生群体要及时和家长保持沟通，学生出现问题也要结合学生的成长环境制订个性化解决方案。特别是针对学生心理问题，家长对待孩子的行为模式往往较为固定，且缺乏心理学常识，在与孩子沟通的过程中可能会由于不理解、不重视造成情况恶化或者"爱子心切"过度关注起到反作用。这时候思政教师的沟通桥梁作用就非常关键，一方面，要与家长保持信息畅通，帮助家长理解孩子目前遭遇的困境以及他的真实想法；另一方面，也要做好家长的心理和情绪安抚。家校形成合力，解决学生的心理问题。

# 促进沟通、适应独立

## ——正确处理研究生导学关系

电子信息与电气工程学院　梁玉杰

## 一、案例简介

案例来源：小景，男，电院直研学生。

基本情况：小景本科毕业后免试直升研究生，跟随原毕业设计的指导老师继续进行科研工作。在导师 L 和实验室课题组年轻教师 X 的带领下，小景进步飞速，科研成绩显著。但是，进入研究生二年级后他感觉压力非常大，向我寻求帮助。他觉得自己最近与导师 L、老师 X 之间的关系都非常紧张，X 的言语让其无法接受。小景手头有一篇论文亟须投稿，原本希望 X 能像原先一样帮忙进行审核，但由于这种情况也处于搁置状态。小景不知道该怎么处理，感觉非常焦虑。

在与小景深入沟通后，发现其导师 L 和老师 X 在日常事务上产生意见分歧，导致两位老师关系较为紧张。但他们都对小景的科研学习进行过深入指导，让小景感觉左右为难。正巧，最近他也完成了一篇论文需要尽快投稿到某知名学术会议，时间比较紧，但是他又不知道该找哪位老师。就怕听从了一方的意见，另外一方会不开心。X 的研究方向和小景比较相近，因此更能在学术上给予具体的指导意见，但是 X 在近期的言语沟通中表露出一定负面情绪。X 曾提出让小景做出选择，如果跟随导师 L，那么就不要再联系他。这种情况让小景感觉不安，怕失去 X 指导后论文不合格。同时，也担心如果继续和 X 交流学术，会让自己的导师不满。小景既对两位老师之间的关系难以相处感到害怕，又对自己即将发表的论文不知所措，从而产生焦虑的情绪，睡眠和学习科研生活也因此受到影响。

## 二、案例分析

学习进入新的阶段会面对很多新的挑战。导学关系就是科研学习生涯中必须处理好的一个重要问题，因为这直接关系到学生在校期间的生存质量。目前，研究生阶段的导学关系困扰逐年递增，并出现了一些由于没有及时应对而恶化的事件。因此，作为辅导员，我要随时关心学生与导师之间的沟通相处情况，客观评价，及时疏导。并且结合学生自身特点和成长背景来进行剖析，启发他们自主探寻可能的解决方法。在本案例中，小景遇到了人际沟通问题以及过度依赖老师指导的问题。

（1）小景在毕业后直接进入新的阶段继续攻读学位，长期校园生活窄化了其生活空间，较单一的接触群体和较滞后的社会性发展使其人际沟通和应对突发状况的能力较弱。因此，在导学关系出现困境时他无法调用已有经验来处理。

（2）小景在本科毕业设计期间获得老师诸多细致指导，取得不错成绩。因此对老师指导产生了一定的依赖感，形成了要有老师的专业指导才能够发论文的固化印象。当相关老师表示后续不会指导的时候就产生了焦虑，对自己的论文能否投稿成功产生疑惑与担心。

在遇到困难后，小景因无法调整自身焦虑的情绪，直接影响了原来的科研节奏。在与其父母沟通后虽然在解决方案上获得一些支持，但是对于其情绪问题父母并没有针对性进行疏导并协助寻找归因。小景虽然获得了一定的社会支持，但他还是希望能够寻找方法去解决问题。在深入交流后，我们发现其成长环境较为单纯，以学习为主，接触社会的机会比较少，家境富足，家里很少需要他来承担责任。在这种背景下，其社会适应能力缺乏。对老师的依赖源于家庭环境的过度保护，父母虽擅长应对此类人际交往问题，但越俎代庖的处理方式使得子女虽然成年但在家庭中还处于被动地位。这种被动地位使其在科研学习中也尽可能寻求信任对象的手把手指导，这样的特征在高年级阶段会更加明显。但是从育人角度考虑，我们需要学生自己能更独立地思考，小景这种被动学习的心态就显现出了不适应性。学习成绩一直优异的小景遇到这次挫折后，自信心也有所动摇，负面情绪加剧。

社交圈单一是目前大学生普遍面临的状态。就如小景，身边以家庭长辈和同学朋辈居多，遇到困惑后无法获得多元化的建议，导致其无法从现有社会支持中获得客观评价。家庭长辈往往会站在"有困难正常，再坚持下"的角度来劝说小景，同学朋辈往往会以"我们都很委屈"的姿态来安慰小景，无法给予他客观公正的分析意见。

## 三、教育过程

受到小景求助后，我与小景预约了谈心谈话。在交谈中，我首先表示了对小景遇到论文发表和老师相处两方面的压力而产生的焦虑情绪的理解，并具体细致地了解了事情发生的始末、以往师生之间相处的情况。我也进一步了解了小景的成长环境以及其父母对这件事情的了解程度和看法。我与小景理清了目前导师指导、年轻教师探讨、论文发表、自身努力等几方面的辩证关系，让小景意识到自己在处理人际关系问题中的不足以及对老师指导过于依赖的心理。小景接纳自身问题后梳理了后续应对方案，模拟了和导师 L 以及老师 X 的沟通场景并准备了相关的应急对策。在我的鼓励下，小景表示愿意回去尝试沟通。一周后回访中，小景表示已经与导师沟通好了，导师也给予了其论文的相关指导，自己经过修改后可以投稿并也有信心继续做好科研。

我从谈心谈话中总结了辅导员处理此类事件的几个注意点。

（1）详细了解事件始末以及学生的成长环境，共情接纳其焦虑情绪。

（2）引导学生正视自身焦虑情绪，寻找并接纳引起情绪的真实原因。

（3）引导学生对自身人际沟通能力进行客观评价，梳理事件中对导学关系具有重要影响的因素并启发学生思考应对方法。

（4）引导学生对教师指导和论文发表之间的因果关系进行辩证分析，发现自身存在的依赖性并寻找克服方法。

（5）积极教育引导学生在科研工作中树立独立自主意识，通过自我尝试、自我批判等充分认识到科研成果中自身努力的价值。

## 四、总结反思

在科研学习的各个阶段，老师、家长会更多关注学生能否尽快适应科研学习，普遍还是以传统的主观教育认知对待学生面对的困难。其实，在大学中学生往往会经历一个从窄义学习到广义学习的过程，学习内容和学习环境都会出现质的变化，逐步显现的社会性发展能力让学生表现出对人际交往的不适应性。在案例的分析和应对过程中我们不难看出，其实学生的学习科研能力并没有出现明显的不足。小景所在实验室发生的人际关系变化对其科研工作产生了影响，本质上也暴露出小景的某些社会适应能力的缺失。因此，在处理导学关系问题时，我着重引导小景从人际沟通和心理依赖两个角度来重新认识自我，在其发现自身弱点后激发其尝试克服。不过，在处理类似问题时必须注意以下几点。

（1）针对研究生导学关系的问题，我们往往会认为学生在二十出头的年龄已具备相应的人际沟通能力，特别是对于本学院直升攻读研究生学位的学生来说，老师们更为关心的是其在科研领域能否适应学历变化。但是大多数青年学生的社会性发展水平其实并不高，面对复杂的人际关系常不知所措。因此，在思政工作中要杜绝主观思维，细心发现问题。

（2）做好启发式引导，让学生正视问题，发现原因。在思政工作中，引导学生去发现并接纳自身不足是解决情绪问题的关键。在这个过程中，需要注意启发式方式的使用。让学生在思考中找寻答案，认识到自身焦虑情绪产生的真实原因才能够找到应对情绪的合理方案。同时，对于自身不足的形成原因也要进行客观辩证的探讨分析，不武断地将问题单纯地归因到某一方面或某一对象。

（3）充分考虑学生由于社会性发展相对滞后产生的依赖心理，并帮助其克服。在解决过程中，尽可能地引导其自我实践，避免代劳、代管。

（4）新时代大学生年龄层逐渐向"00后"集中，他们具有更为强烈的主体意识，思路敏捷。在思政工作中单方面的说教灌输会适得其反，让学生对抗似地坚持其错误的观点看法。在交流中需要用共情及时获得学生的认同，引导其自发思考原因和探寻方法，让其在讨论的过程中得到充分的反思。

另外，值得关注的是，在处理类似的导学关系时，有人认为学生处于弱势，需要更多的帮助。出于这种考虑，我也可以直接去找导师寻求解决。当然，就事件本身而言，不失为一种途径，可以帮助学生获得与导师沟通的机会。但是从长期来看，学生更需要的是接纳自我、合理归因、解决问题的能力。

# 非暴力不合作

## ——大学生心理问题的识别与辅导

电子信息与电气工程学院　刘张鹏

## ▋一、案例简介

案例来源：小黄，男，大二工科男生。

基本情况：小黄自入学以来始终学业不振，对思政教师的劝导消极应付。在大一下学期收到第一次退学警告，在大二下学期收到第二次退学警告，依校规应予退学或试读处理。

在与小黄及其父母的沟通过程中，存在一个矛盾的现象：小黄的父母积极地争取试读机会，代儿子做了试读期间的承诺和计划；而小黄自己非常消极，即使对是否想继续读书的问题也保持沉默。此外，小黄父母多次在旁人在场时打骂孩子，思政教师在谈话结束后还要追出门去阻拦他们的扇巴掌、踢踹等家暴行为。小黄的姑姑也数次陪同小黄父母来校，不仅会参与对小黄的吼骂管教，在小黄父母动手时也完全不阻止。

## ▋二、案例分析

（一）问题分析

为了和小黄取得有效沟通，我回避了小黄的父母，单独采用多种方法与小黄交流。终于在一次散步中，小黄放下心防，渐渐地开口说话了。小黄的家长对其教育颇为严厉，小黄既敬畏在家里家外都极具威严的父母和长辈，又对他们的要求多有抵触。在成长过程中，小黄逐渐形成了"非暴力不合作"的"处世哲学"，既不敢对外在环境表现出任何正面对抗，潜意识中又从不愿遂家长的意。只要是父母要求他做的，他一定会做,并且一定是敷衍应付,通过达成一种消极结果以在和父母的"博弈"中取得某种形式上的胜利。值得说明的是,小黄并不能完全察觉自己的这种复杂情绪,他的认识处于"我就是不乐意做"阶段。

小黄的心理问题主要源自家庭的长期影响,但同时又具有一定特殊性。

在思政工作中,我发现学生的自我认知和性格与其原生家庭有着密切关联,例如在父母不和、离异的家庭中成长的学生,可能性格乖僻、不善与人相处;经常遭到家人情感忽视或家暴虐待的学生,可能自暴自弃、对环境产生应激反应,等等。小黄在父母和其他长辈严厉而粗暴的管教下成长,至少在表面上对父母是完全服从、俯首帖耳的,性格上也是典型内向、寡言少语的表现。

小黄情况的特殊性主要在于其内在人格并未在父母的高压管制下自我否定、全盘接受父母的价值观,从而与家庭教育产生了较大冲突。父母的以身垂范是家庭教育的重要内容,但在强势的家庭环境中,小黄对这部分内容的否定不能够正常表达,甚至不能呈现在其表意识中,反而在潜意识中错误地泛化成了对父母的完全否定。最终小黄对父母的态度形成了表面完全服从、实质完全对抗的"非暴力不合作"的畸态。

小黄自述的一个生活场景可以很好地表征他的行为逻辑:在宴席上父母要求他给长辈敬酒,他不想做却又不得不做,于是他悄悄地违反父母教授的"礼仪",把杯口抬高,或不喝尽酒,以示不满。小黄并未察觉到这是与父母的对抗,他只单纯地觉得自己喜欢这么做。

这种下意识的不合作,对小黄最大的伤害在于他将自己的学业也当作了对抗的手段。父母对小黄学业上的要求是优先级最高且最明确的,于是小黄报之以当然的消极态度,放任自己的惰性和玩心,从未考虑过自律自省。因为学校辅导员和家长保持沟通协作、共同督促其学业,我的形象在小黄看来类似于父母的代言人。在我的监督下,小黄能够勉强做到上课出勤、完成作业,并制订学习计划,但执行率极差。这种表面功夫某种程度上也是其与父母对抗的延伸。

（二）对策分析

与多数原生家庭影响下的心理问题相似,对小黄的帮助应建立在对其错误认知的纠正上。在与小黄的谈话中,我帮助他重新探究自己逃避学习的原因,了解自己的潜在想法,探索引发自身负面情绪的潜在信念,直到他发觉自己追求与父母对抗的潜意识。

但是,小黄对父母观念的否定只是双方认知上的差异,不能简单地要求他与原生家庭取得全面和解从而解决问题。我主要通过积极肯定小黄的良性观点,为他提供抒发意见的渠道(主要是与辅导员及心理咨询师谈心谈话),使其对父母及长辈的部分否定能够适度表达,避免在学业上发泄自己的压抑情绪。此外,我要求小黄的父母杜绝家暴行为,并减少对小黄不适宜的强迫"教化"。

## 三、教育过程

### (一)发现问题

发现问题是解决问题的前提。在与小黄的父母接触后,我察觉到他们的亲子矛盾一部分正源于家长长期的自满和固执,对问题的症结完全不自知,将孩子的问题粗暴地归因于"贪玩,不学好"。我与小黄在此之后多次沟通交流,在谈话过程中注重表现出平等、尊重的态度,话题经常围绕各自的家庭和父母展开,终于在琐细的家常话里逐步挖掘出小黄的内心世界。

### (二)解决问题

心理干预和辅导的对象不仅是小黄,也包括小黄的父母。初步了解了情况后,我并未急于规劝、纠正学生,而是与小黄父母进行了一次深度的交流,验证了小黄关于父母的一些说法,确定这些内容不是其在负面情绪引导下得出的错误认知。这之后我才继续与小黄的谈话,帮助他更加明晰地认识到自己"非暴力不合作"的行为逻辑,亦即他"不乐意"经营好学业的最关键原因。回顾收到第二次退学警告后的心境,小黄发现自己几乎没有绝望、崩溃之类的感受,相反内心深处是有快意的,也因此在这之后不是很愿意申请试读,情愿退学了之。

我对小黄的一些想法表示理解,并和他约定做他倾诉的对象。引导小黄将学业与对父母的负面看法之间的相关性"斩断",重构自己的人生追求和目标,将学业上的进步作为自我实现的重要手段。小黄于是主动写下了试读申请书。

对于小黄的父母,我明确地提出必须杜绝家暴行为,并配合小黄委婉地表达了他的看法。

此后,小黄的学业逐渐步入正轨,在大三整个学年每周都向我总结汇报。由于落下的课程比较多,大四后小黄延毕了一年,最终完成所有培养计划,顺利毕业。

## 四、总结反思

在这个案例中,小黄在成长的过程中,既未完全屈服于父母的高压管制而自我否定、全盘接受长辈的观点,又无法在强势的家庭环境中正常表达对父母一些想法的否定,最终在潜意识中错误地泛化成了对父母的完全否定,形成了表面完全服从、实质完全对抗的"非暴力不合作"的畸态,从而严重影响了学业。

该案例有一定特殊性,但对于大学生心理问题的识别和辅导有一些普遍规律可参考,主要在于以下几个环节。

(1)在快节奏、多线程的工作中,要保持细腻、敏感的同理心,有放下手头工作、沉下心谈心谈话的责任感。

在本案例中,如果我没有体察小黄异常的消极态度、细究其原因,仅在其父母的推动下就为他办理试读手续,可以预料,没有解开心结的小黄还是难以继续学业,最终只是多浪费一些时间。

(2)通过有技巧的沟通交流,与学生达成彼此信任的关系,从而及时准确地了解学生的内心想法。

在谈心谈话的过程中,要尊重学生,设身处地地理解学生的心情,积极地关注学生,不吝赞美和肯定。注意以正面的肢体语言传达正面的信息,坐姿表现出平等和兴趣,保持自然和持久的目光接触,增强学生的信任和安全感,激发其倾诉的勇气,给其以积极暗示。此外,还要注意不提不适当的问题,认真倾听、耐心鼓励,以重复语句激励学生继续讲。为了引导学生陈述父母相关的内容,我分享了自己的情感体验,使学生产生亲和感,从而更愿意开放自己。

(3)对于学生的认知表现,要谨慎、正确识别其中的真实部分、扭曲部分和错误部分。

如果对于学生没有正确的认知,则后续的心理干预和辅导就建立在错误基础上,不仅难以取得效果,甚至会有负面影响。在该案例中,初步了解了小黄对父母的负面看法后,我并未急于规劝、纠正学生,而是与小黄父母进行了一次深度的交流,验证了小黄关于父母的一些说法,确定这些内容不是其在负面情绪引导下的错误认知,之后才继续与小黄谈话,帮助他更加明晰地认识到自己"非暴力不合作"的行为逻辑,亦即他"不乐意"经营好学业的关键原因。如果小黄对父母的负面情绪来自他的错误认知,那么此时不加以验证和辨别、急于开展心理干预,无异于火上浇油。

心理辅导的过程不局限在当下心理问题的解决,后续伴生的学生心理、生理各方面状态的改变等过程,也需要足够的重视。在本案例中,小黄辨明自己对父母的错误态度后,是重新建立目标和信仰的关键阶段,不可在此时放松警惕、掉以轻心,应当给予学生充分的关心和引导,确保他能够顺利度过过渡期。如果在这个阶段没有新的行为逻辑填补内心空白,学生可能丧失目标、失去追求,乃至陷入新的心理危机。

# 科研拖拉的背后
## ——学生忧郁倾向的识别

材料科学与工程学院　李琦

## 一、案例简介

**案例来源**：小壮，男，材料科学与工程专业研三学生。

**基本情况**：研三第一学期末，同学们都在铆足劲头、抓紧时间为研究生毕业做准备：或在实验室埋头做实验，收集实验数据；或争分夺秒修改毕业论文，为定稿做准备；或穿梭于不同公司面试，落实职业发展方向。此时小壮同学却面临论文进展不顺、就业去向不明的窘境，因此心理压力无比巨大，有走极端的想法。

小壮本科成绩优异，本校保研直升研究生后，做事情态度认真、勤奋踏实，以周围同学和导师的眼光看，作为优等生的小壮没有任何不良表现，前途一片光明。然而，一贯优异的背后却有不为人知的压抑内心。

小壮入学以来成绩优异，学习过程一帆风顺。研一、研二科研过程与导师配合不错，各项研究顺利进行，实验数据也稳步推进。但研三上学期，学位论文撰写不顺，无法按照自己的标准推进，进而压力过大，整日整夜待在实验室。

导师针对小壮科研落后的状况多次与他谈话沟通，希望通过多次催促来促进其论文的推进，但提交期限将至，其论文依然无丝毫进展。

小壮内心积攒的各方面压力无处释放，多次深夜凌晨到东中院五楼游荡，长时间与母亲半夜电话交流。针对这种情况，学院积极干预，家校沟通，并督促其前往医院咨询。通过多方共同努力，小壮心理状态逐渐好转，最终顺利毕业，找到了心仪工作。

## 二、案例分析

这是一个受原生家庭影响、前置学业表现与实际科研成果出现严重偏差而导致心理问题的典型案例。

**（一）察其所以：了解学生的客观表现**

表面上，小壮只是暂时的学业压力过大，但深入交流之后我们得到如下客观事实：①小壮经常在实验室熬夜至凌晨，但没有成果产出，论文综述等简单的篇章也没有推进；②逐渐出现睡眠障碍，半夜躺下很长时间难以入睡；③身体有消瘦迹象，饮食紊乱无规律；④导师反馈其学业近期毫无进展，与平时展现的能力水平严重不符；⑤与舍友关系一般，没有矛盾亦无交流。

通过上述分析，虽无医学专业量表测定，但根据多年学生工作经验，我初步断定该生有抑郁倾向，有必要带他去医院做专业检测，必要时应辅助药物治疗。

**（二）观其所由：探索事件背后的根本原因**

前期与该生导师沟通过程中，导师将其论文无法顺利推进的原因归为自我要求高，但降低论文质量学生自己又无法接受，在高标准要求下产生了拖延。但通过该生整夜熬夜、大量时间用在论文上仍毫无进展的事实，我判断小壮的情况不是一般拖延。结合他睡眠差等客观情况，我初步判断他可能患有焦虑或者抑郁方面的精神疾病。

**（三）察其所安：洞察学生内心所思、所虑，让学生了解、接收并改善自身状况**

小壮是一位情感需求较高的学生，其成长中经历过家庭变故，父母离异，小壮一直想用优异的成绩引起父母的关注：一方面，他内心极度渴望父母的主动关心；另一方面，以小男子汉的标准坚强地安慰母亲，承担起家庭情感缓冲器的作用。长久的压抑，导致小壮一度自我怀疑，认为自己不应该来到这个世界上，是一个多余的产物。在自我否定和自我压力下，小壮开始认为是自己不够优秀导致无法高质量完成学业，但经过思政教师开导、专业医师测评问诊之后，了解到是自己精神出现了问题，他心理释然，理性接受了结果，并积极配合治疗，状况逐渐好转。

## 三、教育过程

**（一）全方位了解信息，勾勒学生综合画像**

研二下学期，小壮科研产出基本正常，没有特别需要关注的问题。研二升研三暑假，以科研为主的多方面问题逐渐暴露。通过向课题组导师询问小壮在课题组出现的频率，我了解到小壮大部分时间都待在组内，集体活动表现虽不积极但也都有参加。通过与课题组骨干交流小壮的情绪表达以及日常情况，我了解到小壮平时有玩游戏解压的习惯,在实验室与人交流不多,遇到问题没有积极寻求支持。通过与家长当面、反复沟通,我了解到他的成长经历,发现了触及原生家庭的深层次问题。基于学生成长环境,我基本能理解他情绪低落、自我要求高、事情要求做到极致的心理动机等。

通过深层次交流,小壮向我坦言,他没有找到活着的意义。在他看来,父母如果不爱他,为何要把他生出来,他完全就是这个世界上的"多余人"。听完他的表述,我指出他"人生意义"分析过程的非理性因素,帮他初步树立积极的人生观,并动员他的父母用温情的语言、青年人易接受的方式来跟小壮交流,而不是仅仅站在家长的立场指责小壮。

研三上学期,我不仅反复跟小壮深入交流,更多次跟小壮的父母沟通,并明确指出他们在小壮成长过程中没有做到位的地方,希望通过学校与家庭的共同努力,帮助小壮走出人生的低谷阶段。

作为思政教师,我们需要做的就是全面深挖学生成长经历,坚持不懈动员多方力量,给予学生点滴关怀。学生抑郁症状一般是长久生活经历积累产生的,找到根源后需要学生本人、学校和家庭的共同、不懈、长久努力。小壮的父亲不善言辞,对儿子的爱低调深沉,儿子以为父亲对其漠不关心,从而导致矛盾产生。父亲恰好是当地精神卫生中心工作人员,在得知儿子有抑郁症状后,跟儿子交流放不开手脚,说轻了怕小壮以为父亲不关心他,说重了怕小壮敏感伤心失望;其父亲总是小心翼翼地与其交流,每次发给小壮的微信文本都会与我反复沟通,修改措辞与表达,看是否有不妥当的内容、是否可以触及小壮的内心、是否有不恰当的表达等;经过一段时间的磨合,小壮父亲反复琢磨并改善与儿子的沟通技巧,知晓儿子的情感需求,改变以前粗线条的交流方式,交流内容更细腻、更顾及生活中的点滴关注,这些细腻的点正是小壮内心特别在意的地方。

### (二)构建意外情况监察体系,全力确保学生人身安全

鉴于学生前期有半夜去东中院教学楼"散步""舒缓心情"的行为,我特意叮嘱与他同住的舍友(挑选标准为觉悟高、悟性好),一旦小壮有彻夜不回寝室的情况,马上向我反馈;关照实验室大师兄,不要让小壮通宵待在实验室。跟实验楼保安师父也说明情况,如果晚上 12:00 之后实验室还有人的话,要催促小壮同学尽快回寝室休息。

### (三)全力进行家校沟通,寻找学生压力根源

陪伴学生赴专业机构鉴定。经学校心理中心推荐,小壮在思政教师的陪同下赴上海市精卫中心向资深专家问诊,通过医院临床诊断,小壮被确诊为中度抑郁症,需坚持药物治疗。

整个案例处理过程,我与小壮父母分别见面沟通,在建立起家校信任的基础上,逐步挖掘出小壮成长过程中的重要事件,这对我深入理解小壮内心活动以及对世界的见解至关重要。与其父母沟通,各有不同的侧重点。第一次与小壮妈妈的沟通以建立信任、告知学生现在遇到的学业困难为目的,没有涉及原生家庭情况;通过与小壮多次交流,从他的只言片语中,我基本拼凑出触发小壮现在情绪敏感的家庭成长环境以及关键事件,在此基础上,我第二次见面与小壮妈妈深入沟通,挖掘小壮成长过程中的重要事件,让小壮妈妈了解孩子产生现在状况的情感根源,以及母亲在陪伴儿子过程中前期忽略的事情和后期必须要做的事情,通过陪读、陪伴、关心学业等方式反思家庭教育中的缺点;后续多次见面是小壮妈妈陪读后,就具体的事件安排、学业进展以及每天分享陪读及亲子关系改善过程而进行的意见交流。与此同时,在与小壮父亲见面后,我直截了当说明小壮当前问题以及可能引起的各种后果,指出父亲前期对儿子的心理忽视以及关心不够的地方。在与其父亲的交流中,也发现一位父亲对儿子深藏在内心的挚爱。通过家校沟通,将前期家庭教育中缺失的部分弥补上。

构筑爱的港湾,构筑学生前进动力。从学生健康成长角度出发,应客观分析学生当前遇到的问题,指出这种问题的普遍性以及可康复性,让学生放下内心的戒备和紧张,从外界找到情绪宣泄和情感抒发的路径。唯有如此,学生才能将埋藏在心底的话讲给老师听。洞察学生内心需求是解决问题的关键。

小壮在硕士研究生毕业之际遇到学业困难时不自觉地归因于自身能力不足,有很深的自我否定和自卑倾向,认为自己无法完全胜任研究课题,严重时甚至怀疑自我存在的价值。

经过我的分析和引导,他能逐步接受现实状况,认识到抑郁症是像感冒一样需要药物治疗的精神类病症,不再过多地看到人生的灰暗面和不如意的地方,非常积极地配合医生的要求,积极改变自己。

经过学校思政教师、导师、课题组同学、父母等多方共同努力,小壮同学顺利按时完成答辩,如期拿到硕士毕业证书和学位证书,就业去向也相当不错,在北京某知名的高精尖制造公司担任工程师,就业对口度与满意度均较高。

整个家庭对学生的最终情况和精神面貌改观非常满意,并衷心感谢学院的培养和帮助。

## 四、总结反思

抑郁症被称为"人类第一号心理杀手",在大学生群体中发病率逐年攀升。具有抑郁倾向的学生需要被提前发现、提前引导,必要时需借助专业机构、专业人员帮助予以甄别。作为思政教师、辅导员,我们需要具备一定的辨别能力来指导我们的工作。

抑郁症的核心症状为情绪低落,兴趣减少。

情绪低落,如感觉心情不好,高兴不起来;对前途感到失望,认为自己没有出路(绝望);对改变糟糕的现状没有信心,认为自己得了不治之症,无法好转,对治疗失去信心(无助);认为自己毫无价值,一无是处,是个无用之人,只会拖累别人。

兴趣减少,表现在工作、生活、消遣、娱乐、探求知识、对衣食及外表的追求等各个方面。严重时,不能享受快乐,对过去喜欢的事无动于衷,认为生活中的每一件事对自己都不利,生活好像没有目标和意义。

专业医疗机构对抑郁症的症状鉴定标准如下(DSM - 5 诊断标准):

(1)精力减退,常常觉得自己注意力和记忆力下降、脑子笨了、工作效率降低、完成工作吃力;

(2)睡眠障碍,如失眠、早醒,或睡眠过多;

(3)焦虑,对自身的健康、工作、生活等方面问题感到忧虑不安;

(4)自我评价过低,自责,或有内疚感,对自己以往的轻微过失或错误痛加责备,甚至认为自己是"千古罪人";

(5)食欲降低或体重明显减轻。

遇到有上述症状的同学,高校思政教师可以从如下几个方面开展工作。

(1)帮助学生认清并接受自身状况,鼓励其接受专业治疗。学生可能并不知道或不愿承认自己生病了。我们要帮助学生去认识抑郁症的症状并寻求治疗。另外,按时就诊,定时定量服药,不能自作主张减药或是停药,维持治疗不可忽视,以预防疾病复发。注意观察和记录学生服药后的反应和病情变化,做好记录,以便复诊时给医师提供有用的资料。

(2)辨认抑郁症恶化的迹象,每个学生的感觉会不一样,抑郁症恶化需要马上治疗。

(3)作为师长、亲友,我们对学生的支持和理解也很重要。提供正面的鼓励,帮助学生创造一个低压的环境。提醒学生注意饮食多样化,保证良好的睡眠,一同制订休闲娱乐、精神放松等相关计划。对于有自杀想法的重症患者,最重要的就是协助其接受住院治疗。

# 力不从心，我该怎么办？
## ——大学生压力管理与心态调适

物理与天文学院　鲁佳铭

## 一、案例简介

案例来源：小 M，女，理科专业大三在读。

基本情况：小 M 自述其主要困惑在于不知该如何同时应对多种任务，希望能够提高学习专注度和效率。小 M 所在的省份招生专业较少，她在专业选择上也没有过多的思考，就进入了上海交通大学。大一，她很努力地学习，但没有取得理想的成绩，渐渐丧失了对专业的兴趣。父母希望她能够在本科毕业后出国深造，于是在收到第二专业的报名通知时，她报名了英语作为自己的第二专业，希望能够对自己未来申请出国提供帮助。大二下学期，她选修了一门管理类的通识课，在了解到任课老师的研究方向后，认为可能会比较有趣，于是报名了这位老师的 PRP 项目。进入大三后，课程难度加大，在一门专业课程上，她没有通过考试，为此她非常难过。她认为自己整个学期都处于非常忙碌的状态，已经尽了最大努力，却仍然没有通过考试，感到自己能力不足，陷入自卑。现在进入大三下学期，自己首先要应对繁重的专业课学习、科研实践等，还要每周坚持第二专业的学习，重修未通过的课程，课余时间还要参加 PRP 项目等。她感到非常累，自己什么都做不好，不知道自己到底想要什么，该怎么办，很担心还会挂科，特别是当她看到室友很开心地休闲娱乐的时候，就更感到难过。长期焦虑困扰下，她出现了间断性失眠的症状，情绪也很不好。经过一个多月的心理辅导后，小 M 情绪状态逐渐好转。

## 二、案例分析

小 M 遇到的问题具有一定的代表性。压力管理和心态调适是大学生经常遇到的问题。大学生在学习过程中往往会感到来自各方面的压力,如果缺乏压力管理策略,很容易陷入焦虑,无法自拔。此外,他们在面临着多项机会和选择时,如缺乏清晰的发展规划,也容易陷入迷茫,特别是对于一部分很好强的学生,他们总想抓住各种机会,实则可能给自己带来更大的困扰。

在本案例中,小 M 遇到的困惑是缺乏压力管理策略,无法有效地做好时间管理和心态调适。而潜在的原因则是其对未来职业发展的目标不够清晰,对本专业缺乏深入的了解,也缺乏足够的学习兴趣,在出现新的选择时,盲目跟风,给自己带来了繁重的任务和压力,导致精力分散,难以应对,同时自身又较为敏感,担负着家人的期望,在多种压力叠加下,不能接纳自己,降低了学习效率,进入恶性循环。

本案例反映出部分大学生存在以下的困惑。

### (一)缺乏压力管理策略,在面对繁重任务时不能有效应对

大学生的心态和压力管理能力千差万别,在应对压力时,会呈现出不同的状态。当多种任务叠加在一起后,部分学生会感到巨大的压力,出现自我否定,对事件产生非理性信念,加剧不良情绪的产生。当压力过大时,也会降低学习效率,影响整体状态,严重时甚至引发心理疾病。

### (二)缺乏正确的自我认知,不能接纳自己

小 M 提到,看到室友每天都很开心地娱乐,自己就很难过。大部分名校学生在中学时代都是"学神",没有遇到过学业上的挫折,进入大学,初次面对学业上的挫折,自身的表现不能满足自我期待,自信心便很容易被摧毁,不能很好地接纳自己,产生自我怀疑。这就出现了理想中自己无所不能的定位与现实中自身多方面局限性的矛盾。

### (三)缺乏生涯规划意识,在面对选择时容易从众

从中学进入大学,学习目标和方法等都会发生变化,学生如果对专业缺乏深入的了解和认同,又不及时树立生涯规划的意识,就很容易缺乏方向感,特别是随着专业知识难度的加大,会出现对专业不同程度的排斥感,进而自我效能感降低。考虑到自己未来的发展,学生可通过第二专业、PRP 项目等方式来探索自己的兴趣,提高核心竞争力。这本是一件好事,但如果在这一过程中盲目选择,缺乏统筹规划,就容易让自己陷入更加被动的状况中,不仅不能达到目标,还容易让自己更加迷茫。

## 三、教育过程

在与小 M 同学深入交流后,结合小 M 同学对上述三个问题的困惑,主要从以下

三个方面对其进行了针对性指导。

### （一）帮助提升压力管理能力，树立积极向上的心态

与学生探讨压力管理策略，缓解其当下的焦虑情绪，运用理性情绪疗法等，帮助学生提升压力管理能力，树立积极向上的心态。首先对小 M 同学在各方面的积极尝试和努力付出表示肯定，对其积极寻求帮助、希望改变的态度表示赞赏。通过进一步交谈梳理其遇到的主要困惑和压力来源，让其认识到自己当前处理心理压力过大的状态，不利于自己的学习生活，需要进行减压。结合其过往经历，与其探讨适合自己的应对压力的方法。鼓励小 M 通过音乐、运动等方式适度放松，缓解焦虑情绪，提高睡眠质量。

### （二）引导学生调整认知，学会接纳自己

引导学生探索困惑背后的原因，正确看待自己的优势和不足，发挥优势，扬长避短。经过分析，小 M 认识到自己的问题主要在于没有清晰明确的目标。在面对新的选择时，没有清晰地认识到这是"机会"还是"诱惑"，于是给自己的任务超出了承受范围，导致应接不暇。在交流中发现，小 M 对本专业并不是毫无兴趣，只是课程的难度和压力让其感到本能的排斥。对于原以为有兴趣的方向，如第二专业和 PRP 项目，也没有感到强烈的兴趣，这种无方向感让其陷入迷茫和压力。这种情况下，要进一步引导其调整自我认知，承认和接纳自己的不足，保持积极乐观的心态。

### （三）帮助树立生涯规划意识

在生涯规划方面，向学生介绍生涯规划的方法，引导其对自己价值观、兴趣、能力进行深入探索，充分挖掘自己的优势，科学设定发展目标。小 M 当前所涉猎的领域涉及理、文、管等多个学科，需要结合自己的发展目标和优势，进行适当的取舍或优先级排序。小 M 表示，要端正对本专业的态度，尽全力保证第一专业的课程学习，对于重修的课程，认真复习，重新考试。其实第二专业的课程也可以安排到大四再修读，这样就能有更多精力集中到核心课程学习上。

经过一个月的持续跟进，小 M 的状况得到了好转，她感到在目标逐渐清晰后，在各类学习中更有动力了，也能够更自如地应对多种任务了。更让她高兴的是，经过自己的探索，她找到了自己专业和兴趣的结合点，并决心在此方向上进一步深造。她决定这个学期先集中精力完成核心课程，同时尽量兼顾第二专业的学习，而将 PRP 项目延迟到下个学期完成。

在后续的跟进中，小 M 提到自己"找到目标之后，感到每天都在成长，学习效率提高了，也不觉得很累了"。学期末，小 M 通过了所有课程的考试，更重要的是感到自己"更强大了"。一年后，小 M 顺利毕业，不仅收获了双学位，更让她兴奋的是收获

了国外心仪高校的录取通知书,对自己的未来更加信心满满。

## 四、总结反思

这一案例总体上结果比较圆满。反思跟进这一案例的过程,我们不难看出大学生的积极心态及生涯规划的重要性。部分看似努力的学生,其背后也有着诸多的焦虑和迷茫。看似是学业困难引发的心理困惑,实际上暴露出学生抗压能力的不足、生涯规划意识的缺失和专业兴趣的淡薄。这就需要在推进日常思想政治教育的过程中,进一步引导学生形成积极乐观的心态,强化生涯规划意识,加强其专业兴趣的培养。

### (一)要加强学生心理健康教育,提高抗压能力

近年来,高校学生人数逐年提高,社会竞争日趋激烈,大学生群体普遍面临着较大的压力。提高大学生心理健康水平,引导学生正确看待竞争和压力,是高校思政工作者的重要任务之一。可以通过课程教学、团体辅导等方法,让学生了解应对压力的方法,逐步形成适合自己的压力管理策略,提高应对挫折的能力,进而提升自我效能感。

### (二)要引导学生全面、正确地认识自我、接纳自我

从人格发展过程来看,学生进入大学,正面临着自我同一性的探索,容易出现自我同一性的混乱,这一阶段很容易出现理想与现实的矛盾,引发焦虑、抑郁等情绪。因此,在大学生的教育过程中,要引导学生积极思考,找到不良情绪背后的深层次原因。可以通过理性情绪疗法等方式,帮助学生打破固有的非理性思维方式,建立成长性思维,指导大学生正确认识自己,接纳自己的局限性。

### (三)要加强生涯规划指导,引导学生树立发展规划意识

从生涯发展过程来看,大学生正处于生涯发展探索期,这一阶段将面临着对自己价值观、兴趣、能力等进行探索的任务。在工作中,要引导学生科学地进行自我探索。既要关注不参加项目、活动的学生,也要关注兴趣点过于分散的学生。兴趣广泛、乐于尝试是学生的优点,在鼓励学生发展兴趣、拓宽视野的过程中,也要避免出现盲目跟风的现象。这部分学生往往存在目标不清晰等问题,并不是真正的兴趣广泛,而恰恰是一种迷茫。要通过生涯规划指导,引导学生认识到自己的优势和劣势,让学生学会区分"干扰项"和"机会项",在学习过程中,学会聚焦,懂得取舍,扬长避短。在做选择时,需要考虑到后续的行动计划,科学理性地做好规划,并保持一定的开放性和灵活性,结合外部环境变化,及时优化方向。

### （四）要加强学生专业兴趣的培养，引导学生发掘专业与兴趣的结合点

在与学生交流中，发现不少学生存在着专业认识的误区，对所学课程与专业的关系、专业的发展前景认识等都不够清晰。在没有清晰方向的情况下，当在学习上遇到困难时，就容易产生退缩。在思政工作中，教师可以借助霍兰德职业兴趣测评等工具，帮助学生深入探索个人兴趣，鼓励学生发掘优势，引导学生寻求兴趣与专业的结合点。特别是要把握新生进校的灌浆期，做好新生入学后的专业教育，帮助其培养兴趣，提升学习动力。

# 压在"三座大山"下的男孩

环境科学与工程学院　于爱涛

## 一、案例简介

案例来源：掌控欲强、迷恋修道、带走家庭所有财产离家出走的爸爸；懦弱、没主见、即便爸爸离家出走依然事事通过微信请示的妈妈；家庭经济困难、重度抑郁症诊断并有一次退学警告的小李。

基本情况：小李爸爸对小李学习要求一直十分严格，成绩稍有下滑，就会打骂。进入大学后，小李不适应大学学习节奏，期末拿到第一次退学警告，寒假期间在家，小李爸爸认为小李还应按照原来的学习方法学习才能提高成绩，但是遭到小李强烈反抗，父子多次发生争吵后，小李爸爸带着家中所有财产离家出走，并要求断绝父子关系。小李表示，爸爸一直以来是自己的榜样，可是，近些年来，因为迷恋修道，他变得越来越古怪，放弃了工作，对家人的情感也越来越淡薄，自己心中偶像的形象崩塌了。而妈妈是个家庭主妇，遇事毫无主见，每天在家自怨自艾。小李表示自己无心学习，不想上课也不想交作业，对什么事都无精打采，提不起精神。

## 二、案例分析

这个是典型的学业困难方面的案例，小李自进入大学之后，学习不在状态，多门功课不及格，已经拿到第一次退学警告，除了学习困难外，还面临家庭关系破裂、经济困难以及心理障碍等问题。鉴于小李目前的学业表现，如不及时调整状态，拿到第二次退学警告的可能性极大。因此，我在与小李谈心过程中，客观分析了小李所处的情况，为他提供了学校心理咨询的预约方式，并与他一起制订月学习计划。

## （一）找准问题根本原因

通过对本案例的分析可知,导致小李学业困难的因素很多且糅杂在一起,如果不能在诸多诱发因素中找到影响其学业成绩的主要原因,便很难抓住主要矛盾,解决根本问题,继而就会错过挽救小李的最佳时机。在处理小李这个案例中,如果看到小李学业困难便只针对学业这一问题着手,即便安排了学业帮扶、学业督导等手段,对其学业改善也十分有限。究其根本,造成小李学业困难的原因并非我们在工作中常见的痴迷游戏、恋爱受挫、学业基础差等原因,而是亲子关系的破裂导致心理障碍继而引发的心理疾病。因此,单纯地靠纠正学业态度、延长学习时间以及开展学业帮扶并不能起到相应的效果。本案例重点和难点就在于找到造成小李学业困难的症结,对症下药。

## （二）介入专业判断

鉴于小李"颓废""无力"的现实表现,经过数次谈心谈话,我初步判断这不像心理情绪的波动,更像是心理疾病的临床表现。如果不查明原因,让小李"带病"求学只会增大本学期再次拿到退学警告的风险。因此,有必要让小李接受专业的医学诊断。最终,经上海市精神卫生中心诊断,小李患有严重抑郁症。基于他目前的情况,在对小李的帮扶措施中一定要介入精神科医生的专业意见,小李需要遵医嘱,按时接受心理咨询,并服药。

## （三）寻求多方力量协助

接下来的一周内,我与小李妈妈多次谈心,客观理性地分析小李目前状态,建议小李通过休学的方式进行"战略性调整",将身心调整到理想状态再继续学业;详细讲解家长在治疗学生抑郁症过程中能够发挥的积极作用,鼓励小李妈妈振作起来,激发其母性情怀。同时,将小李一事作为特殊情况向学校学生事务中心申请家庭经济困难生认定,为小李解决在校生活费用问题。

## 三、教育过程

从本案例中可以看到,父子关系破裂是导致小李心理波动的主要原因,妈妈的不作为加重了小李的心理负面情绪,父亲带着钱财离家出走更是割断了小李母子的经济来源。而小李从小对父亲形成了人格和心理上的依赖,导致自身自律性差、自主能力弱,凡事爱依赖他人,与同学、舍友的交往也存在很大的问题。

针对小李的个案,解决他的学业问题需要从多方面入手,"齐抓共管"才能挽救小李的命运。

### （一）正视且正规治疗心理疾病

小李目前的状态已经不是辅导员、同学们通过谈心谈话便能解决的情况。精神卫生中心的专业诊断显示小李目前处于重度抑郁，说明此时的小李"无心学业"的情况只有通过正规的治疗才能改善。我在与小李交谈的过程中鼓励小李正视心理疾病，同时，和他讲述了好几个发生在身边也曾经得过心理疾病后来情况好转的事例，为小李鼓劲，增强其信心。

### （二）扩大"统一战线"

小李爸爸离家出走属于失联状态。所以，在短时间内缓和父子关系已经不可能。因此，小李妈妈成为给予小李爱的支撑的唯一来源。在处理小李这一案例的过程中，我实时与小李妈妈进行沟通，给她心理安慰和劝导，虽然丈夫离家出走对她打击很大，但是"为母则刚"，这个时候需要她的坚强来帮助孩子渡过心理难关。同时，我积极做通小李舍友思想工作，唤起同学和舍友的同理心，在言语和行动上给予小李关爱。

### （三）以"空间"换"时间"

小李目前的心理和身体状态已经无法应付学校高强度的学习，但是小李和妈妈都希望晚些时候办理休学，一边治疗一边调整学习状态。在经过一段时间治疗后，小李状态虽有所改观，但还是无法应付繁重的学业，因此，在期末考试前一周，小李办理了休学。选择在这样一个时间点办理休学，一则不影响小李的期末成绩（休学即办理退课，所以本学期不会收到退学警告），二则本学期的课程小李已经全部进行了学习。虽然对课程内容没有达到系统掌握，却能为后续的复学打下一定的基础。

## 四、总结反思

在工作中，我们常常会遇到各式各样的"困难学生"：心理困难、学业困难、情感困难、经济困难等。而学业困难则是诸多情况中较凸显的一类。很多时候我们以为学生的学业困难主要是由学习态度不端正、学习习惯不好、学习方法不对等导致的，但是，在深入分析个案后会发现，导致学业困难的还有心理困难、情感困难、经济困难等诸多因素。本案例中，小李之所以无心学习、学习效率低下，并非他学习态度不端正，而是因为他患上了严重的心理疾病。因此，精准分析每位学生的主要"困难"原因，才能找到精到帮扶的关键所在。

### （一）心理咨询是保持大学生心理健康的必要救济手段

大学生在成长中会有很多烦恼，当遇到情绪不佳时，可以向辅导员、导师、班主任以及好友倾诉。但是，当心理状态持续低落时，就要及时关注自己的情绪变化，主动预约并接受心理咨询。而当心理状态长时间处于非正常状态时，一定要前往正规的心理咨询机构或精神卫生中心咨询，寻求专业机构的帮助。现代人心理压力较大，了解、正视并关注自己的心理状态，积极寻求帮助是现代大学生的必修课，思政教师在工作中也要善于甄别心理情绪和心理疾病。

### （二）"家校合作"是培育学生的有效模式

每个学生的成长都不是孤立的，当学生遇到困难的时候，一定要和家长积极配合。家长和学校的目标具有同向性，都是希望学生在学校健康成长，所以在解决学生问题时，学校要争取一切可以争取的力量，获得家长的支持。

本案例中，小李妈妈在小李心理治疗中起到了很重要的作用，如果妈妈不配合学校工作，对小李不管不问，那么小李的问题就很难得到解决。因此在做好学生思想工作的同时，也要注重与家长的对接，使家长的行动与学校保持一致。但是在现实工作中，我们确实也会遇到一些极端个案，亲子关系彻底破裂，在这样的个案中，思政教师要善于发掘能够给予学生心理支持的其他社会关系，譬如爷爷奶奶或者其他亲朋好友，或是男女朋友，来帮助学生。

### （三）帮助学生心理"断奶"是助推其成长的关键一步

上大学前，学生在家长的呵护下尚可"两耳不闻窗外事，一心只读圣贤书"。进入大学后，"对自己负责"则是每个学生的成长必修课。在大学里，学生要学习本领、健全人格，为走入社会成为社会人、职业人做好准备。因此，在校期间学生更要对自己的性格、特长、兴趣有深入的认识，做好人生规划。同时养成独立思考以及分析问题、解决问题的能力，遇到问题敢于面对，从心理上"断奶"，不依赖他人，做一个健全的社会人。

人生这条路很漫长，走得快时别忘记多看看路边的风景，走得慢时也可以稍作停留，生命本身并没有什么意义，你赋予了生命什么意义，你的人生便拥有什么意义。

# 从沟通到陪伴：帮助本科新生心理"断奶"

安泰经管学院　王璐怡

## 一、案例简介

案例来源：小 A,男,本科新生。

基本情况：小 A 从小跟随母亲生活,母亲对其特别宠爱,平日包办了一切生活事务;同时,母亲性格比较强势,小 A 性格偏内向,非常听母亲的话。2021 年新生入学,出于防疫考虑,家长不能陪同入校。对此,小 A 和母亲皆表现出焦虑情绪。一方面,母亲觉得靠孩子自己根本无法完成报到流程和寝室布置。尽管学校和学院配备了大量志愿者协助新生报到,并已多次联系告知家长,但家长始终不放心。

另一方面,进入大学后没有家长在身边,小 A 觉得不知所措。比如,新生的核心课由学校统一安排,但通识课和个性化课程需要自己选。小 A 无法自己做主,都是在母亲了解相关政策和培养计划后,再告诉小 A 该怎么选。每当老师发了通知,都是由母亲进一步咨询,在相关老师提出希望由学生自己主动提问时,母亲都以"孩子还小,怕搞不清楚"为理由拒绝,并觉得老师只要回答或者解释问题/政策即可,其他的事情不用操心。生活上,小 A 缺乏必要的自理能力,包括不会洗衣服、不会铺床叠被子等;但值得肯定的是,他有意愿与室友一起打扫卫生,也希望每周寝室卫生检查时能得满分。小 A 因性格原因与室友之间很少交流,但没有寝室矛盾,他愿意参加寝室或班级活动,却不知道怎么与人沟通,只能选择他最熟悉也最擅长的方式——埋头学习。

## 二、案例分析

高校思政工作的主题是大学生,而大学阶段是一个人从青春期向成长期转变的重要时期,心理学上也称为"心理断乳期"。随着"00 后"逐渐成为大学生的主要组成部分，我注意到他们身上既存在因青春期心理与生理成熟不同步导致的问题，也有该群体特殊的心理特征。

在本案例中，小 A 没有主动向我求助过。但我通过两方面判断小 A 已经需要介入式帮助。一是家长频繁咨询政策，包括培养计划、选课、放假通知等，事无巨细，甚至假期统计回家时间，小 A 也无法作答，因为车票由母亲购买；二是同学们反馈小 A 平时言语较少，甚少与人交流，已多次出现未能如约出席重大集体活动的情况。

通过分析，我认为小 A 遇到了家长过度保护导致主观能动性缺失和人际沟通能力不足的问题。

### （一）个体主动性的缺失

小 A 母亲希望弥补孩子缺失的父爱，想把一切都安排妥当，不让孩子"吃苦"，导致小 A 从小到大只需要按照母亲的安排认真学习即可，生活自理能力较弱。同时，母亲的长期包办，使小 A 对家长产生了相当大的依赖，形成了有困难第一时间找母亲的固有思想，而不会想到要依靠"自己"去解决，主观能动性较弱（这点是相当比例的"00后"学生的共性问题）。

### （二）人际交往能力较弱

小 A 的生活圈子比较单一，除了在校学习就是参加课外补习班，或者在家，较单一的社交圈和较滞后的社会性发展使其人际沟通能力较弱。比如，他报名参加某活动却不赴约，是因为他不知道怎么面对其他同学。

除了上述情况外，小 A 身上还表现出不能忽视的一点：在大学环境里，大部分同学都能独立自主地进行学习和生活，这对小 A 造成了一定的刺激。他潜意识中的"自我意识"开始慢慢苏醒，只是还没有找到合适的展现方式。这点可以在后期充分发掘加以适度引导。

综观这个案例，小 A 没有向老师寻求帮助改变现状。但作为思政教师，看到问题后，应该及时帮助学生解决困难。因此，我需要结合学生的成长背景和自身特点进行剖析，并帮助他自主探寻可能的解决办法。

## 三、教育过程

开学两周后，我主动约小 A 进行第一次谈话。我从高考志愿填报聊起，先肯定了他的优异成绩，再询问他填报安泰经管学院的原因（母亲的选择）和个人理想。引出"母亲"这个话题后，逐步过渡到他的成长环境。最终发现小 A 已完全适应了母亲全方位的照顾和监管，他并不认为这种生活模式有何问题。但是这两周以来，他感觉周围同学的生活和学习安排都由自己做主，这对他造成了一定的心理冲击。首先，我对他所说的情况表示理解,共情接纳了他的真实情绪。同时,我尝试了解他理想中的大学生活,并以此为突破口,引导询问他是否愿意改变。当他表达出愿意时,我让他相信我可以帮助他。

在这种情况下,要想帮助小 A 摆脱困境,需要突破以下三个关键点。

### (一)提升个人自信心

要帮助他逐步提升自我认同,可以从生活小事着手,一方面帮助他不断设立小目标并最终达成目标,激发其内在动力,使他相信自己可以尝试去做曾经没做过的事,同时也能依靠自己把事情做好,从而树立起个人自信。另一方面,在这个过程中加强其与寝室室友的联动,如请室友给他示范如何铺床,借此创造小 A 与人沟通的机会,还能促进室友间关系的和谐。

### (二)完成精神上的独立

要帮助小 A 完成精神上的独立,包括引导他逐步增强自我意识,敢于发声,可以努力创设民主气氛,让小 A 充分感受到老师和同学是朋友,会充分尊重他的个人意愿,进而使他能真正感受到心理安全和心理自由。平时,可以通过班委等积极邀请小 A 参加各类第二课堂活动,使他的校园生活丰富多彩。

按照这个思路,第一步,我和他共同制订了一份时限为 1 个月的小规划:以生活能力为切入点,先学会铺床叠被和洗衣服,每当完成一个小目标时,可以给自己一点奖励。私下里,我请室友尽量主动制造话题让他参与进来,去食堂吃饭时也邀请他一起。

1 个月后,我再次与小 A 约谈,能明显感到他的语气变得轻快,之前的小规划已基本完成,这让他非常惊喜。他还会主动向我聊起学校食堂的菜色和口味,表明他对我也有了基本的信任。

第二步,我不再给他设定目标,而是鼓励他了解自己喜欢什么,有何特长。最重要的是向他保证,他可以随时咨询我各种问题,我一定及时回复。

12 月上旬,当得知小 A 通过了高数期中考试后,我以开展同伴之间的学习帮扶活动为契机,邀请小 A 进行了一次题目讲解。"学习"是小 A 熟悉和擅长的领域,他愿意当众开口分享。活动过后,我又一次与小 A 约谈,感受到他的自信心有了较大提升,更为可喜的是他近期还报名参加了一个志愿者活动。

### (三)主动与家长有效沟通

学生的成长教育离不开家庭和学校两个主体,现今家长往往把大部分精力放在孩子的成绩上,忽视了其心理健康、兴趣爱好及人际交往等重要社会性元素。本案例中,我主动与家长多次进行问题剖析,从一名家长的角度切入,用探讨"育儿"的方式与家长聊天，取得了家长的信任。最终我与其母亲在两方面达成共识：一是会与学校合力"共育"，二是真正做到尊重孩子。此后，每当学生在校有可喜表现，我会积极反馈给家长，母亲也真正认同了学校的引导教育，逐步给予孩子信任，不再过多干预其学习生活。假期中，我会有意识地与家长联系，了解学生在家的劳动情况。

## ▎四、总结反思

在本案例的处理过程中，我先对当代大学生的特点进行了了解：根据相关研究，"00后"大学生身上比较显著的群体特征是强调自由和话语权。一方面，由于海量的网络信息，他们思维方式比较活跃。另一方面，他们的父母大部分会亲力亲为地安排好一切，导致他们的抗压能力较弱，缺乏自我解决问题的意识。回顾小A的案例，作为新生思政教师，我认为需要注意以下几点。

### （一）多抽时间，深入开展谈心谈话

大量研究表明，大一新生入校后的一段时间内都会表现出一定的不适应，而这段时期恰恰是思政教师与学生之间建立起友好信任关系的黄金时期。尽管新生工作事务繁忙，但思政教师的主责主业是"育人"，其中包括帮助新生顺利度过适应磨合期。考虑到新生对老师尚不熟悉，暂时不会向老师主动反映遇到的问题，在此期间，思政教师更应该抽时间与新生进行谈心谈话，通过谈话了解新生的真实需求和实际困惑。掌握第一手的资料后，思政教师能更好地开展后续相关活动，切实帮助学生顺利完成角色的转变。

### （二）多用时间，沉下心来陪学生共同成长

大多数学生在高中时期的生活模式和交际圈较为单一和匮乏，他们所熟悉的模式就是"学习再学习"，暂时不会考虑到"本我"和"主我"这些问题。在已经过去的18年间，他们对于家长的包办模式已然习以为常，这不是一朝一夕就能改变的。然而大学培养的是有独立思考能力的"人才"，这就要求思政教师在看到学生身上的问题后，要有足够的耐心和包容心，针对不同学生，采取不同办法，甚至在过程中还要不断调整方法，细水长流地取得最终有效的教育效果。

### （三）多花心思，找准学生身上的突破点

思政教师要相信每一个人身上都有闪光点，尊重每一位学生，不能戴着有色眼镜看人。日常生活中，多做有心人，掌握学生的特长和爱好，在适当时候给予表现机会，这对于增进学生自信心有极大的促进作用。尤其面对一些"问题学生"时，更需要挖掘他们的优点，进行正面放大激励。

### （四）多下功夫，加强自身建设不断学习

这个时代瞬息万变，思政教师作为学生思想的领路人，自身也需要强化理论学习，提高业务能力。一方面，通过学习，可以从事件中抽丝剥茧地判断出学生遇到的实际问题并加以分析，有利于后续工作开展；另一方面，在与学生谈话时，能跟上学生的活跃思想和多样的话题，使学生愿意继续深入交谈，成为真正与学生交心的老师。更重要的是，当发现学生有异常思想动态时，能给予及时纠正。

### （五）多做工作，促进家校共育协调发展

家长往往认为所有教育都应归学校，但又会过多干预学生在校的学习生活，这是一种错误的认识。应该充分让家长意识到，在教育的过程中，"家"和"校"是平等互动关系。只有双方相互信任、相互尊重、相互配合，才能更好地助力学生成长成才。作为思政教师，要使家长认同新时代的教育观念，明确自身应承担的责任和义务，这样才能激发其合作意向，形成可持续发展的家校共育模式。

# 石头，你在哪儿
## ——对高考专项计划学生的心理关怀

外国语学院　刘延

## 一、案例简介

案例来源：石头，男，2019 年 9 月经高考专项计划录取入校，就读于文科专业。

基本情况：学生在校期间表现良好，学习认真努力，人际关系融洽，无期末考试挂科情况，绩点排名班级中下，符合各方预期。2020 年 1 月 19 日返回家乡过寒假，寒假前期曾去工地给父亲帮过忙；疫情管控后一直居家防疫，坚持在班级微信群中进行健康打卡。2020 年 2 月 23 日凌晨，石头通过微信向班主任表达退学决定。班主任在早上 8 点左右回复微信对其进行开导，但未收到回复；上午 9 时左右，班主任将情况报告给我，我拨打该生手机发现已关机。我即刻联系石头父母，同时第一时间上报学院。经了解得知，其父母在 23 日凌晨 3 点均收到石头有关退学决定的微信留言，早 7 点其父亲打电话回家询问时，其母发现孩子已离家，电话也无法联系，疑似出走。经过多方寻找，23 日晚，该生自行返家，身体健康。待学生情绪稳定后，我与石头及石头父母进行了电话沟通，发现石头在 22 日晚与其母亲因观看短视频一事有过争执，这是触发他离家出走的直接原因。经多次深入谈心谈话，石头表示经过一学期学习后对语言学科兴趣不大，怕辜负班主任、思政老师的关心，加上对父母说教有抵触情绪，产生较大心理冲突，于是有了办理休学、调整状态的想法。最终，石头和父母、学院达成一致，申请办理休学 1 年。我负责跟踪其休学期间的状态。

## 二、案例分析

这是一个以专业期待与现实获得感存在落差为主因，与父母沟通不畅为诱因导致的学生行为情绪异常的典型案例。案例背后有三点值得深思：高考专项计划学生的适应性、外语学科特点、家庭关系处理。

### （一）高考专项计划学生专业适应需要更多关怀

因政策特殊性,高考专项计划学生刚进入大学时,其学习适应度相对需要更多关注。专项计划学生的高考分数低于普通批次的学生。在大学伊始,他们各方面的学业准备处于劣势,学业适应不良的比例总体偏高、过渡适应期较长。加之,近年来国家高考保送招生政策改变,语言学科保送生录取比例逐年提升,这批保送学生家境好、基础牢、起点高,和专项计划学生形成了鲜明对比,造成了学科内生源两极分化严重、水平差距悬殊的局面。

### （二）学科特点对学生学习能力要求高

外语学科具有典型的人文学科特点,需要厚积而薄发。因此,学习投入大、成果见效慢。学生在本科阶段属于复合式培养,学习内容涵盖文学、语言学、历史学等内容。科目庞杂,条线不明,学生往往感觉忙忙碌碌一学期,却提升很慢、收获不大。加之老师对学生学业成绩评价的主观性较强,容易造成学生期望的课业分数和实际出入较大。从社会层面来看,当下工具化和功利化观念盛行,普通大众容易混淆外语与外语专业、外语学习与外语专业学习的区别,致使外语专业学生受到严重误解,专业自信也遭到严重打击。

### （三）家庭教育方式对学生心理影响大

不当的家庭教育方式会给学生带来较大的压力,尤其在学生情绪低落时,容易出现应激反应。综合分析石头的家庭情况,可以初步判断家庭矛盾发生的原因:第一,工作原因造成父亲与子女长期分离,产生感情隔膜;第二,父亲现实生活压力太大,无暇顾及孩子;第三,父母不了解孩子的身心状况,教子方式简单化。

而在疫情防控居家隔离的特殊时期,居家时长较往常有显著增加。相处空间高度重叠、家庭成员之间交流更加密切的同时,家庭内部摩擦频率也呈增长趋势。这也是石头与父母发生矛盾的原因之一。

我认为石头主要是受到以上三个方面的综合影响导致学习用功但学业成绩一般、能力受到质疑。

## 三、教育过程

分析石头提出退学并离家出走的原因,可知学生本人及其所处家庭环境都存在一定问题。思政老师要对症下药,得从两方面着手进行教育和辅导。在石头办理休学以后,我多次通过电话与他本人及其父母深入交流。对于石头这种情况,我认为应该从以下两个方面予以解决：一是对学生，安抚其情绪，培养其对大学教育、职业生涯的正确认知；二是对家长，宣传与时俱进的家庭教育观念，帮助其跟上孩子的节奏，实现顺畅沟通。

### （一）学生沟通方面

第一，对学生的激动情绪进行安抚，同时也对其疫情期间离家出走的行为进行批评教育。与学生进行电话联系后我了解到，该生离家出走期间曾到访火车站、长途汽车站等公共场所和人流密集处，存在一定疫情安全风险。我将防疫期间学生居家学习生活的要求进行了重点说明，明确指出疫情期间离家出走后果的严重性。与此同时，鼓励他遇到心理困境学会科学求助，主动和家长、思政老师、班主任、同学敞开心扉、保持交流，在交流中消除不良情绪，避免极端行为；帮助他增强学习信心，正视自己和保送生的差距，继续保持刻苦认真、努力拼搏的学习态度，加强语言基础学习，提高听说读写能力；引导他从战略上忽视大一、大二的学习绩点和排名，从战术上做好自己的学习规划。

第二，对学生的学习规划提出建议，引导学生树立专业自信，不盲目、不偏激。石头表达了自己学习动漫设计的强烈意愿，对调剂到外语专业始终介怀，我多次和他就动漫设计、设计学院现有专业与外语学院专业之间的共通性和交互性进行比对，也对各专业的发展前景进行了详细说明，纠正了他对于专业的偏见，告诉他人文社科类专业的本科培养是综合性、宽平台的形式，可以通过辅修、自主调整专业等方式，进行专业复合。其实动漫设计和外语学习关系紧密，传统动漫设计强国英、美、日均开设有专门学校，对学生的外语水平和文化知识也有较高要求。休学期间，可以在自学动漫设计的基础上，对第一专业做好复习和总结，继续拓展词汇量，通过慕课资源提高语言能力。作为石头休学期间的跟踪教师，我也定期为他推荐经典动漫作品以及动漫作家的个人传记，在其感兴趣的前提下，与其分享阅读感受和心得体会，从侧面增进与他的思想交流。

第三，对学生和家人相处交流的方式提出改进建议，努力改善其家庭教育环境，促进其与家人的和谐沟通。要求学生积极主动地向家人报告自己的所学所得，敢于把对专业学习、未来规划的想法表达出来。尤其在居家学习期间，和家人相处时间较长，要主动承担力所能及的家务事，比如照顾妹妹、打扫房间等，减轻父母压力，维护和谐的家庭环境。

### （二）家长沟通方面

第一，建议父母关心关注学生情绪，避免疫情期间发生家庭争执，造成严重后果。针对学生父亲需要长期驻守工地，无法回家的情况，建议其定期通过视频电话和孩子加强联系。一旦发现孩子有消极情绪，预计可能会有极端举动时，应该及时干预，并报告学院老师。

第二,建议父母尝试改变固有教育方式,给予孩子自主选择空间。大学教育和中小学教育有显著差别,学生的独立性和自主性会逐渐显现。随着学生的学识、年龄增长,传统的说教模式容易激发其抵触心理,得不偿失。父母要与时俱进,以平等交流、合作探讨的方式进行引导教育,和孩子共同成长。

此外,我也与石头的班主任、关系较好的同学进行了沟通,建议他们定期和石头联系,互通消息。目前,石头在家状态良好,自主学习掌握了一些动漫设计知识,对日语专业的抵触情绪也减轻很多,预计可以如期复学。

## 四、总结反思

2020 年新冠肺炎疫情是一场庞大却没有硝烟的战斗,思政教师必须做好一切准备来应对挑战。疫情给我们的传统工作模式带来了诸多不便,但也开拓了我们在特殊时期开展工作的能力。要快速掌握各类线上会议软件、交流软件的使用,通过文字和数据,时刻掌握学生的最新动向,确保学生身心健康。

从思政教师工作角度来看,以下四项能力需要提升。

### (一)提高对学生思想状况的掌握程度

在抗疫防疫特殊时期,更应着重关注学生的思想状况,在日常摸排学生身体状况的基础上,压紧压实思政教师摸排学生思想状况的担子。思政教师不能疲于应付各类防疫防控表格,浮于表面数据,要学会借用防疫数据摸排的方式和学生交流思想,做到对学生身心状况了如指掌、成竹在胸。

### (二)提高家校联动的效率和质量

居家防疫期间,家长是学生的第一责任人和直接观察者。因此,在应急处置中,思政教师要保证与学生家长的良好沟通,提高交流效率和质量,以便进行针对性处置。但家校联动不是一蹴而就的工作,需要思政教师平时就注意定期联络学生家长,保持良好的交流和互动。

### (三)拓宽知识面,对不同专业学科均有一定了解

思政教师不仅要对所在学院的专业类别、培养计划、就业前景等有全面的认识和理解,在做一些不喜欢现学专业而喜欢其他专业的同学的思想工作时,也要对全校所有专业有一定认知。这样才能更好地为学生梳理专业异同、进行专业比对,给出合理建议。在实际工作中,建议学校定期组织专业通识培训,有效提高思政教师的专业教育能力。

## （四）强调家庭教育的重要性

当今社会呈现出文化多元化、经济一体化、社会变迁快速化、知识更新爆炸化的发展态势，这对培养高文化水平、高综合素养的人才提出了新的要求：在学校之外，必须有家庭和社会的参与。社会和学校应该采取自学与集中辅导相结合的方法，宣传家庭教育的重要性，介绍教育子女的理论知识，指导家长掌握科学方法，更新家教观念，提高家长教育子女的责任感和自觉性，逐渐提高家长的教育水平。建立起学校、家庭和学生三位一体的教育体系，为学生成长成才保驾护航。

# 经济困难生的逆光飞翔

人文学院　卢倩

## 一、案例简介

案例来源：获评"凡·星"励志典型人物的家庭经济困难生。以下列三位同学的事迹为例，基本信息如下：

小南，男，2014 级博士生（已毕业）；

小晨，女，2017 级硕士生（已毕业）；

小星，女，2017 级本科生。

基本情况：小南、小晨和小星入学时皆为家庭经济困难生，都曾因经济原因，面临过一系列发展问题。

小南，博士生。该生年龄偏大，刚入学时，他常感慨学业、生活压力很大，担心博士学习无法正常毕业等，更担心这几年博士生涯会因为各种各样的问题熬不过去，曾陷入沮丧、焦虑情绪。

小晨，硕士生，母亲失业。入学时在与我的谈话中提到，希望有机会去国外交流或留学，以了解本专业最前沿的科研动态。但因为家庭经济原因，她表示这个愿望暂时只能是愿望，将来工作后如果有机会且经济条件允许的话，再去实现学生时代的梦想。

小星，本科生，西部地区少数民族学生，母亲在其高中时去世，家中共四个兄弟姐妹，主要经济来源为父亲务工所得。此外，该生汉语和英语基础较差，刚入学时学业和经济压力非常大，在与同学们的交往中不太自信。

## 二、案例分析

以上三名学生所遇到的困难代表了多数家庭经济困难生在校期间可能面对的一

些共性问题,表现为经济压力大、学业困难、心理焦虑、发展受限等。这些问题通常环环相扣、互为因果。如不能进行及时、有效的引导,可能会导致学生陷入不良循环。因此以上问题的实质是如何通过有效的精准资助体系,在解决经济压力等问题的基础上,引导学生自信自强自立,打破原生桎梏,实现逆光飞翔。

### (一)引导学生调整心态,树立自信

小南刚入学时常常因为经济压力而在婚恋问题、科研进展、博士毕业等相关方面产生焦虑情绪。同时,他的科研生活较为枯燥,长期与古典文献打交道,社交活动较少,缺少情绪宣泄渠道。我明显感觉到他在博一下半年里有强烈的沮丧情绪,对科研的热情和自信也明显降低,甚至会发出"博士果然得有一定经济基础的人才能读"的感慨。这种情况很可能会发展为一系列心理问题。思政教师站在学生工作的第一线,在了解经济困难学生群体的所思所想所求的基础上,应鼓励学生调整心态,从焦虑、消极的情绪中走出来,树立自信、乐观向上的心态。

### (二)引导学生做好规划,确定目标

在小星的问题上,虽然学校和学院已给予她一定的经济资助,保证了她的正常求学和生活需要,但她在大一时,为了赚取工资补贴家用,利用课余时间参加了大量勤工俭学工作。这种做法客观上导致她用在学业上的时间大幅减少,第一学年学业成绩在班级排名靠后,在第二学年的奖学金评比中,她毫无优势。长此以往,可能会陷入"经济压力—学业困难—发展受限"的不良循环。因此要引导她认清现阶段的主要任务和未来的目标,协调好学习与生活的关系,做好时间管理和生涯规划,自强不息。在确定目标后,将计划付诸实践。

### (三)引导学生脚踏实地,博学笃行

小晨的情况代表着很多经济困难生的发展困境:想出国留学、继续深造,想要诗和远方,但这些梦想往往受限于现实经济的困境。在树立了信心和确立了目标之后,还需引导和陪伴学生一步一个脚印地朝着目标坚持和努力。这段路程注定不会轻松,想要行致远,则要踏实笃定地走好每一步。

## 三、教育过程

在与小南、小晨和小星的沟通和引导过程中,我认为需要重点注意以下三点。

### (一)动态掌握学生经济状况,提供精准资助

动态掌握学生家庭经济状况,提供精准资助,保障学生在校期间的生活所需。我

们鼓励小晨在学有余力的前提下,兼职汉语国际教育教学,并将教学实践与本专业学术相结合,撰写高水平学术论文。此外,从她想出国读书的角度,建议她多留心学校的公派留学、交流交换、国际会议资助等信息。最终,她获得了研究生院国际会议的资助,赴美国参加会议并作全英文报告。她还获得了硕士研究生国家奖学金、上海市优秀毕业生等荣誉。

### (二)站在学生角度,了解困境并找到症结

在与小南的沟通中,我站在他的角度,引导他集中精力潜心钻研学术,尽快以高质量高水平的科研成果毕业,并指出这才是解决他目前一系列经济和生活困难的最佳方式。短暂的焦虑可能会给他带来一定的动力,但任何人都不能长久地沉湎于负面情绪之中。在后来的学习中,他集中精力,在导师的指导下,发表了多篇高水平学术论文,曾获评博士研究生国家奖学金,毕业后受聘于一所 211 高校,担任专业教师。

### (三)理解并尊重学生,给出合理引导建议

在与小星沟通的过程中,针对她的经济压力和学业问题,我首先肯定了她的坚强、懂事以及为家庭分忧的决心。同时,引导她认清当前阶段认真读书是最重要的任务,也是对她和家庭的未来最有帮助的途径。打零工虽然可以缓解一时的经济压力,但如果过量,可能会适得其反。如果有特殊困难,学校会尽全力为其提供帮助。她听从了建议,在大二和大三学年中,专心学习,连续两年获得学业进步奖学金。此外,针对她的自信心不足问题,我鼓励她寻找兴趣点,发挥自身优势,多为班级服务,融入集体。此后,她逐渐在民族文化社、志愿服务、班级服务等领域崭露头角。她还将自己的家教收入用于公益项目,以实际行动回报社会。她打算毕业后回到生源地到基层就业,将青春献给祖国西部建设。

### (四)注重朋辈引导,形成同学互助和班团友爱氛围

朋辈引导、班团友爱的氛围在困难生的成长过程中发挥着重要的作用。陪伴小南度过焦虑期的除了师长,还有他的同门师兄弟。一次次学术研讨坚定了他的学术自信。小晨在读书期间,同班同学与她一起探索交流汉语国际教学经验,大家互帮互助共同成长。而小星的成长更离不开同学们在学业和生活中的支持和鼓励。通过班级集体的团结友爱,形成困难生帮扶的温暖力量,这对困难学生的心理健康和成长成才至关重要。

以小南、小晨和小星为代表的家庭经济困难生群体,曾因经济困难而陷入一定的发展性困境。但学校和学院精准资助帮扶的政策关怀以及班团集体的互助友爱为他们插上了逆光飞翔的翅膀。他们在校期间自强不息,勤勉刻苦,结合自身优势与特长,深耕本专业知识,自信自强,全面拓展综合素质,不让家庭经济困难限制自身发

展,先后获评校级"凡·星"励志典型人物,用实际行动实现了自我的逆光飞翔,也在同学中发挥了良好的朋辈引领作用。

## 四、总结反思

"不让一个学生因家庭经济困难而失学"是党和国家对每一个家庭、每一位学子的庄重承诺。高校学生资助工作是促进教育公平和实践人才培养的基础性工作。教育部全国学生资助管理中心曾提出,让资助工作更合规、更有爱、更有温度。由这个案例发散,需要探讨的,不仅是如何推进"资助助人",更有如何在高等教育环节实现"资助育人"的问题。应当以服务广大家庭经济困难学生成长成才为根本,以资助为基础,以育人为导向,不断探索新途径、新方法。在具体工作中,我认为应重点把握以下几点。

（一）保障经济困难学生的基本生活需求,帮助学生自立

做好困难学生一对一台账,根据学生的实际情况,分人施策。动态跟踪和了解学生在经济、心理、发展等多方面的新情况,尽可能实现精准认定与精准资助,做好"应助尽助",让学生在读书期间无经济上的后顾之忧,潜心钻研。

（二）持续关注经济困难学生的心理需求,树立学生自信

不少困难学生一方面承受着经济压力,另一方面还会有学业、人际交往等方面的困扰。在工作中,我们思政教师应主动与他们谈心谈话,重点关注他们的心理需求,保护同学的隐私和自尊。同时注重班团集体建设,为经济困难生营造一个团结友爱的成长环境。准确把握困难学生的心理特点,尊重学生主体地位,注重培养学生的自尊心、自信心,增强学生的安全感、幸福感、归属感、使命感,做学生的知心人和解忧人。

（三）重点建设经济困难学生的能力发展,助力学生自强

家庭经济困难的学生多数教育资源比较匮乏,进入大学后,在知识结构综合化、科创能力创新化、思维背景多元化等方面存在一定的客观劣势。在资助育人工作中,应尽可能为其提供发展空间,如出国交流资助、技能培训资助、就业帮扶引导、创新能力培养等,全面拓展经济困难学生的综合素质。同时,也要根据社会和学生的发展需求,与时俱进,不断完善资助方式,全过程陪伴学生成长成才。

（四）着力增强经济困难学生的价值引领,培养感恩意识

通过价值引导,让受助者在心理和行动上实现从被助到自助,进而到助人的转

变,在自己各方面综合能力逐步提升的同时,愿意通过公益志愿、基层服务等多样的实际行动感恩母校,回报社会,发挥朋辈引领作用。此外,积极挖掘受助学生优秀事迹,加大宣传力度,强化典型示范效应。注重发挥困难学生的主体作用,邀请学生参与相关资助育人项目,提高学生自助、助人的意识和能力。

切实做好高校资助育人工作任重而道远。我们不能将资助工作仅仅理解为经济支持,更应关注资助过程中应实现的育人效果。争取动员全社会力量,把扶困与扶智、扶困与扶志结合起来,形成"解困—育人—成才—回馈"的良性循环,帮助学生自信自强自立,助推更多小南、小晨和小星这样的经济困难学生实现"逆光飞翔",成为闪亮的"凡·星"。

# 解决宿舍矛盾，妥善化解危机

媒体与传播学院　杨忞

## 一、案例简介

案例来源：小洁，女，本校升学，目前研二。

基本情况：小洁同学与本科时期关系亲密的室友在研究生入学后升入不同学院深造，同楼的她们通过不断协商再次换到同一宿舍。但她们两人共同的生活习惯经常使第三位同学无法融入。因宿舍资源紧张，两人居住三人间的局面不能长期维持。生活园区安排从法国留学归来的小兰同学入住该寝室。但在入住第二天，因小兰同学需要在寝室进行视频会议要求小洁同学次日早上保持安静，而小洁同学随即回复"我不建议你早上在宿舍开视频会议，我早上有点起床气，万一到时候产生矛盾可能不太好，也会影响到你开会"，导致双方产生矛盾。之后双方抛出较为激烈的言辞，导致矛盾激化。小兰同学当晚向其所在学院反映，并要求小洁及其室友搬离该宿舍。生活园区管理方面和所涉及的三个学院在争议解决过程中认为，三方均搬离该宿舍以解决争端。小洁同学感到委屈不愿意搬出，但在看到小兰同学先搬出后表示同意，并希望仍然能够跟原室友住在一起。但原楼栋已经没有空位。经协调，小洁同学与其室友搬迁至全校仅剩的两人间，随后，小洁同学因新旧宿舍条件落差较大、新宿舍设施陈旧、卫生状况不佳等导致心态失衡，从而情绪崩溃，认为被学院抛弃，甚至产生轻生念头。学院和我对其进行连续不断的谈心谈话和引导交流，最终小洁同学放弃了住两人间的要求。我们多方协调并帮助她搬运宿舍物品，最终解决了住宿问题，也安抚了她的情绪，妥善化解了潜在危机。

## 二、案例分析

小洁同学所经历的，是因生活作息不一致、语言表达不恰当导致的典型宿舍矛盾,其解决过程的一波三折也反映出该矛盾成因的复杂性和过程的曲折性。

从矛盾形成来看,主要存在着学生主观因素、校园客观因素和社会现实因素三个方面的原因。

### (一)学生主观方面

小洁同学希望在硕士入学后仍然能够与关系亲密的本科班同学住在一起,表现出了对室友强烈的不舍和对未来室友的高度排斥。这也说明小洁同学在一定程度上确实很难良好处理与室友的关系,所以不接受新室友的出现。小洁同学通过说服新室友搬走,让其本科班同学搬过来,也说明她存在不尊重他人、不愿意与陌生人建立关系的内心封闭状况。与此同时,多位室友搬出而只在小兰同学搬入后才产生如此巨大的矛盾,也反映出小兰同学在心智上的不成熟和生活上的不包容。

### (二)校园客观因素

目前学校宿舍资源紧张,无法满足学生的个性化要求,这一方面使得学生在入住宿舍时容易产生"被安排"的心态,从而在入学初就对宿舍安排存有担忧,并从一开始就建立起较强的心理防护。另一方面,学校建议"三人均搬离",但小兰同学搬出后又在同一楼栋找到了宿舍,这容易让另两位学生对学校在处理问题的公平性和宿舍资源调配的高效性上产生疑虑。

### (三)社会现实因素

随着时代发展和社会进步,加之学校普法教育、权利教育的不断深入,学生对于个体权利、隐私和自由的保障要求也相应提高。随之而来的结果就是,越来越多的学生无法适应群体生活,无法在集体生活中让渡或是牺牲部分个人权利,从而经常产生摩擦和争执。同时,在自身解决矛盾的能力尚不充分的情况下,越来越多的学生转而寻求家庭的帮助,甚至诉诸网络,从而经常使矛盾影响范围扩大,造成越发难以处理的局面。

小洁同学的事件充分说明了,再小的矛盾也会引起非常大的连锁反应。而对于此类矛盾争议的化解,不仅要考虑实际问题的解决,还要考虑心理问题的疏导。

## 三、教育过程

### (一)教育过程

根据小洁同学遇到的实际问题及问题解决过程中的心理变化,我重点从解决实际问题、疏导心理障碍和提供及时陪伴三个方面入手做了工作。

1. 解决实际问题

合适的新宿舍是化解矛盾、解决小洁同学心理问题的突破口。在宿舍资源紧张的局面下，合适的宿舍并不好找，特别是小洁和她室友所要求的两人间。我不断从宿舍客观情况、校园生活实际、与更多人交往也有利于扩大自己交友圈等角度劝说她放弃两人同住的诉求。在小洁同学放弃了两人同住的要求后，我们终于为她找到了条件设施合适的新宿舍。我陪小洁同学查看了拟搬入宿舍的条件、让她与新室友提前接触，帮助她搬运行李，为她购买在新宿舍可能需要的生活用品。小洁同学在内心深处感受到了学院和辅导员的关心照顾，为后期疏导其心理障碍打下了基础。

2. 疏导心理障碍

从原有宿舍搬出后面临的一系列问题、与关系亲密室友分离的不舍、对矛盾解决方案感到委屈等，是小洁同学产生心理问题的复杂成因。小洁同学起初并不愿意搬出楼栋，但我不断与她复盘矛盾的起因和过程，分析双方的言语与情绪表达，指出她在该矛盾中存在的言语表达不当和情绪过激的行为，与她探讨如果采用更恰当的方式、更合适的语言是否会避免矛盾，从而让小洁同学意识到自己在矛盾爆发、解决争议过程中存在的问题与不足，促使其在后续解决过程中作出让步。

3. 提供及时陪伴

陪伴遭遇困境的学生才能取得学生的信赖，为问题的解决奠定基础。一得知学生宿舍发生矛盾，我在当晚 10 点左右及时赶到学生宿舍与小洁同学面谈。此时她表达的事件过程是相对原始、准确的，作为辅导员，我的及时出现也能够在一定程度上缓解她内心的紧张。在获得相关信息后，我也向学院分管学生工作的副书记做了及时汇报，并根据领导要求请学生第二天来办公室一同商谈。在学生因宿舍条件落差过大感到情绪崩溃时，已是深夜 12 点。我与学生保持微信语音通话，时刻警惕学生心理状态变化，并给予其积极承诺，表示一定会帮助她解决问题。在解决矛盾的五天中，我一共与学生谈心谈话 20 余次，宿舍走访 6 次，线上语音时间长达 6 小时。长时间的陪伴，让学生情绪趋于缓和，也让学生更易接受学校提出的解决方案。

（二）教育效果

在问题解决后，学生发来如下文字："老师，真的真的感谢您和副书记老师，我始终都是保持着不想麻烦你们的态度。感谢你们一直站在我身边，让我有一种归属感，也让我始终相信你们。您可以先帮我给副书记老师转达我的谢意吗？等事情协调好了我还想当面去给您和副书记老师说一声谢谢。我知道你们为了我这件事操碎了心，我现在跳出去看，自己在处理这件事的过程中，因为情绪被影响得太严重，有时候面对你们，也没办法去给你们表示我有多依靠和相信你们。但我都记在心里，我觉得我们学院是最好的学院了。"

从学生的文字当中可以发现，当应激情绪过去后，她可以冷静地、以相对客观的角度来看自己在问题发生过程中处理不当的部分，也能够对事件总体进行总结。这充分说明事件的解决是圆满的。

## 四、总结反思

### （一）遵循以解决实际问题为目标、以教育疏导为方式、以换位思考为原则的处理方案

在复杂原因和连锁反应的加压下，现实问题的解决变得更加棘手。在解决此类事件时，应当遵循以解决实际问题为目标、以教育疏导为方式、以换位思考为原则的处理方案。

1. 要以解决实际问题为目标，在与学生充分沟通的基础上了解学生需要

处在矛盾之中的学生很难理性地判断自己所提出的诉求是否合理。作为旁观者的辅导员在帮助学生明确诉求的同时应引导其去除其中不合理的部分，为学生争取应有权益的同时也要让学生清楚知晓"哪些想要争取的部分"超出了限度。学生在觉得自身权利"受损"时通常伴有心理危机，应当及时干预引导。

2. 要注重教育疏导

辅导员要增加矛盾解决期间的陪伴与谈心谈话，通过多次邀请学生一同吃饭、陪学生上课、与学生在宿舍静坐思考、适当复盘矛盾的起因和过程等方式，加强沟通谈话，让学生把心里话说出来。在有效倾诉之后，学生才有可能静下心来思考如何解决实际问题，才有可能接受学校给出的解决方案。

3. 要以换位思考为原则

辅导员要充分理解学生的处境，假设自己在经历如此矛盾后会处于怎样的心理状态，会寻求怎样的帮助，从而对学生行为和心态做出预判，避免学生在矛盾激化后产生心理危机从而导致无法挽回的后果。

### （二）对研究生群体中潜在的生活方面的冲突和矛盾给予更多的关注

对于研究生而言，我们一般会理所当然地认为他们已经独立并且有能力靠自己解决面对的问题，也不会有过多生活方面的问题。但随着时代的发展和权利意识的不断提高，学生们也对集体生活提出了越来越高的要求。这就要求我们不能再以过往的心理预期来看待他们，而应当对研究生群体中潜在的生活方面的冲突和矛盾给予更多的关注。具体可以从以下几方面入手。

1. 要在平时加强对学生生活状态的关心

高校生活中，学生固然以学业为主。但生活上的琐事极易让学生分心，从而影响

学习和心理状态。生活顺利了、舒心了，心态积极了，才有可能对学业也充满信心。因此，辅导员对于学生的关心应当是学习、就业、生活各方面全覆盖的。所以不管事务性工作压力有多大，辅导员都不能忽略宿舍走访、听课巡课、谈心谈话等与学生进行日常接触的机会。

2. 要提升解决现实问题的能力

学生之间的矛盾，既可能是同班同学之间，也可能是与其他班级、其他学院甚至其他学校同学之间的。无论是生活、学业、感情任一方面的问题，都有可能牵一发而动全身。辅导员要想帮助同学们渡过难关、解决矛盾，就必须与各方面沟通、从中斡旋，在各种利益主体之间寻求矛盾解决的动态平衡。这对于辅导员自身的研判和应变能力也是极大的考验。

3. 要以集体意识教育作为重要抓手

研究生是本科后的深入研究阶段，对于当代大学生而言更有可能是心智变化的重要阶段。在完成了本科通识学习后，学生开始向专业研究领域进发，此时，极有可能认为学习是主要的，生活必须服从于学习也必须让步于学习。随之而来的矛盾起因就有可能是，"我在宿舍需要休息，你不应该外放音乐""我在学习，你不应该打扰我"等争执。而作为研究生辅导员，也容易注重学术和就业引导而忽略学生在生活方面的问题。因此，研究生入学阶段就应当加强集体观念教育，特别在新生入学关键阶段，要开展班级凝聚力建设，通过体验式培训、班级集体活动等形式让学生尽快认识并融入新的班集体，不能让学生从本科到研究生后，就主动将班级概念弱化，从而把个人权利凌驾于集体利益之上。

4. 要强化自身的理论学习和心理准备

随时待命是对思政工作同仁的基本要求。然而在时代快节奏发展的当下，如何做好准备应对问题的发生是一个极大的挑战。为了让自己做好准备，必须加强心理学、管理学、教育学等方面知识的系统学习，做好积累，用理论指导自己的实践。同时，辅导员也要学会给自己减压，做好压力调节。既然选择了这份职业，就应当为学生服务，不仅要以身作则，还要能够"共情"，与学生们共同迎接生活中的挑战与美好。

# 疫情影响下的逃避与面对
## ——疫情防控常态化下对国家专项学生的心理危机干预

设计学院　车易赢

## 一、案例简介

案例来源：小李，男，建筑专业低年级学生。

基本情况：小李来自西南边陲的少数民族聚居区，本人是汉族，是国家专项计划生源。小李家庭经济条件一般，父母在他高中时离异，小李与母亲共同生活。近期小李的父亲有再婚的打算，小李与父母之间的关系比较紧张。疫情防控、居家学习期间，小李产生了频繁逃课、甚至离家出走的极端行为，我通过一系列危机干预、家校互动，及时劝说小李返家，并帮助其逐步调整心理状态和学习状态。

2019年秋季入学，来自祖国西南边陲少数民族聚居区的小李第一次来到了繁华的大都市。第一次接触到艺术与设计的世界。他努力完成专业作品，积极参与班级事务管理工作。待人热情、人缘颇好的他受到了全班同学的欢迎，被推选为班干部。

但大一第一学期期末，小李专业考试成绩排名不佳。在高手如云的大学里，没有美术专业基础、欠缺计算机技能的他渐渐丧失自信，这一切在疫情防控、线上教学期间集中爆发。2020年春季，在他一边承受着学业压力，一边艰难地进行线上学习时，他又得知了父亲有再婚的计划，本就与父母关系紧张的他，更加无法忍受母亲的"唠叨"、父亲的"疏离"。于是，他不再回应老师的问询，频繁地逃课、迟到、早退，甚至有一天晚上，他在打给我一个"告别"电话后，选择了离家出走、拒绝接受周遭的一切关怀。

在接到这通电话时，我先第一时间确认其生命安全，在确保他不会产生过激行为后，对他进行心理干预，希望他先冷静下来回家慢慢与家人、老师沟通。在得知小李离家的态度十分坚决后，我及时与小李母亲取得联系，希望其母从旁关心，让小李不要走上极端。在经过约一周的不间断"线上"谈心谈话劝导后，小李离开网吧选择前往一位表亲家暂住，但仍然拒绝与母亲沟通。我与小李的班主任保持每天不定期的微信联系,在一个月不间断的微信问候后,小李决定打开心扉,诉说自己内心对学业、对家庭、对未来的苦闷。

## 二、案例分析

这个案例是典型的学业困难 + 心理问题双重原因导致的极端事件。从主观上讲,小李自身学业基础较差,艺术素养较低,同时大一第一学期的学习成绩并不理想,对自己学业情况的焦虑在居家学习期间爆发,加之对父母离婚选择的不理解,导致他做出了极端的选择;从客观上看,在疫情防控、居家学习的特殊时期,学生学业问题、心理问题都将成倍放大,而在线教学又致使师生物理距离疏远、家庭物理距离拉近,需要家校保持正向互动,共同对学生进行全方位关心关怀。为了更好地解决小李的问题,我从以下方面入手做了一些工作。

### (一)及时"劝返",第一时间解决燃眉之急

小李的问题有深层次的根源,但离家出走、拒绝沟通的问题是最亟须解决的。小李选择在离家出走前与我通话,说明他的潜意识里还是希望能够得到关心关怀的。因此在电话中,我首先对他进行正向激励,鼓励他积极地面对自身的问题,勇敢地选择解决问题而不是逃避问题。

但由于只能电话沟通、无法当面劝导,学生在巨大的心理压力下还是选择了离家出走,而这一消息是在我主动询问家长情况时才得知的,家长甚至都不认为这是一件需要与学校沟通的事情。在学生离家出走后,我及时告知班主任,与班主任一起不间断地给小李发信息、打电话,持续地向他传达积极、正能量的观念,让他在孤立无援时不至于全然丧失信心和希望。同时,我与家长积极沟通,告知家长小李离家出走后有可能出现的情况,希望引起家长的充分重视,早日找到小李,共同面对问题、解决问题。

### (二)正向引导,努力端正学生学习态度

在小李离家出走一周后,小李的母亲在一家网吧中找到了他,小李并没有选择和母亲回家,而是前往表亲家暂住,维持着不愿与母亲沟通的态度。当时已是学期的最后一个月,各门课程即将进入期末冲刺阶段,而他仍然不能保证按时上课、按时完成和提交作业。通过小李的表亲,我和班主任终于能与小李进行顺畅的"线上"沟通了。在尽量避免引起小李逆反心理的前提下,我通过列举案例的方式,向小李讲述其他学长或成功或失败的经历,劝诫他珍惜来之不易的学习机会,将心中的情绪转化为努力向上的动力。

与此同时,在线上教学期间,通过电话、微信、线上会议室等多种形式,我发动班团学生骨干,针对小李落下的课程进行一对一学业帮扶,让他将注意力更多地集中在

学业上,这样一方面尽量降低小李出现学业预警的概率,另一方面也是想用同学之间的交流交往来降低小李出现进一步心理问题的可能性。

### (三)以心换心,争取驱散原生家庭阴霾

小李在进入大学时并没有产生严重的心理问题,却在因疫情原因不得不居家学习时产生了极大的改变,究其根本,原生家庭的不幸福是他产生一系列过激行为的根源。由于居家学习期间小李与家人生活在一起,无法通过电话与我进行深入交流,因此在2020年秋季学期学生返校后,我第一时间与小李见面谈心,从小李口中得知其母有较强的控制欲,小李第一学期成绩不甚理想后,母亲的"高压"让本就心生抑郁的他遭受到了更大的心理压力,加之父亲有再婚的打算,这让一直期盼父母重归于好、重建幸福家庭的小李感到失望和愤懑,继而想要彻底抛弃家庭和学校。

## 三、教育过程

针对小李原生家庭的问题,我首先表达了对小李的理解,希望通过共情让他信任我和学院,继而从如何加强与父母亲人的沟通、如何通过努力达成个人人生圆满等角度,鼓励小李从点滴小事做起,尽快走出原生家庭的阴霾。

在与小李沟通的过程中发现,小李内心清楚地知道逃课、不交作业、离家出走等行为是错误的,但他因为思考的局限,找不到良好的学习状态和学习方法,找不到与家人有效沟通的方式,找不到排解自身压力的途径,只能选择自暴自弃。但在回到学校后,他意识到了自己如此发展下去的后果不堪设想,因此也想做出一些改变。

### (一)在学习状态调整方面

小李及时调整了自己的学习状态,为自己的逃课、不交作业的行为主动向专业老师道歉,并就自己认为掌握起来较为困难的知识点请教老师。返校后,小李在老师、同学的监督督促下,没有再发生一次迟到、早退、不交作业的情况。

### (二)在集体交往方面

建筑系专业基础课作业大多是团队共同创作,在小李比较沉沦的那段时间,他一直在逃避自己团队的同学,为此团队同学也对他有一些埋怨。在我的鼓励下,小李向同学们打开心扉,承认自己的错误,同学们也在劝解下重新接纳了小李,在集体的温暖中,小李又"回归"了原来那个开朗活泼的他。

### (三)与家人沟通方面

冰冻三尺非一日之寒,小李内心深处对父母的不理解并非短期内可以改变的,但

经历过这件事,小李的母亲在我的极力引导下,愿意先迈出一步向小李倾诉心声,小李母亲对小李的"高压"源于自身婚姻的不幸,自己全身心地投入对小李的培养中,无法接受小李大学成绩的落后。在小李母亲承诺不会过于强迫小李后,小李也渐渐愿意与母亲、父亲加强联络。相信在家人爱的包围下,小李一定能获得更加积极、健康的成长。

## 四、总结反思

作为一名"入伍"不久的辅导员"新兵",遇到有心理问题的学生是我们辅导员"新人"最怕的事情。对于小李而言,心理问题、学业困难在他身上同时出现,也为我个人敲响了警钟,那就是学生单纯的心理问题可能有"不单纯"的多重原因,需要我们在日常工作中再多一分小心、再多一分留意。而疫情显然给了许多"问题"放大的机会,一些平日在学校内不容易发觉的小事,因为生活方式、教学方式的改变变成了"大事"。

### (一)将对学生的关心关注落细落实

为了尽量避免在有可能的下一个"特殊时期"遭遇"问题"的集中爆发,辅导员一定要将对学生的关心关注落细落实。比如每一位学生在入校时都会填写新生信息登记表,对于家庭信息一栏是空白,或少了几行信息的学生,是否可以在谈心谈话时多关心一句,了解一下学生真实的家庭状况,通过基本信息的排摸对特殊家庭的学生进行日常持续的关注;比如加强日常巡课,辅导员虽然大多并不承担日常的教学任务,但课堂是了解学生最主要的渠道之一,我们必须走近课堂、走入课堂,了解学生的学习内容、学习状态,才能进一步得知学生的所思所想。

### (二)与家长的密切互动

在应对学生突发事件时,一定要保持与家长的密切互动。小李的"离家出走"因为发生在家乡,我无法第一时间到达现场协助处理,但假如能够获得家长的全力支持,保持家校之间密切的沟通,那么也许小李的过激行为就不会发生。此外,在小李返校后开展心理辅导工作时,家长的理解与支持也是必不可少的。

### (三)"一人一策"制订学业帮扶计划

来自中西部地区、贫困地区的学生普遍存在学业基础差、艺术教育基础薄弱等问题,对于这类学生,大一入学开始就要"一人一策"制订学业帮扶计划。在基础课、"霸王课"方面,要为他们量身打造学业辅导培训班,帮助他们快速适应;在艺术设计专业课方面,要为他们提供参加各类美育讲座、观看展览的机会,帮助他们尽可能地提升艺术审美能力。

# 疫情背景下大四学生的
# 心理焦虑问题分析

航空航天学院　汪璟琳

## 一、案例简介

案例来源：小坤，男，航空航天工程专业大四学生。

基本情况：小坤电话联系我，说自己半年多以来长期失眠，最近情绪愈发低落，甚至有些崩溃，出现毕业设计进度拖延较多的情况，加上考研失利，工作无着，情绪焦虑异常，甚至考虑过自杀。

进一步询问后，我发现他的低落情绪主要源于疫情期间没有目标和人生寄托，天天打游戏打得厌烦，失去了疫情前在校期间的努力方向与积极的生活状态，陷入一种迷茫焦虑和不知所措的状态。一场突如其来的新冠疫情，也对大四即将毕业学生的心态提出挑战。开学延迟、云答辩、云宣讲等调整打乱了很多学生的节奏。

## 二、案例分析

这个案例中，学生的心理焦虑主要是由疫情期间各种不确定的因素，以及对未来出路的迷茫导致。同时，小坤长期打游戏，没有努力方向，也会引起失眠及焦躁。综合分析，其产生心理问题的原因有以下几个方面。

### （一）抗风险意识缺失

现在大多数学生如小坤一样，从小无忧无虑，没有受过太大的挫折。面对突然的疫情打击，没有父母的庇护、老师的关心，又面临着考研失败、就业压力大等多重心理考验，一时难以从容应对。并且这个案例中，小坤没有做过失败的心理预期以及后续规划。

### （二）目标规划不明确

小坤在大四上学期，随大流参加了研究生考试，但是据他所说考研也只提前了一个多月准备，没有想好就去了。考研失败后，我一直和小坤说应该找工作了，但是他没有这种迫切的意识。小坤一直在纠结是否要"二战"考研来逃避工作，因此没有投入时间去写简历、找工作。

### （三）毕业论文拖延

疫情打乱了这届毕业生的毕业节奏。很多同学戏称"开学即毕业，毕业即失业"，貌似玩笑中难掩心酸。对于这届毕业生，最应该做的是完成毕业论文。小坤与课题组师兄很少沟通，对于论文事宜并不上心。这主要还是源于他用一种逃避的心态去面对当下的事情，想着蒙混过关。

我之后也与其父母进行了沟通。小坤父母表示，作为高中老师，因平时工作较忙，对小坤的关心较少，没有及时关注他的思想动态，确实有些失职。针对小坤现在的情况，父母先带他去看了中医，督促他吃了一些调理睡眠的中药。同时，搬回了和小坤共同居住的房子，加强与小坤的交流沟通，关心其日常生活。

## 三、教育过程

我在与小坤的多次微信聊天中，发现他其实是一个很渴望得到肯定和关心的人，因此在表达同理之情的基础上，我不断鼓励关心他，给他振作起来的信心。

### （一）毕业事宜方面，加强导学指导

通过其导师及师兄的帮助，小坤慢慢走上正轨。基于他上述的实际情况及平时不参加线上组会的特殊情况，我联系其师兄小余，希望师兄每周主动联系小坤，关心小坤论文进展，肯定其点滴进步，及时跟进困难之处。在导师和学长的关心下，小坤的毕业论文逐步走上正轨，最终按期完成了答辩。

### （二）家庭关系方面，增进互动关心

疫情居家学习期间，小坤在农村家中居住，而其父母住在市里。作为高中老师，他们平时工作较忙，对小坤疏于管教和关心。因此，我联系其父母搬回乡下与小坤共同居住，辛苦一阵子帮助他度过特殊的毕业季。同时，我与其父母沟通，希望他们能就未来规划给小坤一些指导性意见，而不是一味地逼他继续考研。希望其父母综合小坤当下的实力及现状，给出合理的奋斗方向，并鼓励小坤朝目标努力。

### （三）日常生活方面，建立帮扶机制

我联系了小坤的两个室友经常和他互动，邀请他一起完成英语打卡任务，先帮助他恢复正常社交。我想，小坤只有打开心房，与人交流，才能释放掉一些压力和负面情绪。

在以上举措的联动下，小坤逐渐恢复往日的开朗，还主动给我发送了在家钻研美食制作小龙虾的照片，以及认真完成实验及实验数据的截图。6月，小坤顺利完成毕业设计及答辩，后续选择报考家乡四川的选调生。

## 四、总结反思

突如其来的疫情，给很多大四学生带来各种焦虑，他们为了上学时间焦虑，为了毕业论文焦虑，为了找工作焦虑。这一届的毕业生，正在经历一个关于毕业和成长的漫长的春天。

### （一）积极推进毕业事宜，保持与导师顺畅沟通

对于毕业生来说，首要任务就是完成毕业论文，顺利毕业。如果不能顺利毕业，那么其他关于二次考研、找工作、出国等的准备都将毫无意义。因为特殊的疫情，很多大四的同学无法回学校完成论文，只能在家里进行这项工作。对于工科专业的学生来说，有些需要在实验室做实验处理数据的任务无法实现，需要临时改换论文题目或从实验改为虚拟仿真等。所以，我会提醒学生多和导师、师兄进行沟通。保持与课题组一周一次的组会，按时汇报论文进展。在论文顺利推动的情况下，学生也会提升自信。

### （二）提早选定未来方向，设定完成目标的路径

大四的同学，如果选择保研、考研或者出国，春季基本已经有了结果。如果以上途径都没有落实，那接下来大多数学生面对的就是步入社会，开始工作。3月，正是春季招聘季。很多本科生因为秋天在准备考研，没有像研究生一样的秋招经验，春招时颇为迷茫。很多人连简历、成绩单、获奖证书等基本材料都没有准备好。2021年因为疫情的关系，企业很多岗位减招，甚至取消校园招聘。面对这样一种新就业形势，同学们应该积极转战云端。招聘季都是抢占先机的，最好第一时间把握求职方向，主动出击，多投一些简历，以找到更适合自己的工作。

### （三）规划时间提升自我，强化核心竞争力

临近毕业的同学们往往都很迷茫，感觉简历上除了成绩一纸空白。面对这样的

情况,需要进一步去提升自己的核心竞争力。趁着这一段疫情宅家的时光,闲暇之余可以多提升外语水平或软件使用能力等,掌握除专业之外的通用技能,增强自己的核心竞争力。因为在踏上工作后,很多学生就会发现过去能自由支配的时光是多么可贵,现在忙得没有时间去阅读学习、去扩展兴趣,甚至没有时间去考驾照。

### (四)增强心理抗压能力,学会平衡焦虑情绪

当一个人顶着压力生活时,会产生紧张焦虑的心绪,内心会不平衡。疫情期间,因为宅家时间过长,很多学生会产生焦虑情绪。如何平衡不稳定情绪,化解矛盾呢?我认为遇到心理焦虑,首先,不要去死扛,而要去冷静地分析压力形成的原因,了解自己焦虑的根源,然后调整心态去积极面对生活。其次,建立科学的行为模式,养成好习惯,拒绝拖延症。通过坚持和努力,可以完成小目标,这种获得感又可以有效排解压力。

疫情赋予了所有毕业生未知的机遇和挑战。机遇是,可以利用时间认知自我和了解社会,努力提高自己的能力。挑战是,可能会在迷茫中虚度时间,错过就业季的重要环节。辅导员应当在毕业季来临时,通过沙龙会议等向学生讲解即将面临的情况,引导学生用认真的态度对待每一件事,每一份工作。唯有认识个人能力,积极调整心态,才能正能量地面对每一天。很多同学因为疫情而感到迷茫、感到焦虑,但是谁也不知道明天会发生什么,所以与其虚度光阴去忧虑,不如制定短期和长期目标,过好当下的生活。

# 从理解到行动：对延毕学生
# 心理健康的关心与调整

## 一、案例简介

案例来源：小易，男，上海人，航空航天工程专业延毕学生。

基本情况：小易是延毕本科生，本科数理基础较差，多门课程需要重修。本科毕业季后，同学们有的顺利入职，有的入学读研，只有小易还在校园里修课。同时，小易感情方面也很是曲折，与女友总是分分合合，吵架不断。

延毕的第一个学期，小易的压力无处释放，在与女友争吵时留了想自杀的信息，随后就联系不上了。我得知情况后及时跟进，与家长一起，凌晨在校园里寻找，最终在学校植物园找到了冷静下来的小易。总体来说，小易是由于学业与情感的双重压力，产生心理问题而选择出走的。我与家长及时沟通，联动班主任、同学等多方力量介入，他的心情逐渐平稳，最终调整好心态继续修业。

## 二、案例分析

这个案例中的学生小易主要是由学业与恋情受挫引起的心理焦虑。这种情况，我对小易不仅需要给予学业方面的指导与帮助，还需要就其情感方面的困惑与依赖进行开导。通过引导，让小易加强对未来学期的认识和规划。从小易形成心理焦虑的原因上分析，我认为主要有以下四个方面。

### （一）毕业进度延期，对比同学形成失落感

小易的同班同学都于6月顺利本科毕业，他却还要延期一年。一方面，跟着低年级学生重修课程，碍于面子不好意思沟通课程事宜，导致错过很多课程信息。另一方

面,同学们都已经有了毕业去向,而他还处在生存危机的状态下,很容易产生自卑、颓废或拖延的心理,无法集中全部精力在学习上。

### （二）家长强势,校园自由,未做好适应

小易母亲比较强势,对他的学业成绩及各方面要求比较高。进入大学后,脱离了家庭环境的约束,他可以较为自由地安排自己的时间,但从严格环境到宽松环境的变化,导致其许多主课作业未按时完成,甚至出现考试低分的情况。

### （三）情感细腻纠结,未处理好感情困惑

小易自大一入学以来,就是一个腼腆、内敛的男生。情感方面,属于依赖型人格,恋爱上一直分分合合。女朋友对他的要求也比较高,有不愉快的事情两人就会产生较大冲突,也会因为恋爱导致课程缺课等一系列情况。

### （四）时间分配不合理,拖延导致焦虑

小易在本科低年级时,一直在工训中心做项目,经常熬通宵,几乎不在寝室居住,也不在教室上课,沉迷于做科研项目及参加比赛。尽管后期小易发现自己作息不好,但是没有及时改变,并且一学期落下的课程积重难返。他在心理上产生了一些逃避现实的想法,认为自己已经跟不上了,所以更不关心后面的考试和大作业,导致挂科情况屡屡发生。

## 三、教育过程

在我与小易谈话过程中,我发现小易知道自己状态不好,也有学习目标,但因过程中遇到的困难较多,有时候就想着以逃避来解决。

### （一）加强谈心谈话,排解心理压力

延毕学生本身就承受着较大的心理压力,小易也是如此。

学业方面,我与小易分享了几个延毕学生成功毕业的故事,通过他们的经历正向鼓励他,他也保证了要向其他同学看齐。

家庭方面,小易的母亲过于强势会让小易产生抗拒心理,因此我也联系其母亲在督促学业的基础上,不要过度干涉他,以免引起孩子逆反。小易母亲接纳了建议,表示会以朋友的身份与他沟通,通过讲道理的方式让他理解。

恋爱方面,小易表示女友对自己要求较高,如果达不到要求两人就会发生争吵。我开导他,年轻时的恋爱是炽热的,但是爱情不是生活的全部,应当聚焦毕业的主要目标。毕业后有更多的时间可以投入工作和恋爱,融入社会。后来见到小易,他说

"我一定要完成学业,给自己大学画上一个句号"。

### （二）合理规划时间,加强目标定位

在和小易的沟通中我发现,他想改变拖延的现状,但是学习速度比较慢,整体状态还是没有调整好。我建议他利用一些时间规划软件,加强每天学习目标的规划,减少刷电脑和手机等的无效时间。一周任务打卡成功后,小易就产生了获得感,立志保持这种学习习惯。同时,我询问他是否有关系好的同学,建议他可以加入他们,和大家一起去自习室自习,这样可以约束自己。小易也采纳了我的建议,答应走出学创中心,去图书馆或自习教室与同学们多交流。

## 四、总结反思

在工作中,我常常会发现大四下的学生因为毕业事宜而心理焦虑,进而出现"压垮骆驼的最后一根稻草"的情况。因此我会在开题之初,联动教务了解学生的毕设进展,排摸未完成课程计划的同学,通过定期跟踪帮扶,帮助学生平稳地度过毕业季。

为什么每到毕业季总有一些"跟不上"的学生？我根据工作经验,分析了原因及应对方式。

### （一）心态自由,拖延毕设进展

大四下是学生在校的最后一个学期,没有课程压力,只有一门毕业设计。因此部分同学不重视,游山玩水、吃吃喝喝,投入科研工作的时间明显减少。我也会接到个别导师的投诉,有学生不去找导师指导,也不参加组会汇报毕设进度。此时,我会让学生翻翻《学生手册》,告知他们获得 C 评级的学生将无法顺利毕业,提醒他们重视起来。同时,我会联动家长,让家长引导孩子调整心态,恢复正常的学习作息,逐步走上正轨。

### （二）课程压力,延毕的焦虑感

延毕的同学大多数课程尚未修完,无法拿到毕业证,对比其他同学顺利毕业会有焦虑感。而且这类同学本科挂科多,基础差,容易形成"怎么也学不懂"的消极心态。我认为要做好学生的倾听者,通过同学、辅导员、班主任等方面的沟通交流,帮助他们纾解压力。同时,做好学生的引领者,设立一对一帮扶机制,调动优秀学子的力量,助力学困生的学习及生活。通过帮扶者、室友、同学建立起的关系网第一时间了解该生的异常情况和心理变化。

### （三）考研失利,未来方向不明

研究生考试的分数线多在每年 3 月公布,此时会有一批考研失利的同学心态崩

溃,对未来产生迷茫。这时,我会帮助他们分析考研失败的原因:是复习周期过短,还是对专业了解不充分,还是思想上未重视,随便考考? 通过反思过去,学生不会沉浸在失败中,而是会明确自己的不足之处。

反思过后下一步该怎么走? 学生们的第一反应往往是继续考研。我一般会建议他们先走上工作岗位,毕竟在工作中也有机会考研,还可以选择公司联合培养项目。因为如果"二战"失利,他们会有来自学业和工作方面的更大的压力。

这三种情况都是很具有代表性的,我相信分析原因永远是解决问题的第一步。除此以外,思政教师还要加强与学生家长的联系,家庭是一个很重要的渠道,可以帮助我们了解更多的信息,也可以正面激励学生,及时介入疏导。同时,我们要多关注"00后"常用的网络阵地,掌握学生动态。针对学生抱怨或厌世的负面情绪,我们一定要第一时间去了解,及时疏导学生的心理问题,做好学生成长路上的引路人。

# 留学生学业之困局
## ——面向留学生群体的学业帮扶

航空航天学院　许永健

## 一、案例简介

案例来源：学生 N，女，航空航天工程专业，上海交通大学-莫斯科航空学院双学位项目（以下简称"莫航国际班"）本科二年级，俄罗斯国籍。

基本情况：莫航国际班本科双学位项目于 2018 年正式投入运营，项目学生大一在各自国家、各自学校进行常规学习，大二、大三全年在上海交通大学（简称"交大"）培养，大四在莫斯科航空学院（简称"莫航"）集中学习，通过两校论文答辩后取得两校学位。中俄两国存在显著文化差异，高等教育体系有别，由于基础教育背景和学习习惯方面的差异，首届俄罗斯学生难以适应交大的课堂节奏、课程难度，难以达到教师要求，或多或少存在学业困难的问题。暑假尾声，我接到教务老师通知，帮忙联系学生参加补考。我发现，不少留学生需要参加若干门科目的补考，而其中 N 同学更是需要补考八门课程，需要补考的还基本是专业课，如大学物理、基本电路理论、理论力学、数理方法、计算方法、概率统计等课程。而此时，受疫情影响，所有俄罗斯留学生均已回国半年之久，双方联系沟通均在线上进行，由于社交软件的使用习惯、中俄两国的时差因素等，与俄罗斯学生的交流颇为不便。我也尝试与 N 同学通过微信进行沟通，但是她回复非常慢，甚至经常没有回复。在上海交大的第二学年，N 同学绩点仅有 0.825/4.0，面临被退学的困境。

## 二、案例分析

留学生在校期间的学业表现是衡量国际化办学效果的重要参考。中俄两国在进一步推进项目合作，探索、调整、改进教学方案、课程设置时均会参考学生的学习成效。航空航天学院国际化办学项目运营至今,俄罗斯学生还是存在一定学业困难的情况,其中 N 同学更是具有代表性。在与 N 同学多次沟通后,我们将其学业困难的原因归结为以下三个方面。

### (一)专业课程难度大,数理基础偏薄弱

工科专业对学生的数理基础要求较高,而 N 同学本身的数学能力偏弱。再加上,大二阶段的航空航天工程专业的基础课程不但安排密集、课时量大,而且教学内容难度高,同学们普遍面临较大的学习压力。N 同学大一阶段在莫航学习的基础课程也未为其筑牢基础,课程衔接上需要学生花费额外精力。

### (二)语言水平不过关,课堂理解有偏颇

莫航国际班所有课程的授课语言均为英文,对学生的外语水平颇有要求。对于留学生而言,非母语教学为其理解课堂内容、吃透知识点带来了一定难度。N 同学英语水平弱,听、说能力均有限,在教材理解、课堂听讲、作业反馈上时常有语言障碍。而语言障碍也进一步限制了其参与课堂互动、课后答疑等环节,导致无法顺畅地完成学习任务。

### (三)环境变化需适应,学习习惯待培养

按照培养计划,大二为俄罗斯学生来华学习的第一年。学生一方面面临学习压力,另一方面还面临环境变化带来的适应性压力。N 同学在新鲜期过后,仍有思维惯性,以在俄罗斯的学习思维无差别地对待交大学习,没有及时调整学习节奏,更没有任何学业规划。任课老师时常反馈 N 同学自由散漫、拖拉家庭作业、课堂表现较差等。

其实,N 同学在大二上学期,即在交大学习的第一学期就表现出了学业困难的端倪。但直到第一学期期末考试,该生出现了多门课程挂科,才引起了我们的重视,我们开始着手予以学业预警并给予针对性的指导。

有鉴于此,从学院、辅导员角度来说,在留学生趋同化管理的背景下有必要针对性地给予他们及时指导。

## 三、教育过程

N 同学所面对的现实问题非常明确,即如何提高成绩、稳住绩点,达到交大的本科学位申请要求,摆脱"退警"困境。我们的工作思路是:首先畅通与学生的沟通渠道,其次联合各方可利用的资源帮助 N 同学重点解决学业问题。具体说来有以下几点。

### (一)畅通沟通渠道,了解困难所在

受疫情影响,第二学期的课程主要依托网络授课,学生与教师的沟通渠道仅限于

线上方式。在我意识到无法通过微信及时联络到 N 同学时,便在第一时间申请了俄罗斯主流社交软件 VK 的账号。用学生更为习惯的平台和语言来与 N 同学进行日常沟通交流,也借此平台转发相关通知、督促关注课程群里的消息、提醒及时回复任课教师的邮件。另外,留学生并不清楚辅导员的定位,并不会积极主动地联系辅导员交流学业情况,因此,我们便更为积极主动地去联系学生、与学生沟通交流。

### (二)联合多方力量,解决重点问题

一方面,学生工作办公室联合教务办公室与任课教师、助教一起出谋划策、提供资源帮助学生提高学习成绩;另一方面,我们也积极与合作院校的同事沟通学生情况,及时通报莫航关于 N 同学的学业表现,要求其加以配合,做好家校联系工作。N 同学的最大问题在于挂科的专业课程太多,绩点远远低于学校要求。在考虑其实际课程学习的情况下,我建议其适当重修低绩点、高学分,且已完全掌握的课程。

### (三)健全预警机制,跟踪学业表现

虽在开学初学院针对留学生进行过入学教育,但 N 同学本人并不清楚学校对于本科生学位申请的具体规定,未予以足够重视。因此,一方面,我们需要向留学生明确学业要求,合理使用学业预警机制,另一方面,也要适当前移至关键时间节点,给学生提供合理的学业规划指导。在对 N 同学发出学业预警,并了解其学业困难所在之后,我在第二学期也更为频繁地主动联系她,了解她的学习进展。N 同学也端正了学习态度,及时完成作业、尝试主动与老师交流,课后花费额外时间阅读母语撰写的课程书籍来辅助理解知识点。

在一系列的举措之下,N 同学对于成绩的提升颇有信心,全身心投入复习准备,迎接第三学期初的补考。然而,N 同学仅通过了一门课程的补考,其余七门仍然没有通过。从短期看,系列措施还是颇有成效的,端正了学生的学习态度,鼓足了学生提高成绩的信心。但是,N 同学落下的课程内容确实太多,且难以克服课程设置上的鸿沟。在多次交流谈话后,N 同学慎重考虑,决定退出双学位项目,在莫航留级后重修大二课程。

## 四、总结反思

N 同学的案例并不能算是成功的,虽然最后在系列举措下,学习情况确有好转,但是由于前期学习基础太过薄弱,学生本人实在是有心无力。0.825 的绩点在 7 门挂科待补考、仅剩大三一年课程的情况下(大四需赴莫航学习)很难实现翻盘、达到学位授予标准。经过综合考虑,终止双学位项目对于学生更为合适。N 同学从发现学业问题,到接到退学警告,再到最终退学,总共时间仅有 1 年多,在交大完整学习的两学

期之中,我们其实有许多机会将她从退学边缘拉回。我们也在反思,如果早一点针对学生的学习情况发出警告,早一点指导学生做好学业规划,那 N 同学是否就能适应交大的课程难度和学习节奏了呢? N 同学的案例给予了我们一些反思和提升的空间,在留学生的学业帮扶上,我们还有探索的空间。

### (一)把握学生特点,给予针对建议

留学生来自不同的国家,有着不同的文化、教育背景。对于留学生的管理教育也需要在充分考虑其特点的基础之上,因势利导地做出适当调整。比如,更为独立、更需要尊重个性的学生,在课业表现的沟通上需要隐私空间,一对一的交流效果优于一对多的方式,与原委派学校的沟通成效优于与学生家长的交流;部分学生的学业困难确实是由于自身基础薄弱导致的,也有部分学生的学业困难是不理解课程成绩的评价标准,忽视作业、期中考试,或出勤的某个环节导致的,并非中外学生资质有别,因此在进行学业指导时,要有针对性。

### (二)明确规章制度,尽早"约法三章"

对于留学生的管理,要明确规章制度。尤其要把握好入学教育、新生班会等契机,向学生明确传达学校层面的各项要求,做到事前就"约法三章",尽量避免事后亡羊补牢。然而,颇为棘手的是,本科生《学生手册》还没有规范译本,向学生解释相关政策规定时需要耗费较大精力,甚至还会有学生质疑为什么不事先说明。N 同学就是忽略了学校对于学生成绩的规定,不了解交大本科学位的授予要求,未及时意识到问题的严重性,才导致了不可收拾的局面。

### (三)时间节点前移,善用朋辈资源

对于留学生的学业帮扶也是越早越好。尤其留学生刚刚抵达交大、开始学习的阶段,可能还处在对周围崭新环境感到兴奋的状态之中,对周遭的一切还有新鲜感,没有做好学习节奏上的调整,不清楚应该如何退选课、维护培养方案,从而在起步时就已迷失方向。因此,我们在"新鲜期"就要抓住时机为学生提供必要的学业帮扶。其中,尤其宝贵的便是朋辈资源。不妨让同班同堂上课的中国学生与留学生结成学习对子,既可以增进同学交流、增强班级凝聚力,也能帮助留学生顺利过渡、养成良好学习习惯。

留学生的日常管理和教育往往涉及多个部门,涉及中外两方院校,沟通协调颇为费时、费力。但我们不能因为沟通成本高就拖延问题、隐藏问题、推诿责任,最终导致问题的爆发。作为冲锋在学生工作一线的辅导员,我们还是应当主动承担责任,积极协调部门、沟通相关方面,争取在第一时间发现问题、反馈问题,群策群力妥善解决问题,在实践中逐渐摸索,形成明确的工作思路和可复制的经验。

# 优秀的你为何不断否定自己？

中英国际低碳学院　张莹

## 一、案例简介

案例来源：小明，男，低碳学院硕士研究生。

案例背景：每年入学的硕士研究生中，一部分学生会很快融入并适应上海交大的学习氛围，而少数同学则会出现迷茫情绪和不适应心理。

基本情况：低碳学院某届入学研究生中，考研调剂学生占有一定数量，小明同学也是其中一员。与其他同学新进入研究生阶段的状态不同，小明同学自入学起便出现情绪低沉、自我否定、难以融入集体、不合群的现象，辅导员、班主任、班委和室友主动亲近他，引导他走入集体，但他总怀疑别人不喜欢他，甚至可能同学不经意间一句和他无关的话，他都认为是针对他的一种敌意，所以对班里的同学充满了不信任，疏远大家，甚至默默删除了很多同学的微信，并不时在夜间通过微信文字的形式向辅导员倾诉内心的烦忧与不安；在学习科研中，小明的研究工作做得不错，科研成果也得到了导师的赞许，但他总是陷入自我怀疑，一度否定自己，经常在朋友圈发布一些灰心丧气的负面情绪言论，甚至抗拒做实验；在毕业季求职过程中，班内其他同学已经早早确定了自己的人生规划，而小明却流露出对自我极度不自信、不愿就业的心理特点；经过深度了解该生这一现象背后的家庭原因、成长经历等，院领导和辅导员等第一时间与家长和导师取得密切联系，在这个过程中对小明给予了学业、就业等全方位的帮扶、疏导和引导，最终小明论文顺利答辩，并被国家关键领域某企业录用。

## 二、案例分析

这是一个学生因自我否定等心理因素导致学业困难和就业困难的案例。这个案例如果抽丝剥茧,其实根源出在学生的成长经历、性格养成以及自我认知方面。小明对自己的不断否定表面上看是他本人的一种不自信,其实深层次原因是他的逃避性格在作祟。当在学习与科研中遇到困难时,他会将自己的逃避情绪视为一种不自信不合群的主观体验映射于客观事物中。这类问题与其他同学在特定时期遇到特定困难造成心理压力不同,这是小明本身的性格问题导致的。

在和小明沟通的过程中,小明对于不同的对象也作出不一样的反应,对于父母,小明认为他们不了解自己目前在校的真实生活情况,无法沟通;对于同学,他拒绝他们的主动关心;对于导师,他则从刚开始的敞开心扉到逐渐不再吐露心声;但对与辅导员的交流,情况还好。有时深夜会发消极信息给我,我便抓住时机疏解小明的情绪,了解小明的内心活动。在与小明聊天中我发现,小明对于自我的否定是全方位的,认为自己没有其他同学聪明,科研吃力,什么都做不好,甚至对自己的外在和体型也很不满意。

我认为造成小明以上心理问题的原因主要有三点。

一是他的成长经历。小明在高中学习成绩不错,但高考失利进了一所普通一本学校。这成为他心中一个痛苦的结,他无法正视自己高考的失利,继而产生了自我否定心理和逃避心理。虽然他也在持续不断地努力,但依旧觉得这些努力都是无用的,每天都不快乐,鲜有成就感。小明非常看重他人的评价,只能从他人的肯定中获得对自己的认可从而获得满足感,想做自己又想做别人眼中的自己,总在各方面与其他同学比较,给自己带来较大的心理负担。

二是不能自我悦纳,自我期待与自我评价之间有很大落差。越是悲观自责,越难以做出改变,越容易自暴自弃,总与愧疚、懊悔的情绪作斗争而不是付出实际行动去改变现状。小明无法悦纳自己,自我期待与自我评价之间有很大落差,导致焦虑感强、否定感强,成就感和幸福感低。只向外界和人群看,却忘记了往内里去取悦自己、发现自己、确认自己。小明总是看到自己"没有"的,却不能发现自己所拥有的,无法对自己进行鼓励和接收,总陷于内耗之中。

三是缺乏明确的个人规划和人生目标。小明曾在诉说中提到,他看到周边的同学在学校可以过着非常开心、丰富的生活,有很多朋友,搞科研、做学生活动、谈恋爱,他们的生活都非常充实,也都找到了很好的工作(在这里他特别强调是高薪的工作)。而自己天天在实验室忙课题实验,两年多下来,竟感到非常空虚,一无所获。这反映出该生没有明确的自我道路规划,对于自己从事的学术或行业,内心缺乏令人心安的"追求"与"信仰",这容易导致他浮沉无定,无法确立人生的航向,不能明确自己人生真正的价值,从而也就无法踏上坚定的追寻之路。若有挚爱痴迷的事情,并且能长期坚持,我们在一定程度上,能从这件事本身获得一定的自信心重建,反之,若缺乏自己的爱好与追求目标,就会影响生活心态。我们辅导员育人的根本恰恰是从人生观、人生态度方面给予学生正面、健康的引导,除了能力培养和科学精神的塑造,健全人格的培养对于一个人的一生有着更为深刻的影响。在与该生的沟通中，我也特别注意引导小明正视自我价值，察觉自我的觉醒与独立。

## 三、教育过程

为了帮助小明克服不良情绪，学会自我认知和自我悦纳，做好生涯规划，尽可能地树立正确的人生态度，学院围绕该生从入学到毕业的生活、心理、科研、就业，从家校联动、导师思政联动、朋辈联动等多个层次多个领域开展引导与沟通工作。

首先是入学阶段，小明通过考研进入交大低碳学院学习，性格偏内向，加上学院全英语教学，以及周围同学的刻苦努力，他压力倍增，产生了不合群的抗拒心理，总认为自己努力也无法追赶上别人，从而造成心理失衡，对同学尤其是外向开朗爱交流的同学充满了敌意。针对这种情况，我及时介入为其进行了心理干预，引导小明信任自己、信任他人，接受他人的善意，效果较好。同时在保护学生自尊和心理隐私的情况下，与学生导师、家长建立起了沟通机制，以便了解小明的科研进展和成长经历。

在科研上，由于小明缺乏长远的规划，在完成一定科研工作任务后，不会主动去制订下一步研究计划，自主性不强，科研工作短期内没有产生很好的结果，这让他心中又打起了退堂鼓。我与导师沟通确认小明的学习工作状态，动员课题组的学长加强对小明的关心，积极帮助他解答科研实验中的疑难问题，导师也积极为小明制订了初步的规划引导方案，最终小明克服了困难，在级别较高的刊物上成功发表了高质量论文。

在就业阶段，其他同学在之前已经有所行动，参加各个公司的面试、实习等，对于就业方向、就业目标都十分明确，但是小明抗拒笔试、面试等"考查形式"，在就业方面比较被动，参加了几场面试，失利后，心情非常沮丧；在同学得到好的工作机会后，他又会产生羡慕情绪，可自己却不愿付出更多的努力。我们利用学院近年与部分环保领域单位开展的产学研合作资源，为小明提供了适合他的就业渠道和信息，帮助他勇敢迈出第一步。

在家校联动方面，小明的心理与性格问题不是短期产生的，而是长期积累导致的，在发现小明的情况后，我第一时间与小明家长取得联系，对小明从小到大的成长环境、成长历程、性格喜好、重大事件等进行了详细了解，并定期与其父母、姐姐等家人沟通，让家长改变以往的沟通方式，主动关心小明，多多鼓励小明，给予正面引导，增加家庭的温暖，逐渐改变小明固有的思维方式。

在导师思政联动方面，我将小明的学习生活及心理情况及时反映给了他的导师，并且与导师一起制订了一份科研督促清单，导师主要负责在科研学术方面对其进行帮扶与督促，我则负责定期关注他的心理健康。

在朋辈联动方面,我观察到在班内有3名学生是小明信任的朋友,他在心情低落和郁闷时会主动向这几位同学敞开心扉,我抓住这个口子,通过这几名学生对小明密切观察,保证小明在校期间不出现异常举动。同时,我在与小明的聊天与沟通中,不断夸奖他在科研工作、志愿者活动方面取得的成果,并及时对其进行鼓励和支持,给予他肯定和信心,引导他因获得成就而产生自我肯定的感受,并把这种感受铭记于心。

在学院不同阶段针对性的帮助和支持下,小明对于自身的心理情绪有了良好的把控,最后论文顺利完成答辩,并被国家关键领域某企业录用。

## 四、总结反思

在本案例中,小明自我否定、逃避困难的心理问题反复发生,从另一方面反映了研究生思政工作提前介入的重要性,以及在解决研究生心理问题中开展长期规划干预的必要性。

作为研究生辅导员,一方面需要考虑研究生培养与本科生培养的不同,本科生注重基础知识学习与综合素质全面发展,而研究生则更加投入科研工作和未来职业规划,所以研究生思政工作的重点是重视导师与学生间的主体关系,找到关系切入点,在导师和学生之间协助构建和谐导学关系。另一方面,要帮助研究生尽快实现角色的转换,找到研究生发展的着力点,如果不能及时完成角色转换和适应,将对学生的学习生活与个人发展产生很大负面影响。

所以,研究生辅导员可以如制订培养计划一般在各阶段为重点关注学生制订更加详细的研究生人生规划培养方案,具体如下。

研一阶段,提前做好思政引导工作。在入学前便可针对新生,提前开展研究生生涯规划调研,建立一人一档,了解新入学学生的背景、兴趣爱好、个人特质和规划目标,对目标明确、计划充实的学生可以进行就业或深造的初步分类,对目标不明确、调研不重视的学生重点关注。入学后针对建档学生开展定期谈心谈话工作,摸排清楚其入学状态,遇到问题较大的学生,主动与其父母、导师沟通,了解情况,及时跟进。同时,在新生阶段,可引入学生群体朋辈教育活动,让优秀的学长成为新生的引路人与榜样示范。

研二阶段,重视导师对学生发展规划的引导。研二是研究生阶段升学与就业的分水岭,但是很多学生忽视了这一阶段的重要与紧迫,导致这一年成了研究生期间最松散的时光。这需要提前和导师针对学生阶段情况进行沟通,更早地为学生提供对口的发展引导,为不同的规划目标提供不同的渠道信息,区分不同的培养方式,减少学生研三阶段的无措与迷茫,让学生有准备,坚定地走上自我规划与自我成就之路。

研三阶段,提前做足就业、升学引导工作。学生在研三阶段易受外界影响而心态波动,出现规划反复的问题,这时,辅导员应及时介入,根据前面两年对学生发展规划的了解,重点关注选择困难的个案学生,结合其自身特质,对其开展积极引导,帮助其作出适合自己的选择,迈好这一步。

更重要的,在整个思政工作中,最根本的内容是对学生价值观、人生观的引领,授人以鱼不如授人以渔,此为育人之根本。大学的意义不只在于学习知识、培养思维,还在于找到或者确定裨益终身的兴趣及获取幸福的能力。因此,思政老师应当引导学生探索自己、认识自己、悦纳自己、找到自己、继而实现自身价值。培养学生树立健康独立的品格、百折不挠的人生态度,找到一生心之所向的追求目标,寻得所爱,并一生守望,在漫长的人生道路中不断克服孤独与彷徨。

# 如何提前干预和化解学生
# 感情、学业、就业三重危机

教育学院　于歌

## 一、案例简介

案例来源：小雨，女，2017级硕士研究生。

基本情况：研二上半学期，小雨开始了人生第一段校园恋爱，但男方一次偶然的家族遗传病筛查给他们的爱情按下了中止键。小雨虽内心忐忑不安，但仍选择坚守，不料对方家庭首先施压并伤害了小雨，最终两人不欢而散。

遭受情感打击后，深受不良情绪影响，小雨毕业论文的进展一度滞后甚至影响正常毕业。求职季来临，小雨精神持续萎靡，虽然投递多封简历，但没心思参加招聘。感情、学业、就业三大问题一齐向小雨袭来。

小雨因感情问题主动找我谈心，言语诉说中充满了委屈甚至埋怨。起初的倾听和开导暂时舒缓了她的情绪。一天晚上，她联系导师说"一动也不能动，呼吸不上来，感觉自己快要死了，救救我"。导师立马开车接她去医院就诊，确认身体状况。我接到消息首先将此事上报学院，在和导师沟通确认后，我先去小雨寝室等她回来并向她室友了解情况，室友说"小雨近期情绪低落，会突然没有缘由地大哭"。在学院的鼓励和建议下，小雨前往心理咨询中心咨询但情况并未好转，且小雨对心理咨询有抵触心理并一直"祈求"学院不要将自己的状态告诉父母，以免父母牵挂。但遗憾的是，之后小雨情况急剧加重，甚至到了不能独处的地步，做通小雨的工作并征得其父母的同意后，学院带她去了上海市精神卫生中心寻医，最终小雨被确诊为抑郁症。

## 二、案例分析

学业和就业问题关系着学生未来的发展，一向是学校和学院关注的重点。但是学生在完成学业、成功就业过程中，会受到很多因素干扰，其中最不易察觉、最棘手的因素之一就是感情问题。小雨遭遇突如其来的感情危机一步步引发了学业预警和就业迟滞，致使小雨在临近毕业这一研究生最关键的时期，深陷感情、学业和就业三重危机。

这是以感情问题为导火索，接连导致学业、就业困难而引发学生心理危机的典型案例。被动式分手是小雨一系列问题的诱因，但在处理小雨遭遇的危机的过程中，我们发现一步一步加重小雨问题的因素是多方面的，这些因素也给我们解决小雨的问题形成了重重困难。

### （一）无法进行积极有效的自我调节

小雨从小学习上进刻苦，"一直没有遇到什么特别大的挫折"，很多人生重大的决定有爸爸妈妈在，感情方面也比较单纯，加上男方的父母在处理问题上有不妥表达和行为，突然的感情变故给小雨带来了巨大的情感冲击，难过、怨恨、不解、痛苦等负面情绪持续生长和积聚，导致小雨长时间不能调整好个人状态，直接影响了科研节奏与后续的求职进程，心理危机持续加重。

### （二）亲人无法给予感情共鸣和情绪支持

小雨的父亲虽然在小雨成长过程中一直是慈爱严父，但一开始无法理解小雨的处境，"就是分个手有什么好痛苦的"，并且一开始将小雨的问题归结为年轻经历少而导致的脆弱；小雨的母亲面对和平日状态完全不一样的女儿，也不知道如何给予有效的宽慰和开导。后来即使小雨确诊抑郁症，需要严格遵医嘱服药，如不加防护，病情有加重甚至自杀的可能，小雨父母一时也无法意识到问题的严重性。与此同时，父母因工作等原因，无法立即来沪长期稳定地陪伴在她身边。

### （三）缺乏足够的同伴支持和后援陪伴

小雨在被一系列负面情绪困扰时，除了一个大学同窗好友外，身边没有知心同伴可以诉说，加上当时正值毕业季，同班同学都各忙各的。小雨父母来沪之前，我们会让她待在院办或者学生自习室，和学院保持实时联系，即便如此，我们还是非常担心她一个人时会出事。有一次，给她打电话和发微信都没有人回复，敲寝室门也没人应，虽然最后是虚惊一场，但是缺乏思政教师以外的朋辈陪伴，不利于给危机学生建立安全保护屏障。

### （四）多方问题叠加，任何一环都无法快速有效解决问题

虽然已经根据医嘱，每天定时吃药，但小雨依然沉浸在分手的痛苦之中，同时非常"担心休学影响毕业，无法接受延期"，又发现同班同学已经陆续拿到入职通知书，

觉得自己"很差",如果找不到工作"没办法面对父母"。小雨陷进一个又一个问题的漩涡,在现实生活中看不到希望的曙光,焦灼循环往复,痛苦与日俱增。

## ▍三、教育过程

### (一)由专业机构给出确切诊断结果,让小雨接受治疗

进入预约医生办公室时,小雨整个人情绪萎靡,说不出话,甚至走路也需要人搀扶。医生确认小雨患中度抑郁症,开具了药物并给出服药要求。小雨没有表现出对结果和药物的抗拒,意味着小雨内心认可这是一个解决问题的渠道,并希望自己能借此好转。临走前小雨情绪突然又变得稍许明朗,还跟同时候诊的母子打了招呼。

### (二)邀请专业人士实时指导,让小雨从医学病理上认识自己的情况

学院邀请熟知的心理咨询专家担任小雨抑郁症康复的指导专家,让小雨了解自己的病症是可治愈的,现实并不像自己想象得那么毫无希望和可怕,避免小雨陷入深深的恐惧和绝望中。出于孝顺,小雨一开始非常抗拒让父母知道自己的情况,后来在大家不断的开导和劝说下,终于同意学院联系并告知家长,压抑的情绪从此多了一个释放的出口。

### (三)引导家长正确认识抑郁症,让小雨在心理维度得到父母的关爱

我们将抑郁症的确诊结果第一时间告知了家长,并安排小雨家长和指导专家见面,帮助家长正确认识抑郁症,让其对小雨的问题予以高度重视。小雨父母相继来沪,之前会在电话一头强忍自己痛苦的小雨,终于可以在父母面前表现自己最真实的一面,小雨的世界多了一份支撑和力量。学院也为小雨父亲申请了学校专家公寓并为其支付租金,同时为小雨申请临时困难补贴,减轻小雨家庭的经济压力。

### (四)邀请小雨到思政教师家中居住,让小雨从危机中转移注意力并建立新憧憬

小雨的母亲不便离开工作岗位太久,于是我将小雨带到教师公寓,监督她的衣食起居,疏导她的不良情绪,白天上班时间则由其父亲陪同。这个阶段小雨很少提及感情问题,我得知她一直想要提高英语水平,就鼓励她看我房间里的英语专业书籍并安排学习计划,引导她畅想和规划未来。早上和晚上,小雨的情绪时常会历经360度的跌宕起伏,痛苦时捶胸痛哭,撕心裂肺地喊叫,平静时无神温和,可以正常交流并且有非常清晰的自我认知,她处于一种"心里有一个好天使和一个坏天使在互相较量"的状态。

**（五）鼓励小雨赶上学业进度并积极投递工作简历，让她逐渐找到人生支撑点**

小雨的导师会定期与她碰面进行学术辅导并与她保持通信往来，鼓励小雨全力以赴准备毕业答辩。答辩前我们很担心小雨陈述时情绪崩溃或者说不出话，但是她一上场就像变了一个人，对自己的研究娓娓道来，条理清晰，很好地回答了答辩委员的问题。后来，趁着小雨情绪平静时，院办其他老师帮她分析自己的优势，不断鼓励她相信自己的就业竞争力，积极尝试投递简历并耐心等待。小雨陆续收到两个校内学院的录用通知，并于2019年春节前开始了实习。

## 四、总结反思

**（一）"星星之火，可以燎原"**

工作理念上，思政教师要给予学生感情问题以同等关注，及时掌握学生感情波折。学生一开始遭遇感情方面的小波折、小矛盾、小困难，不太愿意跟老师表达和交流，认为这些"不足启齿"。如果上述"小问题"逐渐积成"大结节"，学生会在心理上无法接受现实而出现情绪断崖式跌落。以小雨为例，感情上突然遇到的挫折对她像是"晴天霹雳"，但在后来的了解中，我发现其实很多感情问题可以提前化解和开导。感情、学业和就业是研究生生活的三个重要方面，其中任何一个环节出现问题都可能会引起其他方面的连环效应。但在时间和生理维度上，学生入学以后最先遇到的可能就是感情问题。

**（二）"吾心吾思，无以表之"**

工作策略上，思政教师要帮助学生找到有安全感、有隐私度、有表达欲的倾诉通道。小雨在学校没有特别知心的朋友，在前期感情不顺的时候，唯一能诉说心肠的对象只有一个不在身边的大学同窗好友。如果小雨当时身边有"姐妹智囊团"，可以对她心理防线的崩塌起到很大的缓冲甚至规避作用。思政教师在平日工作中要留心学生身边是否有这样的知心伙伴，同时尝试构建一个类似《解忧杂货店》中的解忧模式：学生匿名表达内心困惑，其他学生和老师匿名反馈和解答。这样学生负面情绪不会积压太久，也就不会导致严重心理疾病。

**（三）"给你一朵小红花，好学生也有丧时候"**

工作战术上，思政教师要关注大家眼中所谓好学生的近期动态和思想波动。小雨学习认真努力，一直是大家心目中与人为善、刻苦向上、坚强乐观的好学生。后来小雨精神状态每况愈下，在跟我的几次谈心中，表达出的一些想法和状态是我之前完全没有了解和预料到的,我才意识到她脆弱、孤独和无助的一面几乎不会外露出来,懂事的学生往往会抱有"不想麻烦老师"的想法。

（四）"病急乱投医,效果保不齐"

工作准备上,思政教师要提前做好台账,整理出一个有良好声誉和救治能力的心理医生名单。起初小雨见到了心理咨询中心的一个心理医生,结束见面后情况更糟了,小雨说"他全程用讽刺的语气问我不想回答的问题"。后来带她去精神卫生中心之前,害怕再出问题,我们想提前了解一下医生的行医风格,但是时间紧迫。好在首次去精神卫生中心全程治疗问询很顺利,结束后小雨表示"内心平静了些,再也不想去之前那个医生那里了"。既然平时学生论文答辩邀请的学术专家会根据匹配度进行安排,那么,如果学生心理出了问题,是不是也可以提前联动精神卫生中心,提前了解心理医生行医风格和问题学生的匹配度,从而少走弯路呢?

（五）"困难像弹簧,你弱它就强"

在工作技巧上,思政教师要适时释放"示弱"信号,给学生自我重建的渴望。小雨在我家居住的那一段时间里,早上和临睡前是情绪崩溃的高发期。但是有两次小雨突然坚强乐观了起来:第一次是因为她发现爸爸头发都白了,显得苍老无助,"我不能再这么病下去","我要保护爸爸";第二次是我跟她讲述了自己毕业以来在上海工作打拼的不易,她觉得"自己要做点什么回报老师",于是趁我上班,将我衣橱的衣服从头到尾全部整整齐齐收置摆放了起来,等我下班回家时跟我分享成果,说自己非常擅长收纳整理,那是我第一次看到小雨脸上久违的笑容。可能除了正向引导,思政教师也要适当地创造一些境遇,让学生成为某种意义上的强者。

后记:后期小雨跟随父亲回家,帮妈妈干家务活儿,中间折返上海就医,病情逐步好转。2019年3月小雨顺利毕业,并在家乡找到了称心工作。2019年9月我们和小雨再次见面时,她身边多了一位略显腼腆但总是笑眯眯的男生,两人经人介绍认识,一拍即合,不久结婚成家。在本案例即将完稿时,小雨和我们分享了她获得2020年"优秀辅导员"荣誉称号的消息。

# 育才篇

# 面向交叉前沿构建功能平台，
# 集聚学科资源服务科研育人

船舶海洋与建筑工程学院　赵恺

## 一、案例简介

案例来源：船舶海洋与建筑工程学院（简称船建学院）学生。

基本情况：船建学院历史悠久、底蕴深厚，学科发展始终与民族兴衰、国家命运休戚相关，在时代洪流中铿锵前行、弦歌不辍。学院坚持面向世界科技前沿，紧跟海洋强国、交通强国、"一带一路"等国家重大战略，不断增强科技创新能力，开展应用基础研究、工程技术应用和开发研究，加强创新团队和创新平台建设。2019 年，由上海交通大学牵头自主设计的海上大型绞吸疏浚装备项目，打破国外技术垄断，实现从"被封锁"到"出口管制"的历史跨越，在"一带一路"港口建设、基础设施建设、航道疏浚等工程中创造了举世瞩目的中国速度和世界纪录，成为我国推进南海岛礁建设、维护国家海洋安全不可替代的"国之重器"，该项成果被授予国家科技进步特等奖。同年，毕业于交大船海学科的中国核潜艇之父黄旭华院士，被授予"共和国勋章"和最高科学技术奖。这既是几代船海人接续奋斗的高光时刻，更是激励船建青年逐梦深蓝的精神丰碑。在"两个一百年"的历史交汇期，船建学院拟在师生中形成以"创新引领""科研报国""向海图强"为主题的育人方向，构建"近者悦而尽才，远者望风而慕"的科研育人生态。

船建学院在党的教育方针和学校培养目标指导下，致力于培养具有学科交叉背景和扎实的数理基础、宽厚的专业知识、卓越的创新实践能力，具备高度社会责任感、踏实工作作风和开阔国际化视野，支撑国家重大战略、服务国家重点行业的复合型人才。船舶与海洋工程等学科近年来推动人才培养体系改革，摒弃沿用了 40 年的传统课程体系，形成了以 OBE 理念为指引，以培养技术性总师人才为目标，融合思政元素的学科新课程体系框架，着力构建创新型人才培养体系。

船建学院在创新实践教育与服务科研育人等工作中,面向交叉前沿集聚学科资源,构建了"价值驱动—制度保障—组织供给—平台支撑"服务科研育人的船建模式,强化专业认同,培育家国情怀,树立学术志向。以"海洋情怀·强国梦想"系列实践教育活动为抓手,强化价值导向,树立报国之志;围绕学科建设构建创新实践育人载体,建立学生创新中心船建分中心,参与学科标杆性竞赛主、承办工作,学生参与广泛、成绩斐然。

## 二、案例分析

### 科研育人

中共教育部党组关于印发《高校思想政治工作质量提升工程实施纲要》指出,要构建科研育人质量提升体系,发挥科研育人功能,优化科研环节和程序,完善科研评价标准,改进学术评价方法,促进成果转化应用,引导师生树立正确的政治方向、价值取向、学术导向,培养师生至诚报国的理想追求、敢为人先的科学精神、开拓创新的进取意识和严谨求实的科研作风。

《教育部等八部门关于加快构建高校思想政治工作体系的意见》指出,要充分发挥科研育人功能,构建集教育、预防、监督、惩治于一体的学术诚信体系,提高研究生导师开展思想政治教育的意识和能力。持续开展全国科学道德和学风建设宣讲教育、"共和国的脊梁——科学大师名校宣传工程"等系列活动。

知识与技术是当前社会的重要资源。当前中国经济社会发展已由"要素驱动""效率驱动"转化为"创新驱动",特别是在科技研发等领域。高校是科教融合、学研相济的统一体,科学研究服务立德树人是高等教育发展的必然趋势,同时也是新时期研究型大学的历史使命。2017年,中共中央和教育部分别出台相关文件,形成"十大"育人体系,其中科研育人位列第二,可见其重要程度。高校科研育人的本质特征应当是基于育人目标开展科学研究而不是从科学研究中寻找育人目标,尤其是在研究型大学中,不能因为研究的地位跃升忽略其育人本职。

当前从学生思政出发支撑服务科研育人的主要困境包括三点。一是科研育人载体定位模糊,主客体意识不强。育人载体包括实验室建设、研发项目、课外创新活动等,过于强调结果导向、成绩导向,忽略其育人本质,研究单位承担的国家重点研发计划面向国家重大战略需求,但学生了解不足、参与极少,这是因为此类研究平台将高标准完成国家重点研发计划任务需求作为第一要务,科研主体无暇开展育人行为,客体缺少了解与参与的途径,无法充分发挥育人实效。二是科学家精神与文化认同建设缺位,制约性驱动比重远高于主动性驱动。当前主客体参与科研育人动因大多为考核要求、培养体系要求,主观能动性较差,主观性驱动大多是利益驱使,思想工作位居其次,价值引导再次。从成分分析上看,科学家精神、文化认同高度缺位。三是科研主体育人能力建设欠缺、管理主体价值导向不明,思政教师、辅导员在科研育人上话语权较弱。在科研育人中,科研与管理主体重科研、轻育人现象较为严重，学生思政工作参与现有科研载体的空间极为有限，因此在构建服务科研育人路径时要充分考虑主客体本身的参与动因。

## 三、教育过程

（一）价值驱动：以高远的学术志向与服务国家重点行业关键领域为驱使，打造学术思想交流碰撞的"原始创新基地"

一是针对前沿探索驱动。创设"旭华讲坛"、青年学术沙龙，打造学术思想交流碰撞的"原始创新基地"。"旭华讲坛"是以杰出校友黄旭华院士命名的船建学院高端学术活动品牌，围绕国家重大战略需求和国际学术前沿，开展高质量学术讲座活动。同时，建立常态化青年科研人员（专任教师、研究生）的开放式交流机制，最大限度地引导青年学子保持思想的开放和活跃，为产生原创性思想提供土壤。

二是针对使命建立导向。强调对青年家国情怀和行业志趣的引导。学院团委牵头主办"海洋情怀·强国梦想""四海纵横建未来"系列讲坛。讲坛邀请行业领军人物分享成长历程、产业发展心得，实现价值引领，提升学术志向，培养学生的家国情怀和全球视野；拓宽青年成长成才途径，积极开展青年择业引导工程；对接国家重大战略人才需求，与中船集团、上海建工、中远海运重工建立了一批实习实训基地。

（二）制度保障：将科研育人与现有机制进行紧密结合，在科研评价中量化育人指标

学院顶层设计，谋篇布局，统筹育人力量，建设教书育人委员会，其中下设学生发展委员会，由学院团委承担召集工作。2018年，学院制定了"构建以就业引领为牵引的三全育人体系的二十条工作举措"，详细阐述了通过科研育人等具体工作进一步强化学生专业认同、培养学生家国情怀、激发学生学术志向的愿景目标。2019年，学院进一步制定了《关于推进专业教师参与学生思想政治工作的指导意见》，明确了专业教师通过创新创业与科研实践参与立德树人的途径及保障举措。学院鼓励和引导专业教师把立德树人、教书育人作为终身追求；充分发挥个人在专业领域的优势特长，以专业教师个人成长与科研经历作为育人教材，做到言传身教、身正为范。

（三）组织供给：系统性搭建师生同研同创的育人生态，发挥教师在创新创业与科研实践中的育人主体作用

贯彻"让创新成为凝结在交大学生血液中的一种精神"的理念，学院系统性搭建了"4＋12＋N"的师生同研同创的科研育人生态，发挥教师在创新创业与科研实践中的育人主体作用，利用组织优势持续供给，分层分类支撑科研育人工作开展，提升科

研育人导向与格局。"4"即为四个工程新兴交叉学科前沿方向自主创新实验室（Fablab）建设的指南方向，分别为新概念船舶设计与智能制造、海洋无人智能装备、智慧城市与智能建造、智慧交通与航运大数据。"12"即面向倡导服务国家战略需求和国际学术前沿的科研型学生创新工作室，立项方向包括船舶与海洋工程自主创新、"知行"社会调查、结构设计、建筑信息模型研究、绿色智能运载器、精准沿途、生物力学与医疗器械、高新船舶新型结构、未来国际土木工程师培养、城市交通与可持续发展、先进计算、工程力学创新能力培养等。"N"即以兴趣驱动的科技创新类学生社团、科技竞赛备赛小组或前沿问题研究小组。这类小组往往有一专门研究兴趣或研究课题，以学生自组织或者短期性为特点。鉴于育人层次与分工不同，科研管理部门、思政教师、专业教师共同作为育人主体，充分考量育人载体与教师原有的科研方向互生共荣的促进关系，通过顶层设计、广泛动员、层层推进，让教师通过科研管理部门与第二课堂教学组织寻找育人和自身发展的增长点。

（四）平台支撑：从育人角度出发创建功能型平台，建立服务交叉前沿方向科研创新引擎与功能载体

在价值驱动、制度保障、组织供给的基础上，船建学院引导专业教师深度参与学生创新能力培养，集聚资源打造学生创新中心，打造服务创新交叉学科创新人才培养的驱动引擎，激发学生创新活力，涵养学生专业志趣。学生对兼顾创新实践与学术交流探究的功能复用空间有极大需求，分中心的建设从学生需求出发，贯彻传统学科与新技术的融合、人才培养与大科学设施的融合、创新教学体系与企业人才培养需求的融合三大理念，并以"星火相船"学术文化舫建设为依托，通过建设文化展示空间实现专业志趣与行业情怀培育。

规划1000平方米的空间，重点围绕"大海洋""新基建"学科群建设人才培养需求，激发学生的专业志趣，培育新概念船舶设计与智能制造、海洋无人智能装备、智慧城市与智能建造、智慧交通等四个方向科技创新社团；抓住创新人才培养痛点，将科创教育与教学改革有机结合，立足学科，为校企合作育人提供行之有效的引擎和平台。立足"大海洋"学科资源、面向交叉学科前沿、辐射全校相关学科，创建大海洋虚拟仿真中心、创新开放空间、工程服务区、文化展示区等，开展相关实践课程和专业认同教育。

## 四、总结反思

在开展服务科研育人的路径构建过程中，学生思想政治工作应当把握三个属性：一是育人属性，将科研优势转化为人才培养特色，使创新成为凝结在交大学子血液中的一种精神。二是研究属性，立足学院目前创新创业教育情况，找准当前遇到的瓶颈

问题，找到解决问题的实招硬招。三是实践属性，以双创赛事为抓手，进一步推动各项措施见效落地，切实提升优秀项目遴选水准和培育水平。

针对本科生的科研育人实践，应当建立以学术导向为目标的科研育人功能，深化以科技创新为驱动的训练孵化制度建设。充分用好现有平台与制度建设，依托创新实践等教学项目开展本科生导师制度，设立专项计划，构建"递进培育-动态调整"的新型导学关系。这类新型导学关系应是以科技创新为驱动的训练孵化模式，最终形成"PRP—IPP—成果转化/毕业设计"的运作路径。面向低年级本科生，本科生导师专项建议通过以专业认知学习为主的研究计划构建学生的专业知识体系，引导学生掌握基本的研究能力。面向高年级本科生，导师通过安排学生参与实验室科研工作、大学生创新训练计划、本科生毕业设计等培养学生科学研究与创新实践能力。

针对研究生的科研育人实践，在做好第二课堂支撑工作的同时，不能忽略导学关系在育人过程中的主体作用。导师能够在科学研究中引导学生形成正确的价值观与科研伦理观，让学生在充分接触了解科学研究内涵、参与重点项目攻关的同时树立正确的政治方向、价值取向与学术导向。在师生群体中广泛开展科学道德与学风建设教育宣贯，在青年师生中自觉形成严谨求实的科研作风，自觉抵制学术不端行径。定期组织面向专任教师"育人舫"系列育人分享活动，介绍学院支撑科研育人的保障举措，为师生开展科研创新活动提供助推剂。

在服务科研育人的相关工作中，一定要注重客体承受能力。科学精神培育、科学研究的基本能力建设可以作为面向广大青年学子的一堂必修课，而实际上能够从事科学研究或有条件开展课外创新训练的学生只是少数群体，切勿追求工作覆盖率盲目摊派。同时也要遵循学生成长成才发展规律，在适当的培养阶段从事相应的科研育人行动，不要揠苗助长。能够在课外学术科技活动中崭露头角的作品都经历了较长时间的培养孵化，不是短时间一蹴而就的。因此院系服务科研育人时既要注重凝练优质项目，更要注重培育学生能力，这样才能有助于院系整体科研育人水平的提升与发展。

# 运用网络新媒体厚植强国情怀梦想

## ——以船建学院"船建人"新媒体平台为例

船舶海洋与建筑工程学院　张奕民

## ▌一、案例简介

案例来源：船建学院"船建人"新媒体平台。

基本情况：上海交通大学船建学院是我国船海学科高等教育和科学研究的策源地，曾培养出黄旭华等一批服务于国家强盛、民族振兴事业的杰出人才。为深入发挥学科优势与影响力，将海洋强国、交通强国、科技强国等建设信念内化于心，外化于行，"船建人"新媒体平台及矩阵积极发挥网络思政教育功能，挖掘学科思政价值与网络文化意蕴，以生动化、交互化、持续化方式，注重榜样教育类、理论教育类、生涯规划类、文化浸润类、社会关切类等作品的开发，构建网上网下同心圆，不断完善新媒体的传播内容与路径，为激发和培育青年学生的强国梦想贡献网络智慧。

## ▌二、案例分析

在网络信息多元和碎片化的时代，舆论生态更加复杂，运用网络新媒体培育和激发强国梦想成为网络思政教育的重要课题。然而，面对"强国梦"的宏大命题，网络新媒体如何从泛娱乐信息中突围，激发学生关注、引发学生认同、影响学生践行？"船建人"新媒体主要从如下三个方面展开。

### （一）深度挖掘优秀典型，充分发挥模范带头作用，提升强国梦的学习感召力

"船建人"采编队伍深入学生群体，积极策划专题采访报道，已策划制作典型人物类推文百余篇，拥有"优毕人物""榜样力量""青春足迹""船建戎光"四大人物类品牌栏目，同时邀请了一批青年学生中的"海洋人"如赵国成、陈曦等，以及历年荣获学校

"三好学生标兵""学术之星""年度人物"的船建学子,用他们的成长成才故事阐释新时代交大学生的爱国精神。结合战"疫"主题,以邓英旋、欧阳子路等一批志愿者与亲历者的视角,展现船建青年学子的努力和担当。此外,紧密围绕"海洋情怀·强国梦想"系列讲坛活动,积极展现老一辈"海洋人"如中国核潜艇之父黄旭华院士等"站出来救国"的传奇人生;中国第一艘航空母舰"辽宁舰"总设计师朱英富院士等"造出来富国"的风雨历程,通过现身说法,使青年学子树立高远的理想追求,涵养深沉的家国情怀,激发时代的使命担当。

（二）立体化学科及行业展示,提升专业认同与行业情怀,体现强国梦的深度解释力

（1）深入开展学院各专业学科介绍,深度挖掘学科特点,在帮助低年级学生进行专业选择的同时,强化高年级学生的专业认同感与生涯使命感。

依托全国教学名师等开设新生第一课系列之"读懂深蓝""创新深蓝""四海纵横建未来"活动,以采访及转播和学生密切联系的教师群体事迹,以"挖泥船"等大国重器的研发故事,鼓励学生继往开来、开拓创新,立志高远、砥砺前行,把强国梦的种子植入学生心中,引导新生"扣好人生第一粒扣子"。针对高年级学生,大力整合学科校友优质资源和网络信息,结合"交通强国"系列实践,以"知行杯"四连冠为契机,将学校、学院优质大师资源转化成网络资源分享至每位学生手中,为高年级学生打造保研、出国、求职的经验分享平台,建立全程化专业认同影响与生涯教育体系。

（2）积极整合碎片化信息,以互动化的方式,充分利用媒介平台来传播行业信息与前沿资讯。

将学院有关学科的最前沿信息,如学术报告会、学科前沿讲座、行业相关擂台赛事、行业相关交叉学科动态、行业热点话题等,第一时间转化到学生触手可及的媒体平台,鼓励学生关注行业发展。比如,科创矩阵在首届上海交通大学 OpenBIM 设计作品竞赛授课任务中邀请 BIM 研究中心执行主任邓雪原老师,通过哔哩哔哩网站向社会直播,高峰时观看直播人数超 500 人。围绕海洋权益争端等热点话题和重大事件的专题讲座报道,借鉴《中国船舶报》的相关内容转载,激发学生的行业情怀与社会担当。

（三）唱响主旋律,传播正能量网络文化,增加强国梦的实践吸引力

积极关注社会热点,围绕中国特色社会主义理论体系和中国梦开展网络主题教育活动,努力营造网络育人的浓厚氛围,大力唱响主旋律,积极弘扬正能量。结合"海洋强国"、"船建人"文字作品征集、视频拍摄制作等形式向全校师生、社会公众阐释"海洋强国梦"的内涵,借助组图、短视频、表情包等丰富形式呈现"海纳百川"的海洋文化精髓与"生生不息"的海洋文化底蕴,结合"一带一路"主题推动海洋文化的传播

与传承。以中共中央办公厅、国务院办公厅《关于进一步弘扬科学家精神加强作风和学风建设的意见》为学习背景,推动"弘扬科学家精神,建设优良学风"项目的培育开展,通过视频策划制作,以"星火相船"学术文化舫为主讲线,阐述科学家精神的内涵,凸显科学家精神在日常教育中对学生的滋养与培育。

## 三、教育过程

在网络思政教育过程中,除了内容选题的精心策划和制作,"船建人"还联动学院各大学生新媒体平台,开设舆情疏导与问题解答的"在线伙伴"服务,注重发挥班团效应,共同扩大强国情怀梦想的影响力,取得了显著成效。

### (一)教育过程

1. "船建人"牵头新媒体矩阵,共筑强国梦想

当前,船建学院建有六大学生微信公众号,以"船建人"为核心发散,针对不同的育人领域进行精细化内容制作,形成功能互补的传播格局。依托学生创新中心船建分中心,"船建 SICenter"围绕前沿交叉学科领域,向全校学生提供专业的实验场地与工程服务、丰富多样的科技竞赛和紧贴前沿的校企合作课程,培育强国实力;"红色船建志"展示学院学生党建工作的最新动态和各学生党支部的特色风采,提升强国信念;"生涯发展船建学院驿站"发布在校生实习招聘和应届生招聘信息,为学生提供就业服务指南,指明强国方向;"NAOCE 船说"和"上海交大船建研究生会"分别作为院学生会和研究生会平台,丰富强国文化。

2. "船建人"开设"在线伙伴"服务,增进互动力量

"船建人"及时、有效地发布学生事务相关信息,满足学生一站式贯通需求以及个性化服务需求。通过反馈机制,对特殊事件及时反应,开设"在线伙伴"小程序,建立学生与学院间良好互动,发挥问题解答与舆情疏导功能,加强网络新媒体阵地建设。

3. "船建人"注重发挥班团效应,传递情怀信念

通过各班团支书、宣传委员的日常联系,将各班团日等文化活动网络化,如推广引导"毕业生给谭家华教授写信"等特别团日活动;将强国情怀梦想的讯息第一时间传递到班团基层组织,倾听学生意见,不断完善并扩大影响力,提升信息触达效率,形成学生参与广、内容创作实、形式呈现新的格局。

### (二)教育效果

在效果方面,佳绩频现。2019 年,"'海之交子 筑梦深蓝'——上海交通大学弘扬爱国奋斗精神,引领学生成长成才"项目获得教育部"礼敬中华优秀传统文化系列"支持,有 3 项网络文化作品获得推荐参选全国网络文化节,《立德树人 润物无

声——刘西拉教授访谈视频》入选教育部关工委"读懂中国"活动优秀作品展播(为全校唯一一家入选单位,全国仅 30 个);船建人工作室获评上海交通大学先进网络文化工作室称号。2020 年,《运用网络新媒体构建"三全育人"模式》获评上海交通大学"三全育人"优秀案例。这些活动对学生影响显著,船工、力学的直博率近三年连创新高,7 人入选致远荣誉博士计划。除在本专业深造,还有回家乡投入选调、疫情后投身医学的同学等,超七成毕业生投身国家重点行业关键领域。"到祖国最需要的地方去"成为船建学子最有价值的精神追求。

## 四、总结反思

在运用网络新媒体培育强国情怀梦想的过程中,"船建人"也遇到了值得深思的问题。

一是"媒体中心"的大众凝聚力不足。"强国情怀梦想"是一个带有浓厚红色叙事色彩与主旋律意蕴的大主题,是媒体主导传播体系的重心。然而,"媒体中心"的背后,偏向于自上而下的灌输式宣教,一些推送缺乏足够有效的大众响应,凝聚力不足,造成网络思政及宣传工作影响范围有限、影响深度不够等。

二是强化深度传播的呈现力不足。互联网新媒体的快速发展,让信息传播进入读秒时代。传统的文稿形式叙述是推送的主力军,虽然可以深入剖析论题,却不易达到深度传播的效果,难以满足大学生碎片化的阅读需求,容易造成"烂尾阅读"。因此,"船建人"平台矩阵在专题策划中还需不断丰富新媒体表达形式。

三是分辨多元声音的网络引导力不足。当前,社会思潮多元、各路言论纷繁复杂,青年的文化追求和价值认知易被影响。比如,对于肩负"大国重器"责任但薪资水平一般的相关领域,部分学生盲目以待遇水平度量工作价值。

对于上述问题,可以从如下方面进行提升。

第一,创新话语方式,提升学生个性化投稿,获取最新鲜的强国心声。

对于"强国情怀梦想"的网络化培育,要关注不同学生群体的动态,鼓励学生的创作和个性化投稿。通过面上征集动员、点上倾听挖掘等方式,开拓青年群体爱国主义精神的表达路径,推动"媒体中心"逐渐向"去媒体中心"的演变,努力使广大学生群体成为新媒体平台的积极发声者和有力支持者。

第二,创新策划形式,顺应网络信息接收习惯,让情怀梦想更接地气。

打破重大题材策划的套路模式,以学生更加喜闻乐见的形式开展有效传播。更多地使用图片流、短视频的形式表达宏大的主题内涵,以流行语的形式解读时代大主题,生动活泼地体现价值引领内涵,增加传播元素的社交性和趣味性,增强内容制作的吸收度。

第三,守好平台阵地,把握正确的舆论导向,扩大核心价值观的传播。

作为学生汲取信息的重要窗口,"船建人"及矩阵网络新媒体平台一方面要继续把好关,做好内容导向,让正确价值观有效触达、入脑入心;另一方面,要增强互动,持续完善"在线伙伴"技术小程序、发挥班团建设联动对舆情的把握和回应作用,充分利用网络作品培育契机深化思政教育,掌握舆论引导的主动权。

# 聚焦学风建设，促进学生全面成长

数学科学学院　高传勇

## 一、案例简介

案例来源：数学科学学院本科生。

基本情况：学风建设是人才培养质量的根本保障，数学科学学院高度重视学生学风建设和学业工作，把该项工作作为学生工作的重点和关键。数学科学学院对本科生数学课程要求较高，课程逻辑体系严密，但课程内容较为抽象枯燥，学生学习任务较重，在学术上普遍面临较大学习压力，如部分学生出现课程跟不上、学业困难乃至面临退警（退学警告的简称）、退学问题，同时因学业压力，部分学生出现对数学专业缺少兴趣、厌学、心理抑郁等各类问题。学业困难问题不仅给学生带来严重压力，也成为学院学生工作的重点和难点。2018 年学院退警 12 人，二次退警 6 人；2019 年退警 11 人，二次退警 5 人；2020 年退警 8 人，二次退警 5 人。

数学科学学院高度重视学风建设和学业工作，把该项工作作为学院本科生工作的核心，强调关口前移，引导学生养成良好的学习规范。目前数学科学学院学生学风良好，学业支持机制不断完善，退学退警问题学生数量稳步下降，学风建设取得阶段性显著成效。

## 二、案例分析

我认为导致学生学业困难的主要原因有以下四点。

第一，数学学科特点决定了数学专业课程难度较大，课程内部逻辑体系严密、不同课程之间关系紧密，这决定了数学学习是一个长期的过程，需要持之以恒的努力，一段时间投入不够容易造成课程衔接不上。

第二，学生个体差异比较大。根据目前的招生体系，数学学院本科生主要通过理科实验班招生，其中专项生比重较高，占比达 39%。同学之间基础差异过大，导致部分同学在进入大学之初就存在上课听不懂、课程跟不上等问题。

第三，大学数学课程较为抽象枯燥，特别是学习方法与高中存在较大差异。学习方式方法调整不到位也会带来学习效果不佳、学业压力过大等问题。

第四，考入理想大学的阶段性目标实现以后，一部分学生缺少进一步发展的人生规划和目标，努力学习的动力不足，对未来比较迷茫，主观上学习投入不够。特别是部分长期在父母老师督促下学习的学生，在大学比较自主的环境下，自我约束不足，畏难逃避等，长时间上网、打游戏，最终导致课业跟不上等问题。

上述问题决定了学业问题始终是数学学院学生工作的重点和难点。因此，要把学生学业工作作为重要的基础工作系统思考，采取有效措施，有针对性地开展工作，形成良好的学业关心支持机制，建设优良学风。大致可以从以下四方面展开：

第一，养成良好学习规范，引导学生将主要精力聚焦学习主责主业，打牢专业基础；

第二，着眼优秀数学专业人才培养，培养学生学术志趣，引导学生热爱专业，潜心学术；

第三，注重创新实践能力培养，拓宽学生视野，通过科创竞赛等把专业知识和应用背景相结合；

第四，加强学业预警、跟踪和帮扶机制，提供有效支持，帮助学业困难同学迎头赶上。

## 三、教育过程

数学科学学院深入落实"学在交大"，把学风学业建设作为本科生工作的根本任务。从整体上思考和谋划学生工作，将工作关口前移，明确工作导向；依托有效机制与载体，做到全面覆盖；加强引导帮扶，将学习规范养成、专业基础打牢、学术志趣培养相结合，引导学生做好发展规划；通过与数学大家面对面、参与数学科创活动，播撒下学习数学、热爱学术的理想种子。

### （一）关口前移，明确导向

从学生第一天入学开始，学院通过开学典礼、家长会、"院长第一课"、班会等形式向学生强调要把主要精力放在学业上，树立远大理想。

学院精心组织"青苗学堂"，汇集优质资源，全方位对学生关心关怀，提供专门自习室、选聘优秀博士生担任助教、每天安排助教进行学业辅导、集中安排学生晚自习，提供学习方法指导；定期开设各类讲座，定期开展学子沙龙和学生交流研讨，并建立学生成长跟踪机制，有针对性地开展培养工作，帮助学生养成良好学习规范，筑牢专业基础，助力学生成长成才。

### （二）完善机制，全面覆盖

对存在困难和问题的同学采取早发现、早跟进举措。一是建立"三级预警机制"，不仅覆盖退学、退警的同学，任何一门专业课不及格、学积分低于72分或 GPA 低于2.2 的学业状态不佳的学生均包含在内。二是建立个人学业档案，一人一档，做到全面覆盖、全程关注，目前已有 45 位同学建档。三是组织开展"前锋训练营"学业辅导活动，定期邀请数学科学学院优秀硕博研究生担任辅导员，为学习上有压力的同学提供个性化的学业指导，加强对困难学生的关注和支持。

### （三）强化引领，培养学术志趣

设立"文俊讲坛"，定期邀请海内外有影响力的数学家和学者为学生做前沿领域学术报告，如比勒费尔德大学教授克劳思·米歇尔·林格尔（Claus Michael Ringel），香港中文大学教授辛周平，中科院院士郑志明、席南华、袁亚湘等。他们与学生的对话在学生心中播撒下热爱数学、追求学术的理想种子，在学生中引起了热烈反响。

### （四）开展科创活动，培养创新能力

结合数学学科特点和优势，组织广大学生参与各类数模竞赛、数学竞赛等科创活动，形成学数学爱数学的良好氛围，提升学生专业实践能力。采取本科生导师制和办公接待时间制相结合，继续实施"数学引力"活动，开展"学子讲坛"、机器学习讨论班、数据分析讨论班等学术创新活动。支持、鼓励和吸引学生参与科研讨论班和导师科研项目，由浅入深引导和激励本科生开展科研活动，支持和激励学生热爱数学、追求学术。

### （五）加强学生规划引导

引导和激励学生联系自身专长和兴趣明确未来发展规划，志存高远。针对不同阶段和不同群体学生，分别邀请指导教师、业界资深校友和高年级同学开设讲座和主题活动。设立"AI 时空"平台，邀请麻省理工学院严东辉教授、阿里计算机视觉首席科学家谭平、兴业全球基金公司董承非等校友参与活动，深入开展行业教育。同时，把社会实践作为行业教育延伸的重要组成部分，带领学生到华为、中兴、阿里、腾讯、中科院脑智研究中心、中国农业银行等与数学专业高度相关的单位开展社会实践，帮助学生了解数学专业人才在行业发展中的重要作用和专业知识在实际应用中的价值，引导鼓励学生树立远大理想、扎实学好专业、积极追求学术，全面提升自身能力。

由于学业预警、跟踪、帮扶与支持工作到位，本科生学业基础更加扎实，学积分平

均成绩有较明显提升,退学退警学生数量大幅度下降,学业建设成效显著。2020 年退学退警人数与 2019 年相比下降 25%,与 2016 年、2017 年相比下降 33%;实际最终退学人数由 2016—2018 年的每年 4～5 人,下降至 2019—2020 年每年 2～3 人,下降比例 40%～50%。此外,学生核心课程平均积分提升较为明显,与 2019—2020 学年第一学期相比,2019—2020 学年第二学期的 2019 级本科生学积分提高 3.37 分(提高幅度 4.2%);与 2018—2019 年第二学期相比,2018 级本科生学积分提高 4.22 分(提高幅度 5.4%),2017 级提高 0.35 分(提高幅度 0.06%)。

在学生学术志趣方面,组织数学竞赛和数模竞赛训练营。训练营自 2019 年以来共开设数学竞赛讲座 14 次,数模竞赛讲座 16 场,为学生取得优异成绩打下坚实基础。在全国大学生数模竞赛中,获得全国一等奖 4 项,二等奖 7 项;获得上海市一等奖 14 项,上海市二等奖 31 项,三等奖 42 项;在全国大学生数学竞赛中,获得数学专业全国二等奖 2 项,上海市一等奖 3 项,二等奖 8 项,三等奖 13 项;非数学专业全国二等奖 2 项,上海市一等奖 57 项,二等奖 59 项,三等奖 93 项。在 2019 年美国大学生数学建模竞赛中获得特等奖 2 项,特等奖题目 4 项,一等奖 53 项,二等奖 82 项。

## 四、总结反思

数学科学学院高度重视学风建设,加强学生学业规范养成,积极引导学生聚焦学业,奠定坚实专业基础。同时,积极培养学生学术志趣,引导学生不断拓宽视野,做好发展规划,取得了阶段性的成绩。

学生学业问题是数学科学学院学生工作的难点和重点,做不好会引发学生心理、安全稳定等系列问题。因此,在学风建设工作中,以下三点仍需特别关注。

### (一)高度重视学生学业问题,从战略高度谋划布局

学业问题既是学生大学教育的基本要素,是人才培养的重要标志,也是本科生在大学阶段遇到的突出问题和难点问题。数学课程整体难度较大,内容较为抽象,课程内容之间逻辑关系紧密,学生往往是一步跟不上、步步跟不上。一旦遇到学业困难,迎头赶上的难度比较大。从学生工作的角度来看,首先要高度重视,尤其是做到关口前移、及早着手,提前把工作布置到位,特别是给学生及家长第一时间警示提醒,做到防患于未然。目前学院在落实关口前移方面已经做了大量工作,同时也建立了全面覆盖的学业预警工作机制,做到了早发现、早跟踪、早支持,同时形成了思政教师、班主任、任课教师和学生家长等互相协同的工作机制。

### (二)深入分析学生学业问题根源

学生学业困难反映出一定的共性问题,但导致学生学业困难的原因存在差异,深

入分析这一问题的原因是解决学业困难问题的基本前提。目前导致学生学业困难的主要原因有以下几方面。

第一，对大学数学专业的学习不适应，主要是课程设置和学习方式与高中相比存在较大差别，学习方式方法调整不到位。

第二，学生个体数学基础差异较大，特别是一些专项学生进入大学之后虽然主观上学习很努力，但是由于数学基础较为薄弱，同时在高考专业选择上存在一定盲目性，个别学生进入大学以后听不懂、跟不上的问题突出，很大概率会出现学业困难情况。

第三，部分学生自主开展学习的能力较差，长期以来依赖父母和老师的督促指导，进入大学以后，新的成长阶段要求学生更加自主自律，一些学生在缺乏外在监督和推动的情况下，学习惰性较强，学习投入远远不够，甚至迷恋上网、游戏等，造成成绩下滑。

第四，一些学生长期把高考作为努力目标，进入大学后没有树立新的发展目标，缺少前进的动力，对未来比较茫然，对专业认知和接受程度不够。

导致学生学业问题的原因是多样的，在开展整体性的学业支持的同时，要有针对性地开展工作，既包括良好学习规范的养成、学业辅导支持、学术志趣培养、未来规划制订等，也要根据学生实际情况有重点有针对性地开展工作。

### （三）解决学生学业问题要把功夫下在平时

学生学业问题是个长期过程，应该依托有效机制，把功夫下在平时，把工作落实落细。加强对学生平时的关心、对学生培养全程的关注和支持，把学风学业问题贯穿到学生工作各个方面；通过日常细致入微的工作，及时发现可能存在的问题；建立相应的工作机制，针对相关问题及时提供相应的指导，形成关心帮扶机制。

对于学业困难的学生，在进行具体的学业帮扶指导的同时，要注重对其学习和发展信心的重建，增强其学习动力和自主性；做好学术志趣培养工作，引导学生做好未来发展规划，使其进入大学以后能够热爱专业，追求学术；注意把握工作重点，在做到学业关心全覆盖的同时，把低年级学生以及学业困难的学生作为重点工作对象，重点关注，特别是入学季、考试前后等关键时期要加强对其学业工作的指导和帮扶。

# 用 21 天养成大学良好习惯

化学化工学院　梁晶

## 一、案例简介

案例来源：化学化工学院大一新生。

基本情况：相较于大学生活，高中生活每个时间段的任务都被安排好了，任课老师将每个知识点都讲得很详细，作业虽然多但是基本题目都会做，同学们的学习基本是被管着的。但是大学课程难度大，课程紧，高中老师一节课只讲几页，而大学一节课可以讲几十页，相对高中被动式的学习方法，大学更需要主动地自学。然而很多同学在进入大学后，很难适应大学的学习生活方式，造成学习困难，跟不上节奏，进而影响自信心，最终遭遇退学警告等情况。

为帮助大一新生快速适应大学生活，实现从高中到大学学习生活的过渡，学院利用 21 天法则，抓住大学新生灌浆期、大学习惯空白期，组织新生进行 21 天自修、读书以及体育锻炼激励计划，帮助学生养成良好的学习生活习惯。为学生提供《平凡的世界》《苦难辉煌》等书籍，让学生从书籍中汲取知识力量、培养爱国情怀、引领思想价值，养成读书好习惯。同时组织 21 天晚自修和体育锻炼计划，为学生提供自习场所，提高学生自修质量的同时帮助学生安排好空闲时间，端正思想认识，养成良好的学习生活习惯，实现从高中到大学的完美过渡，助力学生成长成才。

## 二、案例分析

进入大学后，面临高中和大学学习方式的不同，很多学生不能完全适应转变。一些学生认为大学比较轻松，学习不是那么重要，不需要像高中那样付出很多的努力，这极容易导致他们在第一学期的学业上出现问题。步入大学的第一步没有迈好，后面出现学业问题乃至面临退学警告的概率非常大。开启大学生活新征程,学生在学习、生活各个方面都属于认知、习惯空白期,通过组织 21 天习惯养成计划,帮助学生养成良好的大学学习习惯,完成从高中到大学学习方法的转变,有助于学生顺利度过大学过渡期,为其在大学的发展打牢基础。在本案例中,学生在新学期刚开学时容易遇到的问题主要有以下几个方面。

### (一)学习意识问题

很多学生认为上大学就轻松了、大学的成绩不重要,没有引起足够重视,在学习方面不够努力。实际上,大学的学习课程紧、压力大,努力程度不够极容易出现学业困难。

### (二)学习场地问题

大学教室不固定,很多学生不清楚应该去哪儿进行自修学习,导致大部分学生在宿舍学习,时间利用率低,效率也低,不利于学习进步。

### (三)大学生活习惯

高中的生活非常有规律,学习生活都被安排好了,也会定期进行跑操等体育锻炼。但是进入大学后,空闲时间全靠学生自己安排,如果学生没有规划意识,则难以形成良好的学习、体育锻炼等生活习惯,也不利于自身的良好发展。

针对学生在开学初期会遇到的问题,为帮助新生尽快适应大学生活,实现德智体美劳全面发展,学院利用 21 天习惯养成法则,通过开展"自修激励计划""读书激励计划""体锻激励计划",以宿舍为单位为学生提供红色书籍,同时为学生提供学习场地以及参与体育锻炼的机会,营造良好的学习运动氛围,增强青年学子身体素质,助力体锻习惯养成。通过以激励促行动的方式,尽可能地让全体大一新生积极参与活动,帮助新生形成良好的学习、阅读和体育锻炼的习惯,增进彼此之间的友谊,做好从高中到大学学习生活的过渡,避免出现学业问题,走好大学生涯第一步。

## ▌三、教育过程

工作思路:抓住大学灌浆期,运用以激励促行动的方式,在开学初期开展 21 天自修、读书、体锻激励计划,帮助学生快速适应从高中到大学生活的转变,从完全被安排到半安排,最终过渡到良好的自我管理学习方式。召开新生年级大会,给学生讲解大学奖助学金评价体系,明确大学学习的重要性。

### (一)自修激励计划

以班级为单位为学生借好晚自修教室,时间为 18:00—21:00,由班长组织带领班级同学进行晚自修,复习上课内容,完成课后作业。同时为保证自修的质量和出席率,要求班长每天拍照打卡登记。

### （二）读书激励计划

学院以宿舍为单位,给每位新生提供书籍,例如《平凡的世界》《苦难辉煌》《万历十五年》《非暴力沟通》等,通过宿舍轮流阅读的方式,鼓励同学积极阅读,充分利用学校图书馆资源,养成良好的读书习惯。同时为提高学生阅读质量,要求撰写读后感,并进行评选奖励。

### （三）体锻激励计划

组织动员学生前往校园慢跑道、南体等运动场所,积极进行体育锻炼,强身健体。每位新生通过"世界运动校园 APP"记录跑步里程,根据三周的总运动里程数评出最佳运动者进行奖励激励,充分调动大家的参与积极性。

为督促提醒学生顺利完成 21 天激励计划,每个班级安排优秀高年级学长担任班主任助理,在每天晚上自修前与班长共同提醒班级同学及时参加。同时班主任助理与学生一起前往自修,就学生不理解的问题进行解答,充分发挥朋辈教育的优势,让学生在学长的带领下充分参与,进一步养成良好的学习生活习惯。

在学长传帮带、以激励促行动等方式的引领带动下,同学们参与 21 天激励计划的兴趣浓厚、行动力强。晚自修激励计划的同学参与率较高,多个班级每天晚上达到80%。晚自修激励计划为学生提供了专门的自修场地,一方面保证同学们能够合理安排时间按时完成作业,另一方面也让同学们通过 21 天计划养成晚自修学习习惯,避免他们进入大学后开始放松,出现不重视学习的情况。此外,读书和体锻激励计划的开展,让同学们养成了良好的读书和运动习惯。调研发现,21 天激励计划动员让同学们对大学生活有了一定的认识,对学习有了足够的重视。通过开展 21 天习惯养成计划,同学们普遍形成了每天晚上进行晚自习的习惯,并且对于学校的自习、运动场所有了充分了解,从而让大学生活有了一个良好的开端。

## 四、总结反思

### （一）良好的习惯助力学生成长

21 天法则,是通过 21 天的正确重复练习,养成好习惯的方法。据研究,大脑构筑一条新的神经通道需要 21 天时间。所以,人的行为暗示经 21 天以上的重复,会形成习惯,而 90 天以上的重复,会形成稳定的习惯。所以运用 21 天法则能帮助新生在短时间内形成良好的大学学习习惯,助力其在大学的发展。

### （二）腹有诗书气自华

《中庸》有文："博学之、慎思之、审问之、明辨之、笃行之。"首先要广泛地学习，开展读书激励计划，以宿舍为单位为同学们提供不同种类的书籍，让同学们在读书的同时感受中国文化，增强爱国主义情怀。同时配套成长类书籍，让学生在为人处世方面提升个人能力与个人素质，并形成一定的抗挫折力。

### （三）生命在于运动，身体健康至关重要

习近平总书记指出："全民健身是全体人民增强体魄、健康生活的基础和保障，人民身体健康是全面建成小康社会的重要内涵。"进入大学后，除了每周一次的体育课，学生们没有固定的运动时间，所以需要通过组织开展体育活动，强调运动精神，营造运动氛围，提升大学生身体素质。

大学的学习方法和生活与高中相比有较大改变，高中学习，学校和老师监督较多，而大学学习专业性强，难度大，自由时间多，学习方法也从老师教授为主转为自学为主。所以，学院及老师需要加强引导，通过组织晚自习，为同学们提供自习及讨论的场所等，引导学生树立学本位思想，在思想上足够重视、行动上积极主动，避免后期出现学业问题。

开学初期是形成大学学习生活习惯的关键时期，引导学生扣好大学生活中的第一粒扣子至关重要。本案例主要通过抓住大学新生的灌浆期，着眼于青年大学新生的特点及成长规律，利用开学时间段，运用 21 天习惯法则，通过组织开展读书、自修、体锻激励计划活动，引导学生勤学、修德、明辨、笃实，养成良好的自修、读书、体锻习惯，为大学生活的开展打牢基础，助力学生成长成才。

目前本案例的工作举措主要是在开学之初 21 天的时间内进行组织并开展活动，在后续学生的生活过程中继续跟进和督促等措施还有待加强。未来可以以 21 天习惯养成计划为契机，在大一一学期的学习生活过程中，以期中、期末考试等为节点，加强对学生的过程督促和监督，进一步做好大学生学习习惯的巩固工作，引导学生形成良好的学习生活习惯，使其发展成为德智体美劳全面发展的当代大学生。

# 爱国热情高涨、青春力量蓬勃
## ——新冠肺炎疫情下发挥新闻传播专业团支部堡垒作用

媒体与传播学院学生办公室　张羽慧

## 一、案例简介

案例来源：新闻传播专业（包括传播、文化产业管理、影视艺术）各团支部。

基本情况：新冠肺炎疫情暴发初期，各种信息、自媒体和海外媒体对国内疫情的报道引发了高校新闻传播专业大学生的热议和关注。我们的医疗体系、应急体系是否能够有力应对疫情？每一个普通人的生命安全是否能得到保障？疫情发展与防控的信息是否及时、公开？种种的疑虑萦绕在大学生们的心中，查阅疫情消息、议论疫情防控的进展成为他们居家生活的重心。泥沙俱下的各类消息、接触信息的不同渠道、周遭的环境和人群，对大学生形成各持己见的意见群体产生了作用，越来越多的回音壁和信息茧房在进一步固化，而这种彼此割裂、相对离心的意见群体不利于加强国内抗疫的统一战线。在全国齐心抗击疫情的局势下，新闻传播专业的大学生应该成为有理性、有贡献、有担当的群体，而不是网络喷子、传谣者或键盘侠。

凝聚青年大学生共克时艰、战疫到底的精神力量，指导青年大学生到一线、上前线的实干气力，是党和国家对青年群团组织的期待，更是打赢疫情防控战的坚实力量保证。为深入学习和投身抗击疫情的伟大实践，了解我国在新冠肺炎疫情防控中所作的突出贡献以及抗疫成果，认识我国社会主义制度的优越性，增强民族自信心与民族自豪感，激励青年学子自强不息、矢志报国的强烈愿望，结合疫情防控的实际情况，媒体与传播学院团委积极响应团中央的号召，发挥新闻传播专业、文化产业管理专业和影视艺术专业的基层团支部的专业志趣与学科专长，依托线上主题团日和支部活动，掀起了同心抗疫的一波波浪潮。

## 二、案例分析

### （一）用传播学视角看疫情下的大学生群像

新冠疫情的暴发正处于全国春节假期及大学生寒假这一关键节点，一方面，分散在各地的大学生以家庭、所在社区为独立且分散的单位开展居家防疫，客观上形成了空间区隔；另一方面，网络的作用愈发凸显，大学生群体了解疫情发展、抗疫措施和社会现状的讯息都来源于网络或者所在家庭等，也因此放大了网络、个体和家庭在疫情中的作用力。基于此，将大学生随着疫情阶段性发展而表现出的典型群象总结为如下三点。

群象一：自卫者、劝告者形象

当疫情在个别地区初见端倪，尚未在全国蔓延前，大学生通过社交媒体已经开始意识到疫情暴发的可能性，随即开始兴起"劝说家人""准备防疫物资""传播疫情信息"的行为方式，展现出的是奔走相告、苦口婆心的劝告者、自卫者形象，而这确实提醒了许多个人和家庭做好疫情防控的措施，从这一点来看，大学生具有防控疫情的知识和能力。

群象二：信息"中毒者"形象

武汉封城的到来、疫情的严峻形势让全国人民感到压力和不安。此时，闭门不出的群众获取疫情信息的主要渠道是主流媒体、自媒体和网络，作为网络原住民的大学生更加倚重网络平台，出现了睁眼闭眼都在刷新微博、紧盯着新冠病例数据增长、接受和传播疫情发展的消息等现象，大把的时间用在搜集和浏览网络信息，以至于产生信息依赖症、信息焦虑症，呈现出一种信息"中毒者"的形象。

群象三："实干者"与"唱衰者"形象

随着习近平总书记作出重要指示，党中央、国务院作出重要部署，全国上下众志成城，有序参与防控工作、坚决遏制疫情扩散，以夺取防控斗争胜利。全国各地医护人员奔赴防疫一线、基层工作人员日夜守护群众安全，同时名人言论在网络上成为舆论焦点，引起诸多关注，也引发网民热议。大学生被铺天盖地的网络信息席卷，成为舆论网中的一个个扭结。而网络信息真假难辨、泥沙俱下，网络信息搜索和推送的偏好算法更导致了大学生往往囿于某一类信息中，逐渐形成了信息茧房效应，出现了互不交流、互不了解的回音壁，接受正向信息的群体更坚定战胜疫情的信心，积极配合和投身抗击疫情的实践，而接受负面信息的群体则更加牢骚满腹、愤懑不平、悲观颓丧。这一阶段，大学生则展现出了更加分离和对立的疫情防控"实干者"和"唱衰者"的形象。

### （二）结合学科专长，以团支部为堡垒带领大学生积极战疫

根据大学生在疫情防控中的不同表现所画出的大学生群像，可以发现，其中最具负面效应的是两种，一种是过度关注、过度焦虑且缺乏辨析力的信息"中毒者"，另一种则是疫情防控的"唱衰者"，前者影响个人的心理和行为状态，后者不但使自身陷入负面情绪，而且还可能动摇人心，不利于疫情防控上下一盘棋的大局。

共青团作为中国共产党领导的先进青年群团组织，应该做好青年的思想政治工作，带领广大青年发挥生力军和突击队的作用。作为新闻传播专业大类的师生，在这次疫情防控攻坚战中，各级团组织应该结合学科专长做好以下三类工作：①主动协助做好舆论引导工作；②自觉按照科学指引做好个人防护，辨别信息，不信谣、不传谣，为身边亲友作出良好示范；③积极利用新媒体、社交媒体，采用视频、音频、文字等多种表现形式，主动发挥为疫情防控大局发声的核心作用，做疫情防控坚实的后备力量。

## 三、教育过程

根据疫情防控不同阶段下大学生的实际问题和现实需求，以及团中央对各级团组织的行动号召，学院团委紧跟疫情发展的变化，有节奏、有侧重地组织策划了一系列主题团日和支部活动。

### （一）人际传播＋自我表露：搭建起"云端相聚、共渡难关"的沟通桥梁

为了让居家防疫的大学生重振学习与生活热情，积极乐观应对疫情，学院开展了师生线上主题团日活动，组织同学们交流分享宅家防疫以来的学习规划和心得，以及提升生活技能、调试身心活动的方式。院团委挖掘在宅家防疫中积极乐观的学生，支持其在各个团支部发起并组建学习小组、兴趣小组、打卡小组，通过同学间互相引导、互相支持、互相展示的形式丰富了疫情防控下的宅家生活。其中，最受同学们欢迎的是自学资源的分享、厨艺交流和居家锻炼。"B站自学""电饭锅蒸蛋糕""撸猫吸猫"成为这段时间"自我表露"的常用形式。用陪伴与交流，让宅家大学生不孤独、不虚度；把注意力从网络转移到生活与学习中，有效缓解了疫情带来的焦虑和恐惧。

### （二）正面传播＋焦点小组：用"身边的英雄"坚定信心、凝聚力量

为进一步团结和巩固齐心抗疫的青年力量，激发战胜疫情的坚定信心，鼓励更多的大学生不做局外人和唱衰者，而是做一名实干者，院团委组织开展学习习近平总书记给北京大学援鄂医疗队全体90后党员的回信，分享身边平凡英雄故事的小组主题团日活动。同学们纷纷表达了对医务工作者、社区工作人员日夜坚守的敬意和感激。在不同的小组分享中，基本都会涉及各种参与疫情防控工作的经历，其中提到自己或

家人作为医护人员和社区中的一员的真实经历时,学生展示出对一线工作人员的理解和支持,以及对防疫工作的敬意和信心。大家燃信心、有定力、受鼓舞,从鲜活的事迹中感受到了力量与温暖,纷纷争做抗击疫情的实干者。

### (三)利他参与＋群体传播:发起"呵护半边天,守护一线天使"的捐款捐物活动

武汉一线女性医护人员卫生用品紧缺的消息传来,在学院引起了广泛关注。学院的女同学占比高,对于女性医护的处境感同身受。大学生具有较强的利他参与意愿与行动力,而基层党团组织具有凝聚和引领青年的功能,同时也具备较强的响应和组织能力,在捐助活动上党团组织应该率先垂范、积极发动和组织群众,坚决保证捐款活动的透明与高效。学院随即以党带团、线上倡议、线下捐物,全程公示、接受监督。很快,网购的卫生物资快递至武汉江岸区团委,并赶在三八妇女节前夕给医院女性医护人员送上了一份特殊的节日礼物。武汉市江岸区团委评价"上海交大媒传学院的同学们展现了当代大学生的担当"。

### (四)集体记忆＋符号互动:纪念五四运动,践行五四精神

在疫情防控中涌现出一批批勇于担当、敢于奉献的优秀大学生,他们在家乡参加一线疫情防控,成为一名志愿者,在保障社区居民的日常生活所需,发挥专业所学方面为疫情防控出力。在五四青年节,用一场仪式教育重温集体记忆,强化身份认同,并且以在疫情防控中贡献力量的青年学生如马姣姣等作为五四精神的践行者代表,分享他们在新冠疫情防控斗争中的所作所为和所思所想,诠释了新时代中国青年的精神风貌和使命担当。实践证明,青年人能够担负起时代和国家的期望,在这一特殊背景下的五四纪念大会让同学们更加深刻地领会到了新时代的五四精神就是弘扬和践行爱国主义精神,筑牢了五四精神的爱国基石。

通过数次疫情背景下的主题团日和支部活动,团员们纷纷表达了"青年是社会中更有活力的一代,必须担当起责任和使命","90后不是垮掉的一代,00后也不是颓废的一代,我们可以撑得起国家和民族的未来","中国抗击疫情的速度和成效反映了中国制度的优势"等感悟。通过院团委和基层团支部的点面结合,也率先挖掘出了受到央视新闻报道的抗击疫情先进大学生马姣姣;退伍不褪色,下火线上前线的退役军人李荣祥等大学生代表。

## 四、总结反思

### (一)基层团支部面临的挑战

过去谈到90后、00后,不免用"娇气""任性""自我"等词语形容,但在这次抗击疫

情斗争中他们却扛下了抗疫的重任，表现出不怕苦不怕累、牺牲小我服务大局的一面。正如习近平总书记给北京大学援鄂医疗队全体90后党员的回信中所言："在新冠肺炎疫情防控斗争中，你们青年人同在一线英勇奋战的广大疫情防控人员一道，不畏艰险、冲锋在前、舍生忘死，彰显了青春的蓬勃力量，交出了合格答卷。"

如今，90后、00后逐渐成为社会的有生力量，这群在经济快速增长、全球化时代、信息化背景下成长起来的青年蕴含着极大的潜力，而他们身上独有的特征，是时代与社会给他们打下的烙印。如何做好团工作、青年工作，继续凝聚青年、教育青年和服务青年，需要对这一群体有充分的认识和了解。90后、00后有更高的受教育水平、更强的主体意识、更急迫的认同追求、更鲜明的实用主义、更灵活的发展方式、更张扬的个性表达，这对新时代共青团工作提出了新的挑战。

### （二）加强团支部凝聚力、战斗力的几点思考

首先，改变说教式、灌输式的教育和引导方式，运用青年喜闻乐见的表达方式，抓好青年群体中的意见领袖和关键少数。90后、00后作为独生子女受到家庭的关爱是充足的甚至是过度的，对家长式权威有很强的叛逆性，一味地说教容易引发反感和抵触。其次，避免行政化、机关化的组织形式，在把握底线的基本前提下，给予青年表达个性、自由创造的空间，营造平等尊重、风清气正的氛围，在工作中以德服人、以理服人，避免以权压人、以上制人。最后，尊重青年的主体性，激发他们的内驱力，引导他们的价值认同，将个人发展与国家命运相结合，引导其走出"墙角"，不做那孤芳自赏的花，走向更广阔的天地。

学院团委和团支部不辱使命、不负期待，在这次疫情防控战中充分发挥了生力军、突击队的作用，真抓实干、努力作为。把当前疫情防控工作作为提升团的组织力、引领力、服务力的一次大练兵，团结带领广大团员青年踊跃投身疫情防控人民战争，努力在实战实践中发挥担当能力，展现了政治素养，强化了专业本领。

疫情是一场席卷全球的大考，而中国应对疫情的表现给青年们上了一堂生动的爱国主义教育课，在这次抗击疫情中，中国当代青年展现了有担当、有能力、有志向的青春力量，而相信青年的力量，就是相信中国的未来。

# 政治性与艺术性：红歌合唱融入高校思想政治教育

设计学院　聂唱　武超

## 一、案例简介

案例来源：设计学院学生。

基本情况：设计学院分为建筑、设计、园林等三个专业五个方向，学院学生目前分散在建筑馆、媒体与设计大楼、农生学院小白楼、校外的零号湾等多个地点进行专业学习。他们主要为 95 后、00 后，具有个性独立、思想成熟等特征。设计类专业教育的特殊性又加强了他们的创新性、先锋性和独立性。

设计类专业教育的特点一定程度上造就了学生注重自我、追求个性、关注个人成长等特性，也造成一部分同学相对缺乏集体意识、家国情怀较为淡薄的问题。学院专业课程均为小班上课的形式，学生课余时间都在各自的工作室独立创作，这样的专业学习环境使得各专业、各班级间缺乏相互交流了解的机会。加之学院建院伊始，大部分学生迁转自三个不同的院系。学生和学生之间的互动交流、学生与学院之间的情感连接亟待构建，设计学院学生群体的归属感、认同感、凝聚力和向心力亟须提升。

上海交通大学已连续举办四届"一二·九"歌会，旨在引导青年学子坚定理想信念，涵养家国情怀。设计学院学生工作团队将此项活动作为开展思政工作的一大抓手，在红歌合唱活动和学生思政教育间寻求契合点，以文化人、以文育人，力求探索出一条新的思想政治教育工作的有效途径。

## 二、案例分析

目前，各种形式的合唱活动已经成为国内各大高校校园文化生活的一大亮点。红歌合唱作为一种艺术实践过程，具有独特的教育功能和显著的育人优势，渗透于人才培养的方方面面。基于设计类专业学生目前的思想现状和行为特点，组织学生积极参与红歌合唱活动的重要意义和积极影响主要有以下几方面。

### （一）有助于坚定学生理想信念，激发学生爱国主义情怀

学生现状：一方面，传统的思想政治教育方式收效甚微，大学思政课上教育还不够充分、全面、立体，急需新的教育载体和方式，跳脱出"课上划重点、背题目"的陈旧模式；另一方面，设计类学生在专业教育中长期接触大量西方教材和理论，容易受西方思想影响，思想政治教育亟待加强。

教育意义：红歌包含着大量党史、新中国史、改革开放史和社会主义发展史的内容，情感明确、立场鲜明，是高校实现立德树人根本任务的鲜活教育素材。学生通过学习演唱不同时期的红色歌曲，可达到知史爱党、知史爱国的目的，从而进一步加深对中国共产党领导重要意义的理解，进一步坚定"四个自信"。

### （二）有助于促进学生心理健康发展，培育学生发现美、爱好美和创造美的能力

学生现状：信息数字化时代，95后、00后更是网络社区的"原住民"。学生在微博、微信等网络空间活跃积极、个性张扬，在现实生活中却表现高冷、少言寡语，还很容易陷入人际关系的困境。同时，随着学习就业压力的增大，很多学生长期处于焦虑、压抑、低落等情绪状态，个别学生还存在严重的心理疾病。

教育意义：合唱作为一种群体性活动，不但能够帮助学生突破人际交流的障碍，而且可以让学生通过音乐缓解压力、愉悦身心。通过专业的合唱训练，学生还可以学到专业技巧，提升艺术修养，在潜移默化中感受到美的熏陶，进而促进思想品德的形成，有效达到思想政治教育的目的。审美教育直接影响着学生心灵美、行为美的形成。

### （三）有助于加强学生的团队精神，提升学生的归属感

学生现状：设计学院本科生的入学方式多元，由于区域文化、区域社会经济、社会交往背景和家庭教育等因素的不同，学生的文化价值观存在较大差异。同时，设计学院共有三个专业五个方向，各专业学生之间缺乏相互交流、了解的机会和平台。加之设计学院建院伊始，大部分学生均迁转自其他院系，凝聚力和向心力有待加强。

教育意义：合唱活动可使人与人之间产生情感上的共鸣与连接，有利于培养学生互相尊重、团结协作的集体主义观念，帮助学生摆脱平时学习生活中部分文化背景、成长经历等因素的影响，让部分学生克服胆怯和自卑的心理，积极融入集体，发挥自身优势，展现阳光自信的一面。学生在群体性音乐活动中还能够提升价值感和成就感，感受集体的温暖，从而使身心更有归属感。

## 三、教育过程

为保证红歌合唱活动发挥切实的育人成效，在实际组织过程中，设计学院学生工作团队的具体做法主要有以下几点。

### （一）提升学生的思想意识

比赛队伍招募和组建初期，合唱团带队老师要从活动背景层面、学院意义层面和个人价值层面三个维度引导学生加深认识和理解。首先，"一二·九"运动在历史上掀起了民族抗日救国的新高潮，"一二·九"歌会的举办正是为了纪念这一重要历史事件。其次，"一二·九"歌会是与其他院系同台竞技、展示设计学子精神风貌的平台，意义重大且具有挑战性。再次，"一二·九"歌会也为每一位学生提供了学习专业演唱技巧和在大型舞台上展示自我的宝贵机会，有利于激发学生自我潜能。最后，通过活动的举办向学生充分阐述参与红歌合唱活动的意义，避免学生仅为追求素质拓展加分等而报名参加，同时也要充分调动学生的主观能动性，全身心地投入排练和表演中。

### （二）培养合唱队伍的团队感

合唱队伍的成员来自不同专业、不同年级，大多数成员也从未接受过专业系统的合唱训练，想要在短时间内达到较好的表演效果，就要不断挖掘和培养学生群体的团队感。一方面，树立共同认可的目标，激发团队的奋斗动力；另一方面，建立融洽的人际关系，营造轻松温暖的团队氛围，确保成员之间互相尊重、紧密配合。

### （三）兼顾学生个人的获得感

备赛时间紧、任务重，学生们放弃了业余休息时间参加合唱排练，很容易产生倦怠的负面情绪，因此强调集体观念的同时，也要注重每一个人的价值感。一方面，要经常肯定学生的付出，看到每一个人的进步，提升个体和群体的自信心；另一方面，要切实提升学生的音乐审美和艺术修养，增强个人的收获感和成就感。

### （四）落实后勤保障和运行机制

合唱团队的管理组织工作应从学生实际需求出发，建立相应的管理机制，保障经费支持。应统一排练机制与模式，规范成员选拔、排练计划和奖惩制度等，确保合唱活动的顺利进行；应聘请专业的指导教师，由易到难、由表及里引导无专业基础的学生练习合唱，确保排练的效果；应保障学生的合理需求，积极慰问关心，定制纪念勋章，提供精美的服装、化妆、道具等，为他们留下美好回忆。

在设计学院学生工作团队的精心组织和周密部署下，设计学院合唱团队在"一二·九"歌会上屡创佳绩，两年蝉联金奖。设计学子的团队凝聚力、集体荣誉感大大加强，对于学院的认同感、归属感明显提升，爱国主义热情和民族自豪感高涨，起到了以文化人、以文育人的良好成效。

## 四、总结反思

匈牙利著名的音乐教育家柯达伊曾说："由集体的努力所完成的音乐作品和带来的愉快培养了高尚品格的人，这种价值是无法估量的。"当代大学生的思想政治教育具有很强的时代性，传统的教育模式已经很难满足大学生的内心需求。作为集政治性和艺术性为一体的综合性活动，高校学生开展红歌合唱活动活跃了校园的文化氛围，丰富了校园生活，在思想政治教育工作中发挥了巨大的作用。关于推进红歌合唱活动融入高校思政教育的途径，有以下几点思考。

### （一）推动专业合唱训练普及化

以建立二级学院学生合唱团为抓手，通过队伍建设和专业训练，切实提升红歌合唱的普及性和参与度，实现学生艺术修养的整体提升。聘请合唱专业和思政方向的专家共同制定一套行之有效的训练机制，整理出"红歌合唱曲库"，建立红歌合唱育人的长期有效机制。

### （二）打造品牌化红歌合唱活动

学校将红歌合唱活动融入校园文化生活，融入重要事件、重要时间节点，常态化开展品牌活动，扩大活动的影响力，拓展红歌合唱活动的教育覆盖面。例如，举办"一二·九"歌会，在合唱比赛筹备过程中注重开展音乐教育和思政教育，发动更多学生去参与和欣赏比赛，丰富校园文化生活的同时，巩固思政教育的实效。

### （三）拓展多元化活动形式载体

借助红歌合唱活动，创新爱国主义教育手段，开展多种形式的第二课堂活动。除了常见的合唱比赛，还可以举办主题讲座、实地采风、对唱拉歌等活动。高校要守住网络阵地，通过网络思政推动红歌合唱活动的创新化。例如，武汉大学曾发起"我和我的祖国"网络拉歌接力活动，充分调动全国高校大学生"学起来、唱起来"的热情，形成了强大的网络声势。

# 科艺融合，贯通创新
## ——设计学科背景下的审美教育

设计学院　华佳　武超

## 一、案例简介

案例来源：设计学院部分专业大一新生。

基本情况：如今，许多省份都出台了不同的本科招生政策。在贵州、云南等部分定向省份，许多考生可以通过贫困专项计划、高校专项（思源计划）等途径进入我校。在我院大一新生中，超过 40% 的考生属于此类群体，其中一部分同学在入学初因个人原因陷入了"入学困境"，即高考虽填报了自己感兴趣的志愿，但终被调剂到了自己从未了解和接触过的人文社科类专业。入学后，密集紧凑的课程教学、难以上手的画图作业，让许多高中理科背景的学生面临巨大压力。

入学前，部分大一新生线上向我咨询。相比于大学生活，他们更想了解专业情况、课程内容，甚至毕业去向。入学后，小晖、小渊等同学在谈心中表现出对专业课的极不适应。课堂上，无法及时理解课堂内容，缺乏良性沟通；课后，做作业毫无头绪，无法按时完成，甚至因作业不符主题，质量差被批评、被要求重新完成。这些学生只对理科感兴趣、惯于使用线性思维，现在要他们快速转入人文社科学习模式，十分困难。与有艺术基础的同学相比，他们压力更大。因此，他们一方面强迫自己完成学业要求，另一方面，越发想"转专业"，尤其是想转到理工、经管等方向，想着这样在毕业时也许能找到"好工作"。在沟通中，他们多次谈及此问题。

## 二、案例分析

小晖、小渊这样的一部分同学表现出来的共性问题，归根结底是本科新生对所学专业和学习模式不熟悉不适应，专业兴趣度不高导致的。从内部环境（学生本人)和外部环境(家庭成员、同龄群体等)分析,以下三个维度的原因是出现问题的关键。

### (一)基础教育中学习思维的固化

在现行招生录取体制下,"唯分数论""唯分取人"的观念没有得到根本的扭转,基础教育阶段,学生对于分数和成绩的认可度依然是最高的。从小学、初中到高中,学生们已经习惯了以笔头考试作为考核方式、以成绩排名作为衡量优秀的标准。尤其在国内很多省份,理科课程一直是高中阶段的教学核心,学校注重培养学生理科的线性和固定思维。而艺术类学科讲求的是发散性思维、创造力养成与审美力培养。进入大学后,设计图纸、创作模型、专业设计师轮流打分等新颖的教学方式、作业形式和评价体系对他们形成了一种冲击。学生明显感到对设计类课程无所适从,思维上的转变对他们而言挑战很大,两者之间的互不匹配,造成部分本科新生对设计学科所需的发散和创造性思维缺乏兴趣。

### (二)家庭背景下专业择业观的偏颇

我院大一新生中,来自中西部地区的学生超过 40%,大批专项计划生源来自云南、贵州、甘肃等省份的贫困地区,很多学生家庭经济较为困难,我院贫困生的比例和程度相较于其他院系要高。这部分学生从小的成长环境使其对于设计学科接触较少,而设计学科整体学习成本相对高昂。此外,从家庭来看,这些孩子的父母受教育水平较低,对于孩子考什么大学、读什么专业、未来从事什么职业没有充分的认知,缺乏对孩子的正确引导。在这种情况下,这些学生更容易被传统理工科、经济金融等学科专业吸引,在他们的想象和理解中,这些专业通常意味着未来职业待遇更高,前景更明朗。因此,他们不断萌生转专业的想法。

### (三)同龄群体内多重价值观的影响

从同龄群体分析,大一新生容易受到同龄个体、其他院系学生、高年级学长等角色的引导。学生们在互相交流的过程中容易抱团,甚至出现同寝室都想转专业的情况。高年级学长对课程、专业、院系、学校的某些负面感受会被新生放大,降低新生对专业学习的积极性。从价值观分析,如今 95 后、00 后年轻学生群体容易受多元文化思潮的影响。互联网和社交媒体的兴起,给了学生更多深入了解专业、思考未来发展出路的渠道,但鱼龙混杂、参差不齐的评价和信息对于尚未形成牢固价值观的新生而言通常是有害而无益的。鉴于设计领域的行业属性,这部分学生往往会形成对专业的片面认知,认为学习设计专业未来难以就业或深造。

## 三、教育过程

面对小晖、小渊这些学生的"入学困境"，作为辅导员，我将工作思路分为短期沟通、长期引导、家庭支持三部分，运用在实际中。

### （一）短期沟通，及时回应学生关切

在小晖、小渊等同学主动找我沟通的时候，我做了如下工作。一是不避讳他们所提出的"转专业"想法。先询问他们想转到什么专业，得到的答案基本是电子信息、自动化等热门专业。但当我进一步询问是否真的非常了解工科专业的课程体系设置、大学四年学习路径、未来职业规划等问题，是否询问过学长、专业教师，甚至是家长意见时，这些同学态度并不坚定，也没有做好未来进入互联网等行业的思想准备。因此，在我们的沟通过程中，许多学生表示会重新考虑是否转专业。二是鼓励他们正视目前所学专业。小晖坦承自己在完成课程作业时经常感觉很痛苦，完全没有设计思路，难以得到老师的认可，作业分数一直比其他同学低。在沟通中，我耐心听完他们的真实想法，并提到大学是培养创新思维的殿堂，大学学习模式已经非高中阶段的"唯分数论"，并且人文艺术学科本就没有客观定论之说，所谓行业大师都是在不断尝试和失败的过程中才有进步的。小晖表示日常学习生活给他带来了很大挑战，但也会努力去克服困难，尝试和专业磨合。我鼓励他们，不管所学专业是什么，在大一阶段先把基础打好。同时，抓住大一刚入学的关键窗口期，通过导论课程、基础课程这些入门级的内容先了解自己所学的专业本质是什么、核心是什么、有什么价值，建立正确的专业认知。由此，赋予他们主动深入学习、打开眼界的热情和动力。

### （二）长期引导，科艺融合以"美"育人

充分扩宽第一课堂宽度，通过举办设计嘉年华、一年级光影展等活动，开展审美教育。将同学们专业学习中的课程作品、期中期末作业以线上线下展览方式展出，提升大一新生对自我的能力认同，让他们收获成就感。同时，打造第二课堂特色活动，不断创造机会强化学生专业认同。一是在各专业开设新生专业引导系列讲座，在大一上学期每月固定邀请高年级学长分享专业学习心得，拓宽新生行业认知。学长从大二、大三、大四学生甚至是毕业校友中选择，形成链条式循序渐进的分享模式，帮助大一新生在入学阶段即建立对专业和行业的整体认知。二是鼓励参加各类竞赛，以赛促学。小晖、小渊等同学向我表示，他们知道很多设计类赛事，都非常想参加，但碍于能力不足没有勇气参加。作为大一年级学生的辅导员，许多同学在我的鼓励下踊跃尝试各类竞赛，甚至跟随任课教师报名参加一些高水平双创竞赛项目，如通过设计的力量助力城市发展和创新等。小晖等部分同学还积极参加跨学科竞赛，如力学结

构竞赛等,这既锻炼了他们的理性思维,又培养了他们的设计专业能力。科学和艺术的结合在未来也有可能成为这些学生在就业时考虑的因素,为就业提供更多的选择。

### (三)家庭支持,与家长主动达成一致

在和小晖、小渊等同学家长的沟通中,我得知他们文化水平不高,在孩子的专业学习、未来就业方面,可能给不出具体的建议和方向上的引导,关于转专业或者未来毕业去向等问题,可能最后的沟通结果就是请老师协助孩子做决定。因此,在大一关键时期,我建议家长多参与孩子成长的过程,做到关心关怀,时刻掌握孩子的思想动态,和学校一起引导,形成互助合力。

在和家长沟通时,我建议他们多鼓励和支持孩子,及时倾听孩子的真实想法,不要盲目、"一刀切"地以未来收入为导向,也要关注孩子个性成长和个人价值实现。在听过孩子的描述之后,许多家长也直言孩子还未适应大学模式,转专业的想法可能只是一种短暂的逃避,他们表示会积极鼓励孩子。

经过一段时间的努力后,再与小晖、小渊等同学沟通,我发现他们明显对专业有了更强的认同感,小渊表示:"之前只想怎么快点做完作业,现在我反而更愿意每次花更多时间去构思、去拿笔作画,觉得改变了很多。"这部分同学基本都逐渐适应了专业学习,放下了转专业的想法。

## 四、总结反思

在辅导员的工作生涯中,我们常常会遇到各种各样的问题,很多时候需要我们透过现象看本质,并结合实际情况"对症下药"。本案例所提及的,看似是转专业的问题,事实上是对现有专业认同的缺失、对未来职业规划的迷茫。

面对刚入学的大一新生,他们的大学生活会如何安排,他们毕业后会成为什么样的人对他们自身而言非常关键。但这些同学往往并没有认真思考或规划他们的大学生涯和毕业去向,并且也欠缺规划的能力和眼界。从高中阶段继承而来的线性思维很容易让他们陷入困境,忽略大学创新教育的本质,导致无法适应专业学习,动辄想转专业。他们习惯用固有的思维模式看待新事物,这也是一种路径依赖的行为。因此,在实际处理过程中,需要注意以下几点。

### (一)切实了解新生个体的情况

每个学生成长的家庭环境、从小接受的教育不同,形成的性格和兴趣点也不同。正因如此,我们不能武断地否定他们萌生的转专业想法,否则,容易给学生留下负面印象,引起学生反感。相反,我们必须倾听每位学生的真实想法,了解他们为什么想转专业,为什么对目前专业没有热情,结合他们各自的成长背景,综合得出原因。

### （二）启发式引导学生的专业认同

大一新生刚入学，对于陌生的事物都有一个接受的过程。基于对这部分学生群体的了解，我发现在大部分情况下，学生对目前所学专业、想要转的专业都没有明确清晰的认知，无法做出较为理性的判断。因此，大一学年最重要的就是让学生建立对目前所学专业的认同，同时注意通过启发式引导，循序渐进，如以艺术展览、人文徒步等同学们喜闻乐见、善于接受的方式植入专业情怀，提升引导效率等。

### （三）充分发挥学科交叉融合可能

在现实生活中，专业课程并不是学生接触的唯一学习内容。对于人文社科类型专业而言，课外项目、选修课、第二专业等也可以让学生接触到更多其他感兴趣的内容。对于案例中提及的群体，可以将他们感兴趣的科学和艺术融合在一起。从这个角度而言，我们要善于把握包括大创项目、双创竞赛在内的其他抓手，协同育人，形成合力，让这部分学生在巩固好专业学习的基础上扩宽知识面。

### （四）做好创新教育，助力职业规划

在大一大二低年级阶段，很多学生对未来都没有规划。兴趣多元、勇于尝试一定程度上也有利于学生认清自己最想要的是什么。所以，我们要把握契机做好创新教育和审美教育，提供机会让学生试错，同时前移就业引导工作的窗口。到了大三大四高年级阶段，大部分学生会更聚焦于自己未来可能从事的行业，不管是专业本身，还是这部分学生可能更喜欢更擅长的理工科领域，或者是两者的结合，都有利于他们更好地做出升学、就业或创业选择。

### （五）加强家校之间的交流和支持

案例中，小晖和小渊等同学的父母来自农村，认为孩子考上大学已经很不容易，对专业情况、毕业去向等并不十分关注。在我和家长沟通之后，他们开始增加与孩子交流沟通的频次，有更多关于学校、学院、学习情况的交流，也给了这些学生很多的鼓励和支持，这起到了非常关键的作用。

# 中国欢迎你，交大欢迎你

## ——带留学生"读懂中国"

生命科学技术学院　李芳

## 一、案例简介

案例来源：生命科学技术学院留学生。

基本情况：我院每年接纳来自巴基斯坦、印度、泰国、伊朗、意大利、马来西亚等"一带一路"沿线国家的留学生十余名。截至 2020 年 9 月，我院共有在读国际留学生 59 名，占学院学生总数的 5%。留学生在学院学生中的占比并不高，但因为语言、文化方面的差异，在留学生教学管理中常发生一些棘手的问题。如小 A 同学和小 M 同学因肾结石和肾脏感染，剧痛难忍，紧急就医，但因不适应国内就医流程，就诊、手术及保险报销过程中遇到许多问题；J 同学因学习压力过大，就餐时突然晕倒，但就医检查后身体无生理指标异常；L 同学迷恋直播和酒吧，在酒吧酗酒后与出租车司机打架，在同学中产生不良的影响。"外事无小事"，上述种种问题需要辅导员运用智慧去处理，一方面做好服务工作，多关心学生，另一方面也要加强日常管理。

当前我国已经成为世界第三大留学目的地国，我校留学生数量也在逐年增加。但是，目前校内针对国际学生的跨文化教育的开展不能很好地满足留学生生活科研发展的需求。留学生在思想观念、人际交往、心理健康、身体健康等方面的问题逐渐增多。我校留学生以"一带一路"沿线友邦国家生源为主，在入学初期，留学生在学习、生活、交流沟通等方面都存在很多的适应性问题，针对留学生培养过程中遇到的诸多问题，辅导员需联合家长、导师、实验室同学、留学生组织开展系统的"读懂中国"跨文化教育，从文化习俗、跨文化交流方式、跨文化心理适应、校园生活必备常识、跨文化学习方式方法等方面对留学生进行全方位的教育培养和关心指导。

## ▌二、案例分析

上述留学生管理中各个事例之间看似相互独立，但仔细分析事例背后的实质原因，则能发现留学生群体在语言、学习方式、文化交流等方面存在一些共性问题。

### （一）语言不通是产生诸多问题的重要原因

来自巴基斯坦、伊朗、印度等国的多数留学生，基本没有汉语基础。在学校，他们用英语与其他学生、导师沟通交流，但出了学校，用英语交流就可能遇到阻碍。如在就医过程中，部分医护人员不能用英语进行解释交流，当学生身体有很强的不适感时，遇到语言沟通的不顺极易导致情绪激动，进而产生冲突。此外，在教学过程中，部分留学生反映中英双语课程数量有限，不能充分满足其选课的需求，但又无法选修仅中文教学的课程，因此产生苦恼和厌学反应。包括留学生酗酒乘车打架的案例，也是语言交流的障碍导致的矛盾激化。

### （二）学习方式和学习基础的不同造成的压力问题明显

我校作为国内重点大学，在校学生学习基础扎实，学习强度和刻苦程度都非常高，学校整体的学习科研氛围良好。留学生在研究基础和学习习惯上与中国学生有一些差异，如中国学生有时在实验室工作到深夜，留学生往往工作时间和生活时间分割得比较清晰，一般晚上不愿再开展科研工作；大部分中国学生在完成课程作业方面的速度比较快，授课老师据此在推进课程进度时的速度相对也快，同等班级中个别留学生进度相对缓慢，深感学习压力大，从而发生就餐时晕倒，但医学检查结果显示其各项生理指标正常，这更多的是心理压力导致的应激反应；在强压力下，留学生追求刺激和开放的性格会导致其赴校外酒吧等地释放压力，从而进一步造成酗酒等不良现象的发生。

### （三）民族文化在校园内的不同表达

我院乃至我校留学生中来自巴基斯坦、伊朗、印度等国家的居多，这些留学生普遍重视本民族文化生活习俗，特别是每年的斋月期间，这些学生的生活节奏和正常的科研教学有时会发生冲突，该阶段要对留学生身体和心理方面着重关注。一方面要充分尊重留学生的民族文化习俗，另一方面要特别注意提醒校园内不可进行宗教相关活动，引导其正确表达和弘扬民族文化，如组织相关的民俗文化节，以及拓展校外民俗文化交流活动等。

## 三、教育过程

### （一）每年开学季开展留学生"新生破冰"活动

组织学院教师、留学生兼职辅导员、教务办老师、留学生学长一起座谈交流，带领留学生新生熟悉学校和学院环境、选修课程操作流程，开展新生实验室安全培训、科研诚信教育、图书馆资源介绍等活动，帮助留学生新生全面了解、熟悉上海交大生活。这些系统全面的"新生破冰"活动最直接的作用是帮助留学生迅速找到归属感，使其知道遇到困难可以到什么部门找谁解决问题，更好地引领留学生立足新起点，开启新征程。

### （二）开展留学生心理健康咨询讲座和跨文化交流讲座

从文化适应、学术挑战、社会文化等不同层面帮助留学生认识不同文化背景下的生活和学习差异、做好自我定位，开展自我调整和适应。如针对留学生群体中肾脏疾病发病率高的现象，邀请相关的专业教师开展日常自我健康防护的讲座，帮助留学生关注健康，熟悉中国的医疗资源配置和就医流程。心理健康咨询讲座也能更好地帮助留学生度过"homesick"（想家）的时期，使其以更自信的状态、更充足的准备，应对新的学习和生活环境中的挑战，身心双护航，帮助留学生知华、爱华、友华。

### （三）利用传统文化节日的契机开展跨文化教育

在春节时带领留学生包饺子、写春联，中外留学生共度端午佳节，举办不同国家专场的留学生文化节等，可以让中外学生在展示自己民族文化的同时，表达自己的思乡之情和爱国之情，让大家在感受不同国家传统文化的魅力中学会相互尊重，加深彼此的交流和理解。

### （四）带领留学生走出校园，全方位认识上海

参观上海中医药博物馆，亲身体验中国传统医学的博大精深；赴上海张江高科技园区开展社会实践，体会中国企业的工作环境……这些实践走访可以让留学生全方位地了解中国、了解上海这座城市，从城市人文到企业求职，让留学生提前了解不同地域不同类型企业的文化氛围，提升留学生的专业志趣和生活在中国的幸福感。

## 四、总结反思

随着经济全球化的推进，国家间留学生交流也越来越频繁。留学生作为国家与

国家联动发展的重要智库，是联系两国关系的重要桥梁。在来华留学生群体中开展"读懂中国"教育具有极其重要的意义，关于留学生跨文化教育的问题也越来越受到关注。

本文介绍的案例是留学生教育培养过程中常见问题的综合。留学生来到中国，面对巨大的文化冲击，身心均承受着巨大的压力。"读懂中国"系列教育从身体健康到心理健康，从学术培养到就业引导，可以根据留学生在华生活的不同地域文化、不同发展阶段特点，系统全面地推行，全力构建留学生培养的"三全育人"体系。具体推行路径中需要重点关注以下几个方面。

### （一）提升留学生汉语语言水平

在与留学生交流中，我越来越强烈地体会到语言是留学生活的基础。据统计，我校所有留学生均掌握英语读写，但汉语掌握程度参差不齐。目前留学生（非语言生）培养体系中虽然有中文课程修读，但中国文化博大精深，单一学期的学习很难使留学生达到顺利进行汉语沟通的目标，更有部分留学生感觉汉语课程的学习使课业负担加重，从而时常逃课缺勤等。将语言教育融入日常科研和生活中，着力提升留学生的汉语水平，是传播和弘扬中华文化的基础，对于提升留学生生活幸福感至关重要。

### （二）加强校园生活服务体系建设

在"互联网＋"技术背景下，学校构建出了较完善的数字化校园文化交流平台，校园生活的便利性大大提升，但满足留学生在华学习和管理需求的数字化资源支撑还有待加强。如部分生活资源的英文标识缺失，部分网站的英文版本建设还有待提升。目前为了帮助留学生尽快掌握生活学习中的各项必备技能，我院以课题组为单位推行"一对一"结对帮扶计划，通过中国学生与留学生的结对帮扶，促进中外留学生的交流互动，提升留学生对校园生活的适应性。但从长远来看，还需要进一步加强国际化校园生活服务体系建设，以满足来自不同国家和地区的留学生的需求。

### （三）推进体验式学习，强化留学生"读懂中国"教育

围绕弘扬中华优秀传统文化的主题，针对在华留学生开展主题文化交流活动，不能只做浮于表面的文化展示，还需要综合采用实地考察、动手实践操作等体验式教育方式，使中外学生亲身领略到优秀传统文化的魅力，强化留学生对非母国文化的体验和适应性，进而在学习中华优秀传统文化的过程中，实现中外学生思想和心灵交流方面的碰撞，加强对彼此的理解和认识，推进科学合作共赢的良性发展。

### （四）加强留学生管理师资队伍的专业化能力提升

留学生管理涉及文化、法律、医疗甚至外交等诸多层面的问题，这就对留学生管

理方面师资队伍的专业化和职业素养提出了更高的要求。高素质的留学生管理队伍,要具备基本的外语沟通交流能力,熟悉国际时政背景,精准掌握留学生招生、签证、住宿、生活学习、考勤考试、毕业等方面的管理细则,同时能保持仁爱之心和奉献之心,以保障留学生管理工作的顺利进行。学校和学院层面在留学生管理队伍师资建设中要加强对管理者外语水平和跨文化交际能力的培养,如创造机会分批选派管理者出国进修学习、培训,定期举办分版块的国际事务及留学生管理细则等方面的交流,根据不同学科的特点,探究构建留学生培养和管理的新模式。

# 综合类高校农科学生专业
# 志趣引导与学风建设

农业与生物学院　熊峰

## 一、案例简介

案例来源：农业与生物学院本科生。

基本情况：国家乡村振兴和农业现代化建设离不开新时代农科学子，然而当前农科学子的培养却面临许多挑战。很多同学在修习全校基础课如高等数学、线性代数、大学英语等课程时，表示非常吃力，尤其在考前更是感到严重焦虑，超过一半的同学担忧自己会挂科，并且这些科目最后的不及格率确实非常高。

有些同学选择农科专业只是为了能够进入重点大学，没有认真衡量专业是否真正适合自己。入校后，许多学生咨询学校转专业的政策。一些学生因报考前对专业了解不透彻，当得知不能转专业的现实情况后十分失落，加之一些课程考试成绩不理想，使其进一步失去了本学科的学习动力。部分成绩相对不错的同学转往其他专业就读，或通过修读二专、其他学院课程为下一阶段做准备，也有部分自顾不暇、分身乏术的同学陷入"学不会又不想学"的死循环中。总体而言，同学们学术志趣不高，对农业专业缺乏认同感。同时学院也有很多学业基础好，并且有进一步发展需求的同学，但缺乏突出研究成果。因此，亟须创新学术科研方式，引导优秀学生，保障拔尖创新人才的培养。

## 二、案例分析

### （一）问题表现

目前农科本科生缺乏学术引导，学院培养创新人才面临挑战，我认为主要与以下三方面有关。

### 1. 学生学业基础有待加强

学院部分学生基础较薄弱，难以跟上学校高强度、高难度的课程学习节奏。农科专业在综合类高校中处于弱势地位可能是一个普遍现象。加上近年来学院生源面向广西、云南、贵州、江西、新疆、西藏等地区提前批量招生，以及面向甘肃、河南等开展贫困生计划招生。尽管专业录取分数处于国内农科领先地位，但在学校内部，自然保护与环境生态类（农学相关专业大类）较同年普通一批次低 15 分左右，这导致了我院学生学习基础较薄弱。以 2017 级学生为例，在入校后农学相关专业大类学业成绩方面，第一学年平均学绩点为 2.97，普通批次为 3.34，同学年全校学生平均学绩点为 3.23，农科学生第一学年成绩低于普通批次学生成绩 12.5%，学生学业基础亟待加强。

### 2. 学生专业认同感尚待提高

很多学生对所学专业兴趣不高。生源问题也容易造成学生及家长对农科专业出现理解偏差。学院学生大多来自农村，很多家庭经济条件比较困难。在农村观念中，考入大学是走出农村的捷径，此类学生身上肩负改变家庭命运的使命，而他们对现代农业认识不足，会把农学类专业等同于传统种地和养猪。因此，受就业压力、父母意愿引导等影响，学生对专业学习意愿不强。

### 3. 学生学术志趣有待增强

在综合类高校中，部分农科学生缺乏学术志趣，对生涯发展迷茫，这进一步加大了学业问题。一方面，一部分学生缺乏对专业的了解，对农业科研存在认识误区，仅满足于将课程修读完成，没有结合实际情况制订合理的学业发展规划或对自我进行拓展提升。另一方面，一部分学生拥有较好的学业基础，以较高的高考分进入综合类高校学习农科专业，但缺少引导，对于今后的生涯发展感到迷茫，缺乏远大的学术抱负。

## （二）问题解决

对于以上三类问题，需要通过建立有效的帮扶和引导机制，形成各方合力，帮助学生克服和解决。具体可以考虑从以下三方面展开。

### 1. 加强学生第一课堂学业辅导

夯实学业基础是综合类高校中农科学生亟须解决的问题。首先，发挥朋辈在第一课堂学业辅导中的积极作用，提高帮扶组的学习频率，帮助学困生树立努力学习的意识，提高其自主学习的积极性；其次，加强网络平台建设，形成网络思政合力，通过新媒体平台进行活动辅导、学习资料的整合、学业辅导的动态管理等，提高参与度，帮助学生获取大批量有用的资源，形成"线上线下双轨运行"学业分享中心，围绕第一课堂做好学业基础辅导工作。

2. 加强顶层设计

发挥农科在综合类高校中的实践资源优势,以劳动教育为切入点,加强学生的专业认同教育。构建"1+3"的劳动教育实践育人模式,鼓励学生将理论知识与劳动实践相结合,通过劳动实践实现理论知识的应用,通过理论指导实践的进行。

3. 将综合类高校的办学优势转化为育人优势

在综合类高校中,农科学生缺乏学术志趣和对生涯迷茫,主要是缺少或不了解自我价值实现的途径。第一,应发挥综合类高校科研资源优势,充分将科研优势转化为育人优势。依托综合类高校中的丰富科研资源,构建学生创新实践平台,最大限度发挥现有教学实验室的效益,以沉浸式的科研教育为学生探索学术兴趣提供平台。第二,应发挥综合类高校的师资力量优势,充分将人才优势转化为育人优势。建立本科生导师制度,要求导师以学生学业规划为抓手,针对大学生专业学习中遇到的困惑,从专业认知、职业发展、心理调适等方面进行引导和辅助,为学生长期的职业规划和发展打好基础。

## 三、教育过程

学院针对学业基础、专业志趣和学术志趣三个方面的问题,制订工作方案,积极落实行动,取得了一定的辅导效果。

### (一)学业基础方面

为夯实学生学业基础,学院建立了"智耕农源"网络信息共享平台,以云盘为载体,以微信公众号为窗口,完成学业资料分享、学业动态信息传递。目前已收集基础课程、专业课程、通识选修课程等三门类80多个学科的学习资料。此外,建立了一支长期的线下帮扶团队,通过招募,聘任国家奖学金得主或公认的优秀学长为"帮帮团"成员、班主任助理,参与学困生日常学业帮扶工作。自2014年起,本科生收到退学警告人数逐年递减,从20余人降至目前10人左右,学生学业基础得到夯实。

### (二)专业志趣方面

第一,把握入学新生价值引领灌浆期,推出"青禾计划"系列活动、院长"开学第一课","农耀企航"行业教育活动,邀请专家为青年学子上思政课,利用课程思政强化学生扎根农业科研的信念,强化价值引导、营造氛围,厚植"扎根专业"的土壤。通过建设10个院级学生科技创新工作室,完成4个校级科创工作室争创,加强重点孵化、定点突破。

第二,进一步强化与大学科技园等的合作,充分利用并用好、用对校友资源,开展"知名校友学业引导工程",发挥行业校友学术创新引领的重要作用。通过拓宽企业合作、引进科技创新奖助学金、实践走访科研院所等,带领学生实现"个体走出去,思想请进来"的实践育人效果,为大学生学术创新实践体系中的教育增量。

### (三)学术志趣方面

第一,面向全体学生推出"绿谷讲坛"特色农科论坛。至今已邀请 10 位中外院士开展学术报告,累计吸引 1 000 人次参加,形成了新生与大师面对面交流的对话环境,对培养学术精神和学术志趣起到了积极推动的作用。

第二,在原有 PRP、IPP 等科技创新活动的基础上,面向全体本科生推行"农耀计划"课外创新计划项目,建立本科生导师制。2016 级—2018 级已经实现全覆盖及学分化,累计参与人数 400 余人,每年超过 50 位专业教师参与指导工作,科研氛围浓厚。这三年,本科生以第一作者身份发表 SCI 论文 7 篇,EI 论文 6 篇,在实现零的突破基础上,在专业内高水平期刊乃至核心期刊发表论文数呈现逐渐递增态势。

第三,以科创类赛事为抓手,促进科创成果转化。开展"绿谷杯"本科生科技创新成果展示评比活动、"绿谷杯"ECO-TECH 创新创业大赛,结合"金龙鱼"科技创新训练营、创业沙龙、校际交流等活动,培育科技创新项目百余项,提高对学生科技创新成果的激励。2020 年在"互联网+"创新创业项目中获全国铜奖 1 项,上海市金奖、银奖各 1 项,在"创青春"全国大学生创业大赛中获得全国铜奖 1 项、上海市银奖 2 项。

## 四、总结反思

农业现代化和乡村振兴离不开"新农科"人才,但农科人才培养面临着诸多问题。目前,我院许多学生对本专业兴趣不高、缺乏专业自信,对学业不重视,没有结合实际情况制订合理的学业规划,更缺乏远大的学术抱负,因此,亟须对他们进行价值层面与学业学术层面上的引导。

在辅导员工作过程中,通过一系列品牌活动的打造,我们逐渐构建了学生科技创新培育、创新实践育人成果激励、农科行业人才引领三大模块,最终整合搭建起了"培育—成长—加速"的农科本科生科研实践培养体系。在应对弱势学科的学业学风问题上,我也总结了以下几点经验。

### (一)做好新生教育,树立行业自信

在"灌浆期"开展新生教育,提高学生对专业的认可度和认知度是必不可少的。在新生入学后组织开展院长、书记"开学第一课",邀请服务基层的多位选调生校友回校座谈,从师长、校友、朋辈多个维度引导新生提高专业认同。尤其要重点开展行业实践教育,根据专业特点,以学生的成长成才规律为依据,定制行业教育方案。通过全覆盖的实践育人体系,走访大型企业,深入实践,破除专业偏见,系统帮助学生动态

认知社会需求,树立行业自信,将被动式学习变为兴趣导向学习。

**(二)围绕第一课堂,筑牢学业之基**

首先,建立一支专业知识扎实的朋辈学业辅导团。通过朋辈教育,将高校教育传统的单向"灌输"转换为双向互动,从"一对一"转向"一对多"的学业经验传授。其次,通过辅导员谈心谈话机制、朋辈经验交流等方式加强对学生的督促,逐步引导学生开展自我思考、自我规划,确定短、中、长期目标。最后,加强线上宣传阵地建设。通过新媒体平台进行活动辅导、学习资料的整合、学业辅导的动态管理等,提高参与度,帮助学生获取大批量有用的资源,形成"线上线下双轨运行"学业分享中心,围绕第一课堂做好学业基础辅导工作。

**(三)把握第二课堂,构筑科研实践体系**

德国教育家洪堡认为,大学与学术是分不开的,导师可以通过使学生不断参与学术科研,锻炼学生的科研能力。在这方面,学院一方面引导学生提早进入实验室,配备专业导师给予指导,另一方面,鼓励学生参加高端学术论坛讲座等,与大师面对面,提高学生学习内生动力。

此外,专业教师是学生授业解惑的重要渠道,他们拥有丰富的专业知识与专业能力培养经验,要让他们从消极的咨询型角色变为积极的学术引路人,促进学生有目的地学习。对一些学习能力强的学生,提前通过研究生模式进行早期课题设计和辅导,为今后的科技创新打下基础。

# 构建拔尖学生培养的多层次、
# 分阶段、全方位的导师体系

致远学院　吴晓玲

## 一、案例简介

案例来源：致远学院本科生。

基本情况：为了培养具有国际一流水平的基础学科领域拔尖创新人才，着眼于创新人才的基础性培养和超前开发，根据《青年英才开发计划实施方案》，特制订"基础学科拔尖学生培养试验计划"（以下简称"大学生优选计划"）实施办法。

致远学院作为上海交通大学拔尖人才培养的"特区"，旨在培养引领中国经济社会发展和世界科技进步的创新型领袖人才。为了培养未来的学术大师，引导拔尖学生把个人理想与追求融入国家和民族的事业中，学院努力做到激发学生的科学志趣，既鼓励学生坚定科学梦想、追求学术卓越，更要求学生树立强烈的民族自豪感和自信心，自觉肩负起为祖国、为人民、为社会主义现代化建设服务的历史重任。

近些年来，上海交通大学不断研究并遵循基础学科拔尖人才成长规律，探索并实践拔尖人才培养新机制，在这个过程中，逐渐发现"导师制"对于学生成长成才起到了关键性的作用。"项目主任制"是致远学院独创并实施的一项非常特别的导师制，即学院在每个专业方向上聘请一名学术造诣高深、科研成果丰硕，潜心教学、热爱学生的教授（项目主任）担任方向负责人，全面负责该学科方向的人才培养及学生管理工作，引领和促进学生全面发展。这一制度实施以来取得了显著的成效。

随着致远学院的不断发展，其办学规模逐步扩大，学科方向也逐渐多样。截至目前，学院已培养出1 300多名毕业生，学科方向也由最初的数理班发展到涵盖全校所有的理工科专业。原来的"项目主任制"已经不能完全适应学院的办学需求和对学生的精准指导及个性化的关心了。因此，探索并建立以"项目主任制"为核心的多层次、分阶段、全方位的本科生导师体系显得非常重要。

## 二、案例分析

本科生导师制是指学生在大学本科学习阶段，配备专门的导师对其价值观形成（人格塑造）、学业发展、专业选择、学术能力培养、健康生活和未来发展等方面进行指导的教学管理模式。

### （一）充分体现"三全"育人的核心思想，构建多层次本科生导师体系

现阶段的本科生导师体系由多层次的导师构成：聘请两院院士、诺贝尔奖获得者、图灵奖获得者等著名学者担任荣誉导师；聘请国际电气和电子工程师协会会士（IEEE Fellow）、致远创新研究中心（ZIRC）导师团等担任学业导师和科研导师；聘请任课教师担任课程导师；聘请优秀的专业老师和高年级学生担任班导师等。以此充实本科生的导师团队，发挥导师制在不同层面的指导作用。

### （二）遵循拔尖学生培养规律

导师制的构建要符合拔尖学生培养规律，结合学生进入大学后的成长过程，分阶段实施。例如，低年级第1—3学期实施学业导师制，即入学后第一个月为每名学生配备一名导师；高年级第4—8学期实施科研导师制，此阶段学生可以结合专业兴趣、科研方向、毕业设计（论文）等情况，自主选择，调整一次导师。课程导师一般向低年级的同学开设课程研讨班，结合自己的课程内容来讲述前沿科学问题。

### （三）充分体现以"大师"孕育未来"学术大师"的办学定位

导师制的构建目的在于充分发挥导师在教书育人、学术传承及学生个性化培养方面的重要作用，明晰导师在学生人格塑造、学业指导、科研引导、生活管理和人生规划等方面的责任，全方位帮助学生成才成长。

### （四）激发导师和学生的自主参与热情

全面发挥导师制的作用，更重要的是激发导师和学生的自主参与热情，在教师和学生之间建立一种亲密的"导学"关系，亦师亦友。导师在了解和熟悉学生的基础上，结合自身的经历和认识，针对学生的个性差异，因材施教，全面引导学生的思想、学习与生活，助力学生更好地发展。

## 三、教育过程

### （一）明晰各类导师的任职条件

以学业导师为例，其任职条件要求副高及以上职称，有三年以上上海交通大学工

作或学习经历,确保每年有半年以上的时间在国内指导学生,是热爱学生的在职专业教师。对本校的情况比较熟悉,有激情有能力的导师,能更好地帮助新生适应大学的学习和生活。为保证导师指导质量,原则上两年一聘,每个导师每次最多指导三名学生,名下各年级学生不超过四人。

**(二)明确各类导师的配备方式**

第一阶段的学业导师配备一般由学院指定,第二阶段的科研导师配备实施师生双向选择。导师制第一阶段:导师与学生的指导关系确定后,导师不可随意更换学生,学生也不可随意更换导师,确需更换的须向学院提出书面申请,经审定,理由充分的方可。导师制第二阶段:学生根据实际情况可向学院提出书面申请,经原导师和拟报导师同意后可报备更换导师。

**(三)采取灵活有效的指导方式**

导师将根据师生双方的具体情况,采取灵活多样的指导方式。通过见面指导、电话指导、邮件指导、集体指导、开设讨论课,以及组织校内外参观等多种方式对学生进行指导与引导。

**(四)采取定量工作与定性指导相结合的方式**

以学业导师为例,其需要熟悉学院各专业学生的培养目标、方案,指导学生制订个性化发展方案,每个学期负责当面指导并审核学生的培养方案;了解分析学生课程学习情况并提供帮助,每个月至少与学生专门沟通交流一次;帮助学生融入自己的课题组,每学期指导学生阅读专业文献1~2篇,撰写文献阅读报告1篇;每个学期与辅导员、院系联系至少一次,及时了解学生信息和动态,引导学生全面发展。

**(五)搭建师生交流的平台**

荣誉导师未来将入驻学院,与学生同思共住,做到无论是物理空间还是思想境界双方都能碰撞交流。课程导师每两周开设一次办公咨询,在固定的时间和场所向学生提供学业咨询;同时,每学期开设或者组织与课程相关的研讨课1~2次,选择合适的或与教学相关的科学问题与学生面对面交流。此外,学院还组织致远创新研究中心师生见面会,鼓励同学们勇敢地打破思维定式,大胆地向老师们发问,积极地突破学科壁垒,多角度全方位地与学术大家自由探索科学前沿问题。

**(六)学院做好各项支撑保障工作**

精心组织导师与学生的第一次见面会,以午餐会的形式帮助学生和导师迅速熟悉,建立起最初步的信任关系。同时,及时向导师反馈学生的表现,提醒导师抓住一些关键性的节点和学生交流，如新生第一次考试、第一次受到挫折、出现人际交流的问题等，帮助导师找到走进学生心灵的契机。

## 四、总结反思

### （一）进一步明晰各级导师在学生培养工作中的关键性作用

1. 人格塑造

导师要言传身教，以自己严谨的治学态度、良好的职业道德感染学生；注重学生科学精神、人文精神的养成，帮助塑造学生正确的人生观、价值观、世界观；引导学生建立远大的人生理想。

2. 学业指导

导师要帮助学生完成从中学生到大学生的转变，培养学生自主、自律的意识与习惯；根据学生的志向、个性和特长，指导学生制订科学合理的选课计划；根据学生的学习进程，针对不同课程的特点，引导性地帮助学生解决学习方面的问题。

3. 科研引导

在科研方面，导师要帮助学生了解专业，激发其专业学习志趣，帮助其找到适合自己的专业方向；帮助学生融入科研团队，有意识地培养学生的科研兴趣、科研能力和社会实践技能；为学生推荐其参加各种社会实践和科研实践项目的辅导教师。

4. 生活管理

导师要做到关心学生日常学习生活，注重学生个性的健康发展；帮助学生及时调整定位和心态，做到身心和谐。

5. 人生规划

导师应针对各个学生的不同特点，对其发展方向提出恰当的建议；对学生辅修双专业/双学位、考研、出国留学等方面给予必要的指导，为其继续深造或择业提供帮助。

### （二）让学生充分认识到导师在自我成长成才过程中的引导作用

1. 向导师学习隐性知识

我们平时所学的大部分是显性知识，是能被总结进教科书的知识。而"导师制"在施行的过程中，学生从导师身上学到的往往是很难提炼的隐性知识，比如为人处世的方式、科研方法和思维方式、想问题的思路、动态解决问题的能力、艺术化的领导技巧等，这些隐性知识对促进拔尖学生的发展更加重要。

2. 得到个性化的支持

"导师制"采用"一对一"的指导方式，特别适合解决学生遇到的各种个性化的问题。导师对于学生的指导往往是跳出学习和科研的范畴的,涉及学生的婚恋、交友、求职等。特别是学生对未来选择感到迷茫或困惑的时候,导师能帮助学生稳定心绪,理清思路,指引方向。在这个过程中导师与学生会建立起非常亲密的关系,这种关系的维系有的时候会持续终身。

3. 发挥学生主观能动性,建立良好的导学关系

良好的导学关系需要老师和学生共同维护,很多时候如果学生主动与导师去沟通交流,也许会有更大的收获。学生可以定期地,或在做重要决定时,或面临选择,或在突发状况下,主动与导师联系,寻求导师的意见和帮助。只有学生自己才能知道自己需要什么,如果反过来,导师还要花时间去了解学生的需求或者问题,这样从沟通的效率上来看肯定不行。

# 班团干部如何合作共赢

电子信息与电气工程学院　曾维娜

## 一、案例简介

**案例来源**：小慧，女，电院 2019 级硕士研究生，团支部书记；小旭，男，电院 2019 级硕士研究生，团支部支委。

**基本情况**：开学季，新的班团集体刚成立，一批热爱学生工作、乐于服务的同学通过自荐、选拔，组成了新集体的服务团队，小慧和小旭便是其中之"二"。硕士研究生的课程主要集中在研一。恰巧，开学季也正是研究生阶段班团活动及各项事务相对集中的时间段。在两头忙且合作不畅的情况下，小慧和小旭在工作中出现了矛盾，双方情绪均不佳，影响了团支部工作推进。

小慧和小旭本科均在上海交通大学就读，后又推免直升为本校研究生。小慧在研究生阶段担任班级团支书以来，接到工作安排之后习惯于自己直接做决定，分配工作并交给指定负责人。因其不在团支委范围内开会讨论，导致每个人承担的工作其他人并不了解。小旭在本科阶段担任过团支书，他从自己本科时担任团支书时的工作经验出发，判定小慧没有承担起团支书应有的职责，工作不到位，把个人工作都交给支委做，自己当"甩手掌柜"，因此，对小慧分配的工作颇有意见。

## 二、案例分析

这是一个典型的由于沟通不充分、信息不对等而导致的学生干部矛盾案例。学生干部是高校学生自治层面上不可或缺的力量，学生领导力也是高校人才培养的重要方面之一。学生干部之间产生矛盾在各级各类学生团队中都可能出现。就此案例来说，主要与学生的工作方式、对学生干部的认知、人际关系处理能力等三个方面有关。

### （一）班团干部工作方式需要完善

在此案例中，小慧的工作方式存在不足之处，需要改善。在研究生阶段，正是学生自我意识逐渐增强的时期，非常重视"公平"。而团支部委员会成立后，小慧没有开会讨论形成完善的内部工作机制，明确职责分工，而是直接开展工作，这一点欠考虑。此外，在工作过程中，小慧没有将团支部事务公开，导致每位成员对彼此负责的工作、完成的工作量不能充分了解。当然，这也反映出作为思政教师的我，对所负责的团支部工作指导不充分的问题。思政教师应该在工作初期投入更多的时间、精力指导学生团支部工作的开展，对学生做得不到位的地方应及时进行纠正。

### （二）对班团干部工作和职责存在认知差异

小慧和小旭对学生干部工作表现出一定的认知差异。作为学生，学习科研应是本职，学生干部工作只是兼职。所以，学生干部只有分工和职责不同，而不存在严格的上下级关系。

在现实情况中，小慧接到工作时不跟其他成员商议，而采取直接分配工作的方式，存在"认为自己是团支书，自己将工作分配好即可"的工作思维误区。从小旭的角度分析，当小旭感觉到自己被安排了比他人多的工作时，也出于"她是团支书"的角度没有第一时间主动提出，初期还能带着情绪将工作顺利完成，但慢慢积压了更多的不满情绪。

### （三）人际关系处理能力不足

该案例问题的关键点是"信息不对等"。一方面，小慧默默完成了很多工作，没有跟别人说，所以小旭并不知情，反而误解她当"甩手掌柜"，没有承担起工作责任。所以，有效并充分的沟通非常重要，在矛盾发生时，小慧和小旭都需要沟通和换位思考。另一方面，也反映出小慧和小旭对他人的包容度还不够高，如果包容心更强一些，就能理解并包容对方的不足。

## 三、教育过程

我首先对两人情绪做了疏导，之后结合小慧和小旭矛盾产生的主要原因，包括对学生干部的认知差异、人机关系处理两方面，制订了相应的解决措施。

### （一）正视情绪问题，帮助释放情绪

在了解小慧和小旭的矛盾之后，我认识到，两位同学内心都有"小情绪"，开导是第一步。

我在谈话中首先对两位同学给团支部所做的工作给予充分肯定,感谢他们的热情和负责。其次,对小慧做了相当的工作却遭到同学误解,内心感到十分委屈的情绪,以及对小旭感受到的"不公平"待遇表示理解。

### (二)学会"换位思考",互相理解

一方面,小旭曾担任团支书,对团支书的工作有了解、有经验,但也难免有"先入为主"的误区。我将本科和研究生的课业压力、同学积极程度进行对比,引导他充分理解小慧面临的工作难度和压力,也承认她有考虑不周之处。另一方面,我指出小慧工作中的不公开所导致的信息不对等问题。我们不能要求其他同学了解没有主动对外公开的事情,也请她理解小旭的质疑和表现出的不满。

### (三)改进工作,强化服务意识

一方面,我建议小慧对团支委内部工作制度予以完善,明确职责分工,做到支部内每一项工作都要通知到支委层面,及时与大家沟通,听取大家的建议意见,保证大家都知道彼此做了哪些工作。另一方面,我建议小旭在工作有疑问时,及时地与小慧沟通,也多分享自己过去担任团支书的经验,群策群力,共同将团支部建设好。

### (四)借班委之力,打造"大班委"模式

因班级和团支部成员的高度重合,所以我将班团干部打造为"大班委",共同协调开展班团工作和活动。这既可以增强干部团队实力,又可以减轻团支委的工作压力。

经过协调和工作改进后,团支部的工作顺利开展起来,同时凝聚起班团干部的核心力量,发挥出了班团一体的建设效果。

## 四、总结反思

班级、团支部、党支部是思政教师接触到的基础学生单元,学生干部团队是老师的得力助手。我认为,一个优秀的班团集体一般具有以下四个方面的特征:一是班团核心干部(班长、副班长、团支书、副支书)个人综合能力强,有信服力、号召力;二是班团干部凝聚力强,能积极主动谋划班团集体建设;三是班团集体分工明确,各司其职;四是思政教师与班级同学熟悉度高,关系紧密。作为思政教师,我们也可以从以下六个方面努力改善工作。

### (一)提前做好班团干部培训

一方面,强化学生干部责任意识,使他们树立为班团集体服务的意识;另一方面,请有经验的高年级班团干部分享工作方法、工作内容,以"年度"为单位,给出一些固

定的工作安排供新干部参考，以便提前谋划工作安排。

### （二）制定班团干部联席会制度

定期召开班干部、团支部支委、党支部支委联席例会，一方面，相互交流工作经验，共同梳理问题、解决问题，提升班团干部工作能力；另一方面，将各个渠道近期的工作、活动开展要求集中起来，统筹策划，避免重复，同时相对减轻工作压力。

### （三）策划对研究生行之有效的工作内容

硕士研究生有自己的特点，学制短，科研压力大，所以学生的需求就不是丰富多彩的校园文化，而是对自己的科研生活、未来工作有助益的活动。思政教师应引导班团干部从学生需求出发，更好地开展适宜的工作。

### （四）积极参与各类班集体活动

思政教师需要积极主动了解活动举办情况，帮助动员班集体同学积极参与，提升班集体凝聚力。同时，肯定学生干部的努力和工作成果，给学生干部更多的关心和鼓励，在班级同学面前也多赞扬班干部的工作，提升班团干部的荣誉感，增强内生动力。

### （五）做好学生干部的工作后盾

学生干部的本职工作是学习，担任学生干部是服务意识的体现。只有思政教师做好学生干部坚实的后盾，给予足够支持，才能让学生干部群体在开展工作时更有底气、更有自信。

### （六）注重培养所有学生的人际交流和沟通能力

大学是一个小社会，大学四年是学生时代与工作时代的过渡期，作为思政教师，应在与学生的谈心谈话中帮助其形成积极观念，培养其人际交流和沟通能力、合作能力、包容能力。

培养一批素质高、能力强的学生干部团队，对思政教师的工作开展、学生干部的个人成长、班团集体的和谐发展都是非常重要的。

# 新冠肺炎疫情背景下的留学生管理

电子信息与电气工程学院　魏超

## 一、案例简介

案例来源：留学生 J,男生,微纳电子学系研究生,来自委内瑞拉。

基本情况：2020 年初,新冠肺炎疫情暴发。疫情期间学校和学院实验室实施封闭式管理,进出校需要审批。J 本人住在校外,反映自己不能自由地进出学校、实验室和清真食堂,因和住在校内的中国学生的限制不同,觉得受到了不公平的待遇。J 不能理解疫情期间的管理初衷,也不明白疫情的严峻性,反复和思政教师说自己有重要的实验数据必须完成,因沟通多次未果,J 有不满的情绪。此外,J 因疫情期间不适应线上教学,期末成绩不合格,学校在评审奖学金的时候取消了他的资格,使他失去了重要的经济来源。多重因素叠加,J 情绪低落,心中不满更甚。

为了让 J 适应疫情下特殊的生活方式,思政教师让班干部教他在网上购买一些符合自己口味的快餐,例如速食牛肉、方便面、速食粥,或者在食堂帮他带一点馒头之类的食品。平时,和他聊聊疫情的严重情况,解释疫情下管理的必要性,告诉他在上海只要遵守政府的建议就会非常安全。在学习上给他提供一些学习资料,与他的导师沟通,为他安排一些科研工作,适当给他一些科研经费,帮助他缓解一部分生活压力。

## 二、案例分析

J 的案例体现出疫情防控背景下,留学生的管理工作面临的新挑战。

留学生在疫情防控的特殊时期产生的焦虑、担忧以及害怕比中国学生更多一些。首先,他们来自异国他乡,网络社会新闻来源的广泛性导致需要鉴别的信息太多,他们有更多的诉求和交流需求。这时需要与他们进行沟通,做好安抚。同时,留学生会比较中国与自己祖国对疫情的态度,中国对疫情的管理更加严格,学生感受到的束缚和限制涉及危机管理,如果处理不好,会引起很多负面影响。其次,留学生对奖学金十分看重,这是他们重要的收入来源。案例中的 J 因不适应线上教学的授课模式而学习效果不理想,导致奖学金被取消,这进一步加深了他的不满。

针对疫情下留学生管理等相关问题,我认为可以从以下几个方面去着手解决。

### (一)深入留学生群体,加强沟通交流,尊重理解文化差异

作为思政教师,应观察并掌握在校留学生的思想动态及异常行为,加强师生间的有效沟通,做好安抚工作。第一,要及时告知他们中国政府和学校针对当前疫情的工作布局和管理方案,打消他们内心的不安和焦虑,让其明白疫情管理的重要性。思政教师、辅导员不仅自己需要经常关心和安抚,也要联系留学生的导师、实验室的同学以及实验室的科研人员,及时与留学生沟通,打消他们的顾虑和不安。第二,要通过沟通疏导帮助留学生理解中国文化,尊重中国的管理模式。多举办留学生交流会,让留学生之间相互交流,这样可能更加有效。第三,应熟悉国家外事相关政策,理解双方文化差异,积极妥善处理相关问题,以免事件升级,造成一些负面影响。

### (二)加强导师帮助和朋辈互助,缓解留学生疫情期间线上学习生活中的困难

思政教师和辅导员要及时和导师沟通留学生线上教学的效果以及论文的进展情况,需要的话,可安排高年级博士生给予单独指导,运用电子教材、线上直播课、录播课等帮助留学生完成线上学习。

### (三)注重加强我国国情教育

高校可围绕中国传统文化、民俗文化等内容主题,开设国情教育课,通过举办讲座、文体活动等形式,使来华留学生群体更为全面地了解我国国情与文化,增进对我国的了解,加深与中国的感情,成为知华友华人士。

## 三、教育过程

以下结合教育的基本思路呈现问题解决的过程。

### (一)疫情背景下的常态化管理

在疫情防控的大背景下,针对来华留学生的特点,高校留学生管理过程中应采用定点化、同辈化、网格化等多种措施,有效凝聚多方管理智慧,促使管理力量下沉,实现精准化、及时化、个性化、科学化的管理目标,做好来华留学生疫情防控常态化教育与管理。同时,必须增强管理留学生工作教师的跨文化交际意识。留学生管理教师

需具备较强的跨文化交际能力,能够主动理解、包容多元文化的存在,并做好可能面对文化冲突的准备。同时,积极学习相关知识,定期进行相关培训。比如,外国留学生对于规章制度的理解不足会导致服从性不高,需要留管教师定期常态化地解读高校的各项规章制度。

### (二)保留留学生个性化服务的必要性

高校留学生管理中,要做好点对点的沟通与安抚,并帮助留学生解决一些实际问题。例如,帮助他们购买生活物品、完成一些不熟悉的事务手续办理,他们生病时能带他们去医院,协助导师给予他们及时的科研指导。开学时可开展迎新交流会,培养来华留学生的跨文化意识。例如,请高年级的留学生在迎新会上分享自己的学习和生活经验,和新生探讨自己碰到的障碍和困惑,让留学生们理解文化差异,在预知冲突的过程中开展不同文化之间的交流,积极面对并体验新的文化。

## 四、总结反思

新冠疫情全球暴发,对高校留学生管理工作提出了新的挑战。现阶段,中国已经进入后疫情时代,各项生产生活、教育教学活动已经恢复正常。高校作为防控主体责任者,如何有序推进校园疫情常态化防控是现阶段应该考虑的重要问题。但在实践过程中,来华留学生这一群体的文化差异、认知差异、时空差异等因素加剧了疫情背景下留学生管理的难度,来华留学生的疫情防控教育与管理始终是高校防疫工作的重点和难点。

### (一)因语言、文化等认知差异,疫情认知不到位

不同文化背景使留学生对疫情产生了不同认知。有些留学生不理解中国政府和学校防疫期间采取的严格出入管控措施及频繁信息采集等工作,甚至有同学抱怨人身自由受限,拒不配合疫情防控工作;也有一部分留学生,信息甄别能力差,轻信网络谣言,过度恐慌,出现了一定程度的心理不适。

### (二)在线课堂受客观因素影响,线上学习不顺利

2020年初,因为疫情,教育部提出"停课不停学"的倡议,随后各类课程陆续开展了线上教学活动。一些非洲和中东国家因网络基础设施建设比较落后,有些地区甚至只有2G网络,网络连通率低且上网成本很高,导致这些地区的留学生无法正常开展线上学习活动。另外,由于时差的影响,一些学生需要晚上参加学习,导致线上出勤率低,学习效率低、效果差,滋生留学生学习挫败感和焦躁感。因为语言的原因,留学生无法和导师一对一地交流,导致科研进展缓慢。

　　以上这些因素的集合导致一些新的问题的产生。在新的社会发展时期,国际形势复杂多变,关心爱护留学生群体,培养"知华、爱华、友华"优秀专业人才显得尤为紧迫。因而在切实做好疫情防控工作的前提下,高校在华留学生思想政治教育工作显得更为艰巨而复杂,它不仅关系到我国教育事业的长足发展,也将影响我国教育事业的国际认可度。只有提出更多应对策略,不断改进专项培养方案,才能使此项工作持续发展。

# 帮扶学业困难生跳出学业困境

电子信息与电气工程学院　张馨语

## 一、案例简介

案例来源：小明，男，信息安全专业大二学生。

案例背景：大二年级课业增加，面对更加繁重的课程学习任务，大部分同学能够及时调整节奏，不断进步，但也有些同学"掉队"了，陷入迷茫之中。学期初，在排摸学生成绩时，我发现原本在班级处于中游的小明同学，在大二第一个学期成绩突然下滑，挂科5门，临近退学警告的边缘。我趁着小明同学来领取材料，向他当面了解情况。小明整个人看起来比较消沉，不爱讲话，回答问题断断续续，时而抠手，时而握紧手心，表现得紧张不安。后来，在我的逐步引导下，他渐渐吐露心声：大一阶段，因为有一些高中阶段的基础，自己暂且还能够应付得来，大二专业课突然增加，自己有点手足无措、无从下手。他曾经尝试努力进入状态，但仍然无法适应，于是选择放弃。与此同时，他接触了网络游戏，在游戏中找到了乐趣，每天沉迷游戏，不能按时作息，无法保证上课时聚精会神，如此往复，进入了恶性循环。他向父母求助，得到的反馈都是责备。他明白自己不够努力，但就是不想学，对专业提不起兴趣，认为学习没有用处。我追问：当时选专业的时候，你是怎么考虑的？他继续讲："专业是妈妈替我选的，并不是我自己想要的，从小到大，我的人生一直是被安排的，应该说我和爸爸的人生都是由妈妈安排的。"

## 二、案例分析

### （一）问题分析

这个案例产生的原因主要有两个，一是内因，即小明的自身问题；二是外因，即成长环境的影响。

1. 内因

从小明自身问题来讲，主要表现在以下几个方面。

（1）心态消极，逃避责任。大二课业繁重，小明说面对课业压力时自己也试着努力地想跟上节奏，但那时已经临近期中考试，努力了一段时间，发现自己仍然跟不上进度之后，挫败感使他产生了破罐子破摔的想法："反正这个专业也不是我选的，就算我成绩不好，也不全都是我的责任。"把责任推给母亲、自己不喜欢，这都是面对困难时心理上表现出来的一种逃避。不仅如此，还产生了行为上的逃避——沉迷网络游戏，进而在游戏中逐渐丧失了自己的目标。最后，在陷入困境时，又没有得到家庭的正面支持和反馈，导致心理崩溃。

（2）缺乏毅力，不够坚韧。小明曾经尝试努力，但没能成功，除了学习方法不当，也体现了他缺乏毅力和恒心，面对困难没有足够的勇气和动力去解决问题。

（3）不善沟通，不善调配资源。小明遇到学业问题时，可能是碍于颜面，没有第一时间求助专业课老师和同学，也没有第一时间想到利用手边的学习资源，比如求教学长、参加学业辅导等。这是其不成熟的一面。

2. 外因

从成长环境来讲，主要表现在以下几个方面。

（1）父母性格强势。小明说，遇到这些困难的时候，他试图向父母求助，但父母第一反应是责备他不用功、不刻苦，还因此发生了不耐烦的争吵。在小明遇到困难时，父母没有认真倾听，没有帮助小明及时地解决问题，这是小明最终心理崩溃的重要原因之一。

（2）家庭的保姆式教育。小明提到，他觉得他的人生是父母安排的。一直以来，大到人生的重要节点，如转学、报考志愿等，小到衣食住行，都是父母替他做的决定。上高中时，他也是独来独往，但因当时学习成绩优异，并没有意识到不善沟通是存在隐患的。在长期的保姆式教育下，小明缺乏独立思考问题、解决问题的能力，最终导致社会化不足。

### （二）对策分析

对于小明同学的这些问题，解决方法还是要帮助他重新找回学习的动力，让他明确学习的意义,做好未来规划。此外,需要联动家长一起对他进行引导和帮助,鼓励他利用身边的学习资源度过困难期。

**第一阶段,制订计划,并初步实施。**

首先,最重要的任务是帮助他重新找回学习的动力,让他明确学习的意义,做好未来的规划,尽可能利用学校资源帮助他度过学习困难期。主要采用了以下几种方式:分析现状,列举几种选择带来的可能性;通过回忆当时选择专业时考虑的多方面因素,让他自己决定是否要继续现在所学的专业;思考毕业后自己的规划与去向。

其次,强调自我管理的重要性,助力其重新建立规律的作息,养成按时上课的习惯。通过教师学业辅导、班级同学互助答疑等方法,帮助他更好地完成学习任务,慢慢重拾学习信心,找回学习的乐趣。

最后,与家长沟通,分析小明产生这些问题的原因,提出帮他解决问题的方法。

从以往与小明父母的沟通中得知,小明父母文化水平较高,对于小明的未来规划和发展方向能够提供比较中肯的建议,性格属于严厉型,对待孩子的事情比较强势。通过跟小明父母分析小明目前的心理,让他们理解小明面临的困难,请他们多关心孩子、鼓励孩子,更多地关心他的起居和生活。

**第二阶段,反馈第一阶段成果,树立学习的信心。**

根据以往的学业困难案例,在制订计划阶段学生往往信心满满,在实施计划的伊始也能够较好地保持自己的状态,但在期中考试等阶段,一旦没能达到自己的预期,反而会增强学生的挫败感,此时亟须来自旁人的鼓励,真诚地告诉他,能够完成计划的 50% 就已经非常优秀了,下一阶段要继续努力。并根据学生反馈的困难,有针对性地提供支持,从而帮助他更好地解决困难。

**第三阶段,巩固第一、第二阶段的成果。**

保持定期的反馈交流,多鼓励多表扬,可以请小明协助完成一些班级事务或邀请其参加公益活动等,让他觉得自己是个能够发挥自我价值的人。

## 三、教育过程

从预警前的人文关怀到构建全方位、多角度预警体系中的思想政治教育分工合作,再到制订提升学业兴趣的严密帮扶计划和及时沟通交流的反馈机制,共同构成了思想政治教育在大学生学业预警机制中的功能发挥系统。

教育过程主要分为以下几个步骤。

### (一)做好学业预警前的人文关怀

在了解到学生有旷课、缺课、不遵守课堂纪律的情况时,应第一时间向学生本人了解详细情况和实际困难,提醒该学生其行为可能导致的后果,同时让学生感受到学校、老师对于他学习和生活的关心和关爱,避免情况恶化。

### (二)形成全方位、多维度的思想政治教育合力

学业困难问题往往包含了生涯规划引导、问题发现与解决、沟通和交流、技能提升等方面的内容。思政教师要善于从学生的思想动态、心理状况、家庭环境等信息中分析原因,可利用校内外的心理咨询、职业生涯发展规划等帮助学生解决问题。另外,应及时将情况反馈给家长,与家长共同制订解决方案。

### (三)制定提升学业兴趣的帮扶机制

可由学生党员、优秀学生干部、奖学金获得者成立帮扶小组和兴趣活动小组,对学业困难学生进行针对性的学业帮扶。也可通过课外集体活动丰富学生的日常生活,帮助其找到集体归属感,调节身心,增强其学习兴趣。

### (四)建立及时沟通反馈的机制

思政教师要定期了解学生的情况,与其进行深入的谈心谈话,并与家长建立动态联系,及时跟进情况和解决问题。

## 四、总结反思

### (一)类似案例规律总结

分析学业困难案例发生、发展过程,学生和家长的心理变化往往有以下几个方面的规律。

#### 1. 身份转变难以适应

从高中阶段转变到本科生阶段,学生、家长更多地会认为自己或自己的孩子高中时学习非常优秀,大学学习不会有什么问题。但实际上,来自全国的优秀学生聚集到了一个专业,学生周围的群体变得更优秀,相比之下自己好像"不像以前那样出色了",这容易让学生自尊心、自信心受挫。家长由于惯性思维,没有足够关心孩子,就会错过为子女提供帮助的关键期。

#### 2. 心态放松

刚刚踏入学校的大学生会存在"上了大学就轻松了的"想法,实际上,电类学科课业繁重,稍有放松就会跟不上学业进度。"掉了队"的学生出于自尊心,没有及时向周围的老师同学或家长求助。

#### 3. 逃避困难

面对困难,大学生常常从自责情绪中慢慢转变为心理和行为上的逃避。心理逃

避典型表现为责任转移,从自我主体转移到他人,如"我不喜欢这个专业"(我其实并不是学不好),"爸妈给我选的专业"(不是我选的,责任不在我);行为逃避典型表现为把注意力转移到让自己开心、忘记烦恼的事情上,几乎不与其他人交流沟通,如沉迷游戏,作息紊乱,无法完成日常的学业任务。在这一过程中,当学生想要重拾学业时,因为落下的课业太多而缺乏信心,很难继续坚持,容易在情绪上发生第二次崩溃。

4. 父母的关心支持不足

父母与孩子之间的关系,父母对待孩子的态度在解决这类问题时非常重要。这种情况下,父母要跟孩子做朋友,帮助孩子解决困难,多关心鼓励、少批评管教。

## (二)解决方案总结

处理类似问题时,可以从以下几个方面着手。

1. 早发现,早解决

针对本科生学业退警问题,往往在发生前有一些征兆,如上课缺课、未能按时提交作业、成绩突然下滑、挂科门数较多等,因此,我在思政工作中会细心排摸,注重细节,尽早发现问题、解决问题。

2. 建立师生信任关系

建立师生之间的信任关系是解决问题的前提条件,老师要耐心倾听学生的诉求,关心学生的日常情况。通过社交平台、班团活动等拉近与学生之间的距离,让学生在遇到困难时能想到第一时间找思政教师和辅导员。在思政工作中,我会重视和尊重学生的需求,在谈心谈话中应用共情的方法,获得学生的认同。

3. 运用启发式引导法沟通

学生往往难以接受直接灌输式的教育。要引导学生发现自己的问题,与他们共同寻找个性化的解决办法。引导学生认识到自己的不足,并接纳"不完美"的自己,然后通过查找造成不足的原因,让学生主动思考如何解决现有的问题。

4. 多鼓励,减少学生依赖他人的心理

在解决问题的过程中,应鼓励学生自我管理、自我监督,受挫后勇于面对困难、克服困难,以自我管理为主,以父母、同学、老师的鼓励为辅。在解决问题的时候,学生本人是主体,切忌父母、老师干涉过多,造成学生依赖心理。

5. 说服家长协助孩子改变现状

在与家长的沟通中,要告之其孩子当前遇到的困难,让家长接受现状、摆正心态,认识到只有父母协助孩子解决问题,关心和鼓励孩子,才能更好地帮助他渡过心理难关。

# 退伍大学生回归校园后的心理调适

电子信息与电气工程学院　李恬山

## ▌一、案例简介

案例来源：小鹿，男，电院 2019 级本科生。

基本情况：小鹿原为 2016 级本科生，大二参军入伍，2019 年退伍后转专业到电院，并重新从大一读起。作为一名雷厉风行的退伍学生，他学习成绩却不甚理想，出现了比较严重的学业问题。小鹿在第一学期有两门课程挂科，第二学期由于疫情，期末考试形式为线上考，由于对自己的学习效果没有信心，他将其中四门课程申请了返校后重考。开学前两天，学校武装部老师联系我，反映小鹿还未返校。按照疫情防控要求，这几天所有学生都已返校，根据小鹿每天的日报内容，他已经在上海。电话联系他无人接听，于是我联系到他的父亲。他的父亲反映他两天前回到上海，和母亲通话报平安后，就没有再和家里联系。随后，我和他的父亲都尝试与他进行联系，但是电话始终没有打通。我只能给他留言，告诉他无论是考试压力还是其他的情绪，都不要逃避，有困难我们一起想办法解决。第二天一早，他给我回电话，语气听起来较为压抑，说四门考试的时间都已经过了，自己没有去参加考试。我随后咨询了教务老师，得知已经没有补考的余地，旷考只能重修课程。

之后，我们进行了一个多小时的交流，他提到最近让他非常困扰的家庭矛盾。小鹿在家和母亲发生了冲突，母亲身体不好，生气后容易病倒，于是他又陪在母亲的病床边照顾，心里非常委屈。亲子两代的家庭冲突，加上学业和考试的压力，使他一度迷茫。回到上海后，他没有回学校，而是在校外宾馆住了几天，家里的这种烦心事不想和朋友交流，就没有接电话，自己一直闷着。跟我倾诉后，他感觉耽误了考试很惭愧，并且马上回到了学校。但因为他最终有五门课程考试挂科，大二开学就收到了一次退学警告。

## 二、案例分析

作为思政教师,我了解到,近几年退伍返校的大学生人数逐年增多,大部分学生可以很好地调整心态,较快适应阔别已久的大学生活,但也有一部分学生由于生活环境的突然改变,会出现一系列的适应性问题,如在人际交往上出现距离感,对学业产生畏难心理,甚至出现学业预警等情况。在克服此类困难的过程中,退伍大学生自身的意志品质、自制力和执行力是基础,同时,家庭和学校的积极干预也是必不可少的重要因素。

小鹿这个案例即是由学生家庭矛盾直接引发的学业问题,但其实也反映了退伍学生返校后对大学学习生活的适应困难。

### (一)亲子两代的家庭冲突现象

一方面,亲子作为两代人,彼此的学识、经历存在较大差异,在对事物的理解和做事的方法上存在不一致时,很容易产生家庭冲突。小鹿已经来上海读了两年大学,加上入伍两年,离开父母生活已经有四年时间,在情感上可能会产生一定的疏离。而其父母文化水平比较低,一直身处比较偏远的农村,在见识和经历方面与该生肯定有比较大的差异。当他们处于同一屋檐下,一起考虑事情时,很可能会产生观念冲突。而母亲作为家庭家务的主要承担者,自身有着很多的经验,可能会习惯性地指导、要求孩子,没有意识到孩子已经成年,在独立生活的四年里,形成了自己的做事方法,具有了独立的人格和能力,从而产生了家庭矛盾。因此,在处理这一问题时,需要与其家长沟通,了解家长的想法,从之前与他父亲的沟通情况来看,他父亲不善言谈,愿意接受老师的建议,也支持学生自己的想法,愿意帮助调节学生和母亲之间的关系。

### (二)退伍学生的学业适应问题

另一方面,学生本身在学业方面也存在适应的问题,家庭矛盾导致了这一问题的爆发。在入伍前,小鹿的学习成绩虽然不拔尖,但是也只有本身不擅长的一门英语挂科,其他科目的成绩还过得去,还是有学习自觉性的。在入伍期间,习惯了一切行动听指挥,一切任务有人安排,有人督促着去做,回来后没有人整天监管,反而出现了拖延的情况。再加上回来转专业,重新学习全新的专业,难度更甚于之前,也没能尽快适应从退伍军人到大学生身份的转变,导致学业出现了问题。针对这一情况,需要做好与学生本人的沟通,并通过了解学生身边的同学和室友,找到比较合适的朋辈对其进行引领和帮助,使其尽快找到学习的目标,与朋辈共同进步。

## 三、教育过程

对于小鹿面对的问题,要引导他尽快调整学习状态,重新适应大学的学习生活,找到努力的方向。涉及与家人相处的问题,还需要做好和家长的联动,同时争取他身边班主任、同学和朋友的支持。我主要从以下三个方面对小鹿同学进行了指导和帮助。

### (一)保持沟通,共情倾听,教育引导

具体来说,要做到设身处地为学生着想,了解他家庭矛盾的焦点和问题,更好地和其家庭联动,尽量缓解其家庭矛盾,减少这一问题对他的学业产生的负面影响。在和小鹿本人的沟通中,在学习方面,他也意识到了自身存在的学业问题,学业预警的主要原因在于自己的学习态度。他愿意去改变这种状态,珍惜来之不易的大学生活。在之后的学习中,通过引导督促,鼓励他将部队锻炼的自制力更好地发挥出来,将功夫下在平时,对于困难科目保持迎难而上的勇气,尽快找到学习状态。此后,小鹿的学习状态有了明显改变,能够按时上课并及时提交作业,也开始主动与任课老师进行交流了。

在家庭矛盾方面,他表现出了很强的倾诉愿望,主要是委屈和郁闷,因为没有站在母亲的角度去思考,也很自责,当时的气愤已经逐渐消失。首先,我教他尽量克制自己的情绪,请他将心比心。他和弟弟由母亲辛苦抚养长大,并都读了很好的大学,说明父母的教育方法是有一定效果的。同时,和他一起回忆家人融洽相处的过去,使他想到家里大部分时间还是和谐的,自己是弟弟的榜样,要照顾母亲的身体。最后,鼓励他做出行动,和母亲进行沟通,也用学习成绩和情绪的稳定来向母亲证明自己的成长。

### (二)与家长联动,家校合力,化解矛盾

在与家长的沟通中,由于学生和母亲之间产生了一定冲突,我选择了和他父亲进行交流,希望他的父亲能够帮助调节小鹿和母亲之间的关系,使小鹿更好地投入学习中。小鹿的父亲给予了很大的支持,最终家校合力,比较好地化解了学生与家庭的冲突以及学生个人的情绪问题。同时,小鹿整个学期都在学校度过,也避免了冲突的再次发生。

### (三)与班级合力,共同帮助和督促他尽快进入学习状态

班主任作为专业教师,在学生的专业引导方面发挥着关键的作用。通过班主任对专业方向的讲解和对学生学业发展的建议,小鹿认识到专业学习的重要性和紧迫

性,也对专业的某个方向产生了浓厚的兴趣,更有动力将大部分精力投入学习中去了。

另外,小鹿的室友是和他一起退伍回来的同学,是他最好的朋友,也是发现他没有返校,及时向武装部老师反映这一情况的人,虽也面临学业适应问题,但学习成绩处于班级中上游,对小鹿可以起到比较好的帮扶和支持作用。在和他室友的沟通中,我了解到他们虽然不在一个专业,上课时间不一致,但可以在课余时间一起学习。室友也承诺,会多督促小鹿一起自习,并帮助他尽快地转变身份,意识到大学生的主责主业是学习,争取一起进步,共同成长。

此外,在学期中,我每周和小鹿进行一次交流,听他汇报一个星期以来的学习情况,询问是否按时去上课,能否按时完成作业。他确实还存在课程跟不上的情况,不能很好地把心思投入学习中,但在班主任、同学和家长的引导督促下,他也在有意识地努力去调整自己的状态。我将会继续关注他的学习和生活情况,并考虑以其他方式帮助他更好地进行调整。

## 四、总结反思

如今,大学生参军入伍的比率越来越高,但是由于身份和环境的改变,他们回到学校后会遇到各种各样的适应性问题,因此,退伍大学生的学习和生活状态应当受到学校的广泛关注。

### (一)加强对退伍大学生学习状态的关注

退伍大学生的学习状态转变,理论上来讲有四种情况:一是入伍前学习状态虽然不好,经过两年在部队的锻炼,回来后各方面素质和能力有很大提升;二是入伍前学习状态不错,两年锻炼回来后,学习更有动力,成为校园优秀典型;三是入伍前学习状态不好,退伍返校后仍然没有改观,甚至会拿到学业预警;四是入伍前学习状态不错,然而退伍返校后无法适应身份的转换,加上对专业学习一定程度上的陌生化,成绩反而出了问题。小鹿就属于第四种情况,虽然本次问题的导火索是家庭矛盾,但实际上反映了退伍后他对大学的学习生活适应方面的困难。因此较早地关注到他的学习状态,并进行积极的干预,是帮助他尽快调整和适应大学生活的基础。

### (二)退伍大学生返校后的优势与困难

在个人层面,退伍返校后的大学生会面临一些困难。一方面,两年的军营生活使他们得到了锻炼,也让他们身心得到了很大改变,一名军人和一名大学生,在生理和心理上都存在很大差异,因此需要一段时间在身份认同和角色转换方面做出适应和改变,这一点在人际交往上也有所体现,和身边人也会存在距离感。另一方面,两年的部队历练,增长了他们的军事素养和综合能力,但是对课本知识的遗忘,对于专业学习的日益陌生,导致他们对于专业的认同感降低,或是本身就有了转专业的想法。但是,退伍后真的换了专业,重新学习新知识,由于两年时间没有接触课本,如果没有充分的预习和有意识的准备,很容易跟不上老师的节奏,无法全身心投入学习中,最终会出现一系列的学业问题。

退伍的同学经历了两年的军营生活,培养了较好的生活习惯和意志品质,做事效率更高,经历了部队的磨练,他们也会更加珍惜安静平和的学习生活,这是退伍大学生返校后自身的优势。我相信只要他们愿意重新去适应大学生活,认识到专业学习的重要性,做好生涯规划,找到学习的动力,这些品质一定能帮助他们比较好地克服初回学校后遇到的困难。

### (三)引导退伍大学生尽快适应身份转变

如何引导和帮助退伍大学生充分发挥自身优势,尽快适应身份转变,克服学业困难,是如今学校和学院工作面临的重要问题。

**在班级层面**,在退伍学生适应身份转变的过程中,班主任在专业方向上的教育引导和身边同学的朋辈引领作用是至关重要的。专业班主任可运用自己在学术方面的优势,有针对性地帮助学生找到兴趣方向,树立学术志向。另外,同学之间朝夕相处,形成一种比拼赶帮超的班级氛围,会更好地带动退伍学生融入集体。

**在学院层面**,对退伍学生,思政教师可在思想、学习、生活方面给予引导和关心,做好家校联动,寻求其亲友的情感支持,同时和班级形成合力,为退伍学生提供学业辅导和心理咨询等。

**在学校层面**,在学生退伍返校前,可以联合武装部,对学生进行角色转换过渡期教育,明确大学生的主责主业,帮助他们规划好返校后的大学生活和发展计划,促进学生对于校园生活的再次融入。

大学生参军入伍,将青春融入祖国的山河,为国防事业做出了贡献,体现了他们浓厚的家国情怀。有效解决退伍大学生的学业和环境适应问题,既是对学生本身负责,也是为学校的征兵工作打下坚实的基础,为大学生参军入伍做好后方保障。

# 学生宿舍是开展思政教育的重要阵地

机械与动力工程学院　王文章

## 一、案例简介

**案例来源：**学院的住宿生。

**基本情况：**从 2018 年起，我开始兼任某学生宿舍楼栋生活指导教师，该楼栋学生以我所带学生为主，也有其他学院小部分学生。宿舍是学生休息和生活的主要场所，但我在日常工作中发现有不少低年级本科生沉迷在宿舍打游戏、看小说、刷视频，消耗了时间，也荒废了学业。如何更好地引导教育该类学生是一个重要命题。通过不断的宿舍走访、和学生谈心谈话，我发现相对于在办公室开展思政工作，学生宿舍具有独特优势。学生在宿舍里处于比较放松的状态，更易打开心扉，可以更好地交流和沟通，也能了解学生最真实的想法。

小 G 是我带的一名学生，他在大一的时候出现高等数学、大学物理挂科的情况。在和他谈心谈话过程中，我发现他性格内向，聊天时总是低着头，眼神无力，而且面色苍白，后来了解到他数理基础比较薄弱，同时有甲状腺方面的疾病，按照他的描述时常会感到乏力无神，需要每天服药。我安慰了该学生，并引导他多在数理方面努力，争取补齐短板，同时，给他安排了学业辅导员，也和他父母进行了沟通。此后，我多次和他面谈，并积极引导教育，他总是低着头，偶尔回应几句话，学习成绩未见明显好转。我当时判断该生是因疾病原因造成学业困难，直到有一次在宿舍走访时，推门发现小 G 正聚精会神地玩游戏，同时对着屏幕在大声呼喊，和我之前见到的他判若两人，令我十分震惊。我也意识到他显然不是因为病情才出现学业困难，最主要的还是没有端正学习态度。这件事也让我明白，有些学生在和老师沟通时是带着"面具"的，他们并没有表现出真实的自己，也没有表达真实的想法，所以老师也会出现误判。而要想了解学生真实的情况，还是要到生活场景中去，去看学生最自然的状态。后来，通过不断的宿舍走访，我也总结出这样的规律，学生在宿舍里会展现出生活乐趣，会更加放松而乐于分享，辅导员在宿舍和学生谈心，关爱他们的日常生活，更容易成为他们的知心朋友，因此在宿舍开展思政教育十分必要，是件关键的工作。

## 二、案例分析

从以上案例可以看出，学生在宿舍的表现可能和平时在办公室约谈时的表现大相径庭。这个案例看上去是如何解决小 G 同学的学业困难问题，实质上是如何通过宿舍走访，了解学生真实学习和生活状态，从而找到对症方案的问题。

在大学里，教室、食堂和宿舍是学生每天都要去的地方，这三个场所是学生主要的生活和学习空间，而宿舍是学生休息的主要地方。现如今，有不少学生习惯了在上完课、吃过饭后回到宿舍待一待，宿舍也逐渐承担了更多的功能，有的学生在宿舍里做作业、学习，有的学生在宿舍里弹吉他、弹钢琴、健身等，发展自身的爱好，也有不少学生在宿舍里玩游戏、看小说和刷视频，更有甚者在宿舍里抽烟酗酒、大声吵闹，宿舍逐渐成为学生在校的舒适区和安逸区，同时也成为学校的重点关注区。

谈心谈话是开展思政教育的重要途径和主要方式。思政教师、辅导员日常办公的场所往往远离学生宿舍，谈心谈话通常约在学院办公室。然而对于大多数学生来说，办公室是陌生的，他们往往要办事时才会主动走进学院办公室，所以在约谈学生时他们的第一反应是"自己是不是做错了某些事情"，这就可能造成学生在日常生活中的表现和在老师办公室的表现不一致的情况。同时在谈话开展过程中，部分性格相对内向的学生也会沉默寡言，任凭思政老师如何引导也不愿意讲出自己的心声。出现以上情况的主要原因是谈心谈话开展的场景应用不当、开展思政教育的方式不够灵活。思政教师、辅导员如果不了解学生日常表现综合情况，很有可能出现信息偏差，造成形势误判，无法做到精准施策，不能有效开展思政教育。因此，思政教师、辅导员应当主动到学生宿舍中去，和学生交流，及时发现和改正学生不良状况，有针对性地开展工作。

在兼任生活指导教师期间，我发现，在宿舍开展以了解学生日常表现为目的的一般性谈心谈话具有良好的效果。在学生宿舍组织开展读书会等各类活动，可以让学生以一种更放松的心态参与，活动氛围更为融洽，此时结合活动开展价值引领等思政教育也有潜移默化、润物无声的效果。两年来，我宿舍走访开展谈心谈话覆盖 200 余人次，在楼栋内组织了 8 次读书观影等交流活动，思政效果显著。

## 三、教育过程

当前，我在学生宿舍开展思政教育主要通过两种方式，一是利用宿舍走访，了解学生生活面貌，借机开展一般性谈心谈话；二是在学生宿舍楼栋活动室开展读书观影会等集体活动,邀请楼栋学生参与分享交流,实现价值引领。

### (一)宿舍谈心谈话

在宿舍谈心谈话方面,每学期一般开展 3～5 次宿舍走访,一次性走访多个宿舍,每个宿舍停留时间 15～30 分钟不等。进入宿舍后一般会从他们的日常生活和兴趣爱好开始谈起,比如平时运动情况、家乡情况等,营造轻松的谈话氛围,以防给他们造成压力,然后逐渐深入了解他们的日常作息、学业情况、宿舍矛盾等,适当加以提醒教育,同时注意保护同学隐私。通过在宿舍谈心谈话,我更加全面地了解了学生的日常表现,部分学生会在我走访宿舍时主动向我反映遇到的问题,也便于我更好地解决学生思想问题。

### (二)宿舍开展读书观影会

两年来,我共组织宿舍读书观影会活动 8 次,每次活动时长约 1 小时,参与人数一般在 10～15 人。活动充分发挥楼栋学生楼长、层长的作用,采取学生独立运营的方式,每次制订活动主题,发布活动海报,吸引学生报名,活动过程中学生依次分享交流。同时其他人可以根据其分享的内容展开讨论,营造更好的交流氛围。读书观影会上,大家交流的话题往往会延伸到现实生活中的方方面面,如政治、科技、哲学等,此时我就会从思政教育的角度发表自己的见解,进而引导学生。几次活动下来,读书会已经成为学生分享自己思想的平台,有学生直言"这是在学校讨论时政、交流思想的唯一地方",活动受到学生的欢迎,也收获了一批忠实粉丝。

## 四、总结反思

### (一)从"群众路线"到"学生路线"

思政教师、辅导员应当重视在学生宿舍开展思政教育工作。群众路线是党的根本工作路线,党的群众路线可以阐述为一切为了群众,一切依靠群众和从群众中来,到群众中去。高校教育工作也需要"群众路线",更确切地说是学生路线,我们办教育是"一切为了学生",而从工作方法上要"到学生中去",单纯地把学生叫到办公室来了解学生是不够的,而应当真正走近学生,走进他们生活的地方,走进他们上课的地方,其中走进他们生活的地方就是走进他们的宿舍。只有这样才能拉近我们与学生的距离,才能知道他们看什么、玩什么、想什么,才能更好地融入他们,进而引导和教育他们。广大思政教师、辅导员可能未必担任生活指导教师,为了更好地践行"学生路线"就需要加强宿舍走访频次,将一些合适的活动放到宿舍来举行,让同学"足不出户"也能得到锻炼和成长。

## （二）在"宿舍楼"里开办高校书院

实际上，现在有不少高校在实施书院制培养方式，如华东师范大学孟宪承书院、大夏书院，西安交通大学启德书院、崇实书院等，这些书院承担着学生第一课堂以外的教育培养工作，其共同特征就是开设在学生宿舍楼栋或生活区中心，这种空间位置的设置更便于学生参加各类第二课堂能力培养和素质拓展活动。书院教师的办公场所同样设在宿舍楼栋里，老师的工作场所和学生的生活场所是重合的，学生和老师碰面的机会自然就更多，交流沟通成本也相对较低，学生在宿舍楼栋的表现也自然容易被老师所了解。我校正在探索创办致远书院，根据当前规划，致远书院同样是设立在学生宿舍旁边，相信未来也会参考其他高校书院培养方式，将更多思政教育、第二课堂教育放在学生集中的宿舍区开展。

## （三）同专业学生是否要住在一起

学生宿舍是否按照专业和班级进行分配也有很大的区别。当前我校本科生大平台学生占大多数，而平台学生入学后要经历学院、专业和班级的多次分流，造成本科生基本都是混合宿舍。同一宿舍的学生可能来自不同学院，课程安排、实践安排各不相同，导致学生缺乏统一的学习节奏和氛围。我所带的 F18 级有 130 位学生，由于宿舍楼维修做了统一搬迁，这部分学生是在专业分流完成后，在专业班级内部自行组合完成宿舍调整的，也就是说同一个宿舍的所有同学都来自同一班级、同一专业，而我所带的其他学生几乎都是混合宿舍，两年来通过多次宿舍走访对比发现，同专业宿舍具有更好的学习氛围和宿舍环境，宿舍矛盾也相对较少。所以，也可以进一步研究学生宿舍分配对学生成长教育的影响。

# 术业有专攻

## ——文科生的学科自信之源

国际与公共事务学院　王培丞

## ▌一、案例简介

案例来源：小卉，女，公共管理专业大二学生。

基本情况：2020 年 10 月份，学校让学院推荐两名本科生参加科技创新奖学金的全校评选。学院将这个通知下发之后，虽然中期有同学来询问过该奖项，但十几天过去了，依然没有同学递交申请书。

恰逢在办公室碰见几位全国大学生城市治理案例挑战大赛的参赛成员在备赛，作为辅导员，我去旁听了他们的讨论。我发现小卉同学有很多的思想见解，想到小卉之前也来询问过科技创新奖学金项目，有些疑惑她为何没有申请这个项目。

在他们的案例小组讨论结束后，我与小卉约了在办公室聊聊。小卉介绍了自己的学习情况，虽然只是大学二年级，但她的项目实践经历相当丰富。在说起自己的做项目经历时，小卉侃侃而谈，十分自信，眼中闪烁着对科研的热爱。

当我进一步问小卉为什么没有申请科技创新奖学金项目时，她一下子没有了前面的自信。小卉谈到，感觉自己目前只是做了一些项目，没有形成自己的研究方向，也没有独立的文章，离校级科创荣誉还差很远，感觉能力没有达到要求。此外，小卉在学校也有一些理工科方向的朋友，他们要么在实验室做研究，要么跟着老师发表了文章。小卉觉得，如果与他们同台竞技，可能会在台上"出丑"，与其如此还不如知难而退。

## ▌二、案例分析

这是一个与专业认可相关的学生成长困境案例。这个案例通过一项科创奖学金项目的申请道出了文科生在科创能力上的不自信，即使是很优秀的学生也面临这样的困境。一是小卉做项目的经历虽说与一些"学术大神"还有差距,但作为刚刚入校一年的学生,她在科创上的能动性以及思想性可以说远远优于同龄人。二是小卉一直将自己与理工科学生对比,忽视了学科差异产生的学术成果展现力的不同。三是从小卉展现出的个人特质来看,她属于对自己要求极高的学生。所以,她不仅将自己与理工科学生对标,甚至将理工科的博士生作为了比较对象。如果小卉同学能够正视自己的能力,应该能意识到我校理工科的低年级本科生也很难有一些学术成果发表。所以,小卉严重低估了自己的科技创新能力。对于小卉同学这类的问题,其实还是需要做一些引导,包括对学科的认识、对自我的认识以及对科技创新能力的认识等。

（一）在学科认识方面：要重新认识人文社科专业的特点

众所周知,理工科与人文社科最大的区别在于,理工科对待每一个问题往往有明确的答案,而人文社科对待任何问题往往有不同的思考路径以及不唯一的答案。所以,理工科的学生在知识获取中总会有一种确定性的获得感,而人文社科方向的学生很容易在学习上产生迷茫感。事实上,如果厘清理工科与人文社科之间的学科差异,正确认识人文社科的学习正是"寻找不确定的答案",便会消除心中的迷惑。而人文社科专业的这种特性导致了学生需要更多地参与生活、参与社会才能对科技创新有所思考。这与理工科的学生埋头在实验室,用计算机完成理论计算或仿真就可以实现科研能力的提升有明显不同。我们希望,学院培养出来的是有社会温情、家国情怀的社科人,小卉同学在此方面已经非常出色了。

（二）对自我的认识：要正确肯定自我的能力,不宜妄自菲薄

虽然我校以理工科见长,社科人常常是各种场合的少数者,但也绝不是弱势者。从小卉的经历来看,她一直在科研实践中思考自己社科人的责任和担当,这种思想上的光芒才是社科人的魅力所在。小卉能够在各类场合作为代表表达出青年人的创新思想、为少数人发声、在社会调研中建言献策,这些都是她短短一年的丰富经历的积累,也展现出了她卓越的才能。由于小卉对自己的要求很高,对自己的能力自然有更高的期待,还是认为自己没做到最好,低估了自己的实力所在。针对这类学生,日后要加强对其能力的肯定,并在各类场合给予他们一些展示机会,让其更快地成长,从内心自信起来,相信未来他们一定能够走向更大的舞台。

（三）对科技创新能力的认识：科技创新能力不等于论文发表数量

在小卉的整个陈述中,其实还透露出一点,她将科技创新能力等同于论文发表能力。正如前面陈述过的学科差异,人文社科学科本身对待问题没有明确的答案,所以要在某一领域有足够的知识储备,才能达到发表的标准。如此一来,人文社科方向的

本科生是很难发表高水平论文的。退一步讲,即使理工科的本科生,论文发表也是困难重重。作为辅导员,我们需要告诉学生"科创能力≠发表能力"。对待本科生的培养,科创能力建构更多地体现在思维的培养上;对待人文社科类学生,更需要让他们去生活中、在现实问题中培养问题意识和分析能力。有了这些能力,才不失学院对人才培养的院训"为民族立生命,为万世开太平",才能做个有温度的社科人。

## 三、教育过程

在和小卉深入交流后,她知晓了学校对本科生科创能力的培养目标,对社科类学科有了更清晰的认识,也重拾了自信。几天后,小卉主动提交了科技创新奖学金项目的申请。

### (一)学科认识方面

在与小卉沟通的过程中,我肯定了她这一年来的全身心投入和取得的学业成就。她深入社会做调研,实际上就是在研习社会科学最重要的科研方法之一。社会科学作为一门没有明确答案的学科,要锻炼的就是学生自我的思维能力,我们要做的,是去发现、挖掘及分析生活。这让小卉对学科有了新的认识,重拾了自信。

### (二)自我认识方面

小卉是一个在同辈和教师眼中非常优秀的学生,但其对自身的要求过高,产生了一些偏差。在交谈过程中,我充分肯定了小卉对自己的严格要求,但也请她正视自己的付出与努力。并告诉她,她眼中的"学术大神"可以作为学习的榜样,但不必望而生畏,经过步步积累,她也能成为想成为的人。最终,小卉想明白了,在自己的领域做到最好,就足够了——事在精而不在多。

### (三)科创认识方面

在明确了学校本科生的科创培养不是以论文为导向后,小卉渐渐找准了科创的感觉。在与案例赛的指导教师的交流中,她也得到了同样的信息,这使她在思想认识上调整了先前的认知,更加集中精力投入科研实践。

## 四、总结反思

在辅导员工作中,我除了做一些专职的任务性工作外,也会经常与学生交流。在交流中,我去倾听学生的困惑、学生的思考,去了解每个个体之间的差异。在本案例中,小卉作为非常优秀的学生却不敢申请校级荣誉,我也要反思自己的工作,教育引导是不是存在问题。我们要培养的不是一个模子刻出来的学生,而是各放异彩的学生。

### (一)加强对低年级学生的学科专业引导

上海交通大学是一所综合性大学,但许多人脑海中,依然留着交大理工科实力强、人文社科相对薄弱的刻板印象。这也导致许多来到交大学习人文社科专业的同学对自己的学科有一定的迷茫感。作为大一学生,离开父母、离开熟悉的家乡,自然是承受着陌生与压力前行的。辅导员首先要做的就是通过新生教育、顶尖学者的学术讲座、毕业校友的生涯分享等活动,帮助低年级本科生建立起他们对学科的认识,提高他们对自我能力的认同感。他们闯过激烈的高考,来到上海交大,就足以证明他们是同龄人中的佼佼者了,以他们的能力,相信每个人都能认识到自己的特长所在。不必盲目羡慕理工科学生的能力,作为社科人,我们一样能成为顶尖的学术人才,为国家作出贡献。近年来,公共管理专业逐渐在经济社会发展中成为一门"显学",突如其来的新冠肺炎疫情更是考验着国家的治理体系和治理能力,在这样一个重要领域,为国家、为社会贡献自己的聪明才智,正是本学科学生应该追求的重要人生价值。

### (二)持续培养学生的口头和书面表达能力,做到"坐下来能写,站起来能说"

文科生的特长既不是做实验也不是解算术,而是说与写的能力。虽然表达能力和写作能力常常被认为与个人的天赋有关,但是这种能力的挖掘和提升是可以通过教育做到的。比如,在学院各类专业课及班团活动中,我们可以有意地去锻炼学生的个人表达能力。尤其是对那些从来不擅于表达自己的学生,要与他们沟通、交流,发掘他们的个人特长,引导他们表达自己的想法。在写作方面,学院会开展一些撰写新闻稿、公文、调研报告的培训课程,锻炼学生撰写公文、调研报告的能力。总而言之,术业有专攻,文科生也要有自己的学科自信。近年来,本学科毕业生在求职过程中感受到用人单位越来越重视对个人综合素养的考察,单纯的科研成果不足以作为评价学生是否优秀的唯一标准。实践表明,参与学生工作较多的学生骨干,主动性和综合能力方面普遍更胜一筹。

### (三)以践练兵、以赛促学,思维能力的培养是大学关键的一课

大学学什么?大学与中学教育的区别何在?大学与中学最大的区别是大学教育教会学生的不单单是知识,更是能力。常言道"活到老学到老",这是对知识获取能力的肯定。大学要培养的,正是对待问题的不确定性答案,每个人的思考都是有价值的。学生应当学会的是每个知识点背后的逻辑,自学能力与思考能力远比一时的知识获取更重要。在多年的学生培养实践中我们不难发现,像本案例主人公小卉这样能在短时间内成为同专业佼佼者的学生,一定经历了大量的社会实践的锻炼和学科

类竞赛的打磨。如果要在本科生各年级间建立起人才培养第二课堂贯通式的路径，非学科竞赛莫属。竞赛团队以老带新所产生的效果，经历重大比赛历练后的成长，都是含金量极高的能力培养。尽管当前全国范围内的社科类竞赛还相对较少，但各高校自发组织的案例挑战赛等活动已蔚然成风，让学生有足够的平台去交流、历练和成长。

总而言之，小卉的情况让我们发现了我校学生对文科专业的一些困惑，而我们辅导员要做的，就是为学生答疑解惑，帮助他们在黑暗中寻找微光，在跋涉中踩稳基石，让他们找到正确的方向，成为更优秀的人。

# 拿什么拯救你？ 自控力

海洋学院 许艳

## 一、案例简介

案例来源：小帆，2019 级本科生，进入自然科学平台学习。

基本情况：在自然科学平台初次分流之后，小帆进入海洋学院学习。2020 年 11 月初，为了对学生有更好的了解，我与分流后的学生进行了一对一的谈话。在第一次与小帆谈话的过程中，我就感觉到他性格非常内向，交流存在一定困难，常常是我说很多话，问很多问题，他只能简单地选两个回答，或者干脆不回答。在谈话结束以后，我主动与其父母电话沟通，其父母表示，他高中期间基本是住校学习，是个非常自觉的孩子，他们与他的沟通交流也很少，也存在交流困难，他在家也不愿意说话。第一学期期中考试结束以后，小帆的 2 门课程都未及格，学业上出现困难。随后，我与其寝室同学进行沟通，了解他平时的情况，寝室同学表示非上课时间，他基本上都在寝室玩游戏，上课基本能够正常出席，他们之间的交流还算正常，但感觉小帆是一个话不太多的人，他们之间也没有深入的交流。大一第一学期结束，小帆有 3 门课不及格，最终绩点 1.723，勉强通过，处于退学警告的边缘。大一第二学期，因疫情原因，他在家学习，我无法掌握他的实际学习情况，只能通过电话沟通督促，他在电话中表现态度较好。但最终他所有课程都不及格，绩点为 0，拿到第一次退学警告。

> **自然科学平台**
>
> 上海交通大学为培养面向未来的多学科交叉国际创新人才，融合生命、环境、化学化工、医药、海洋等优势自然学科，打造自然科学试验班招生平台。学生在进入该平台以后，前 3 个学期以修读平台基础课程为主，从第 4 个学期开始，结合自身兴趣，进入具体专业学习。自然科学试验班提供宽口径基础教育和以兴趣为导向的专业选择，注重学科交叉与创新思维的培养。

## 二、案例分析

小帆是一个典型的高考型选手,能够很好地应对高中的学习压力。在高中的学习过程中,被动的学习习惯、过于内向的性格没有显现出问题,但为其后续发展埋下了隐患。小帆从小与父母关系疏离,缺少充分的沟通交流,亲子关系并不能够给他的发展提供支持。被动的学习习惯在进入大学自由的学习环境后,显现出严重的问题。综合来说,这是一个因自控能力差和内向性格问题导致的学生学业困难案例。

综合分析小帆身上存在的问题,主要集中在以下几方面。

### (一)主动学习能力不足

在没有人帮其规划,给予督促的情况下,他很难自行合理安排自己的学习课业。在长时间的拖拉以后,到期末阶段,积重难返。

### (二)逃避问题倾向明显

面对学业困难,他不是想办法积极寻求帮助,而是漠视问题的存在,随波逐流,对于学业预警带来的严重后果,也没有足够的警惕。

### (三)性格内向程度较高

小帆平时话非常少,无法与同学及老师进行正常的交流,在与之沟通的过程中,我也感觉很无力,我的询问,常常得不到应有的反馈和反应。

### (四)亲子关系较为疏离

虽然父母很关心他的学业,对他的情况也很着急,但是亲子关系的疏离,导致父母不能给予其支持与帮助,只能是干着急而"束手无策"。

在这些问题外,我们能看到小帆身上也有一些闪光点。首先,他比较听话,能够服从既定的安排,上课也比较正常,没有严重的缺课情况。其次,他心态比较好,并没有因为课业问题产生焦虑状态。最后,他对于现状并不是抱着自暴自弃的态度,还是有想完成学业的愿望的。

## 三、教育过程

立足于小帆的特殊情况,针对他的问题和优势,我思考应该如何帮助他。我认为,小帆目前面临的最大问题是如何完成学业,不能再次被退学警告,特别是在大一、大二基础课业压力最大的这两年里。他的性格问题，是受家庭教育环境、成长环境影响形成的，很难通过短期介入有所改变，因此不作为干预的重点。针对以上思路，我制订了如下的帮扶方案。

**（一）帮其创造规律的学习环境**

小帆最大的问题在于，他在无人关注督促的情况下，不能很好地安排自己的课业学习，自控能力不足。针对这个症结，我和他一起分析他的课表安排，要求他除了上课、休息时间之外，要到学院的自习室进行自修，并和他约定，自修时手机关机。每次到达和离开自习室时向我报告。

**（二）发动研究生党员定点帮扶**

针对小帆学习困难的情况，研究生党支部充分调动党员力量，制订了点对点帮扶的计划，分不同的课程对其进行深入的指导与帮助。

**（三）发动身边同学关注其状态**

请班级同学和寝室同学更多关注小帆各方面情况，让我们能够掌握其基本状态。

**（四）协调任课教师为其提供帮助**

我会定期了解小帆的学习进展情况，并告知任课老师，请任课老师给予理解和指导，帮助其渡过难关。

**（五）与其父母保持定期交流沟通**

虽然父母不能与其有效沟通，但我还是将他的动态情况及时作了反馈，希望良好的家校沟通能为后续问题的解决打好基础。

在执行以上方案的过程中，小帆给予了较好的配合，能够进行有规律的学习，解决了自控力较差的部分问题，且学业成绩有所好转。大二上学期，他通过了部分课程的考试，不过，仍有 2 门课程不及格。另外对学业缺乏动力，以及不愿意与人沟通交流等问题，仍未彻底解决。

## 四、总结反思

小帆身上的问题是很多学生的共性问题，只不过他的各种表现更为突出，性格上更为极端。与小帆类似的案例，在学生群体中的比例不低，只不过表现程度与表现形式有所不同。在高中的高压管理下，他们能够很好地适应，同时在学业上有很好的表现，这掩盖了他们自身性格上的不足，也让家长忽视了他们的问题，认为保持良好学业是他们的基本素质与能力。在大学阶段显现出问题以后，家长往往表现出不理解与责备，而不能很好地帮助孩子。

小帆的问题，表面上是学业困难，但从根本上来说是自身性格缺陷及家庭关系问题。面对这种长期积累形成的问题，需要专业并长期的心理辅导来缓解，提升学生本人的自我认知，提升其自我驱动能力，而这些专业技巧往往是我们辅导员所不具备的，因而类似的个案常常让我们感觉很无力。本案例中的小帆，性格上极为内向，甚至无法进行正常的交流沟通，无法正常表达自己的感受与诉求，让我常常有"拳头打在棉花上"的感受，也无法清楚掌握其真实想法。

针对类似个案，我们更多只能从治标的角度，帮其先解决目前面临的学业困难问题，希望随着学业困难问题的解决，能够帮助其树立信心，从而更好地解决自身的其他问题。但是我也常常会陷入困惑，如何才能治本，去激发学生自身的动力，改善自身的性格，从而在脱离我们的帮助以后，将来也能够很好地面对社会，实现个人的健康成长。

在处理类似案例的过程中，我总结了以下几点经验。

**（一）问题切入点：帮助顺利完成本科学业**

退学警告是这类学生面临的最大的实际困难，也是迫在眉睫的学业问题。二次退警带来的退学压力，没有时间给我们去从容处理。因此，在第一阶段，在无法调动起学生足够的自律与自驱能力的时候，通过外在的管理与监督，帮助其先提高学业成绩，确保不被再次退警，是工作的切入点。

**（二）问题关键点：调动足够力量帮扶学生**

类似困难学生的管理督促，往往不是通过几次谈话能够实现的，需要更多人员的参与，花费大量时间为其提供帮助。因此，靠一名思政教师的力量实现全面帮扶是很困难的。这时候，发动班干部、党员等优秀群体的参与，就能够实现有力的补充。同时，也通过这种方式，充分发挥学生骨干和学生党员的作用，营造良好的学院氛围。

**（三）问题注意点：处理好与学生家长的关系**

学生家长在此类案例中，往往处于"心有余而力不足"的状态，并不能够给我们的工作提供支持，甚至有时候给我们带来额外的压力。因此，在此过程中，我们要与家长保持联系，把学生的情况充分反馈给家长，但不能把问题都交给家长处理，家长往往也很无力，家长过多的干预，甚至会给学生带来不良影响。

在复盘案例处理的过程中，我也反思了自己的不足。其实小帆的问题还没有得到根本解决，他暂时渡过了这学期的关卡，但后面还有很多个学期等待他去闯过，而每一个学期，对他来说都充满挑战。要如何从根本上帮助其找到学习的动力，让他养成自律的习惯，我并没有答案，一方面，我还亟须提升自身的专业能力与素养，另一方面，也需要他的家庭全力配合，全面参与。

导航篇

# 以关键领域就业为引导的
# 党支部共建和成效

船舶海洋与建筑工程学院　薛云云

## 一、案例简介

案例来源：船建学院硕士 2017 级船工专业某党支部。

**基本情况：**上海交通大学自 2018 年起，通过开展"共行计划"，鼓励各学院学生党支部与国家关键领域重点单位、企业基层党支部开展支部共建活动。计划开展以来，学院多个党支部积极响应，支部结对共建开展得如火如荼。然而，细究之下，支部活动开展是否真正起到了实效却亟待考究。

近年来，学校对于学生就业引导工作的重视程度日益高涨。如何通过校企党支部共建，引导学生党员到关键领域重点行业就业，也是值得关注的问题。

上海交通大学船建学院船舶与海洋工程系（简称船海系）是我国船舶与海洋工程教育和科研的发源地。船海系秉承交大培养"第一等人才"的优良传统，多年来培养了以中国首艘航空母舰总设计师、首艘核潜艇总设计师为代表的大批科技精英、技术专家和行业骨干，为我国建设海洋强国打下了坚实的基础。

进入新时代，上海交大船建学子立志继承和发扬老一辈船海人的卓越品质，担负起海洋强国的责任与使命，毕业后赴国家重点领域重点单位就业。

学院自 2018 年起，陆续推动研究生党支部与船舶、海洋等重点领域就业引导单位开展支部共建。作为其中的典型代表，船建学院硕士 2017 级船工专业某党支部自 2018 年 5 月起，与中船重工某研究所一党支部进行了联建共建。

然而，作为学生党建指导老师，如何指导学生党支部书记与企业党支部对接，开展好相关共建活动，让支部共建活动的成果落地见效，是我一直在思考的问题。

## 二、案例分析

当前,在学校"共行计划"活动的支持和鼓励下,很多学生党支部开始积极与国家重点行业、重点单位的基层党组织开展支部共建。然而,支部共建活动的质量却参差不齐。一般而言,要使支部共建的成果真正落实落地,具有实效,达到通过支部共建来引导支部党员到关键领域重点行业就业的目的,需要做到以下三个方面。

### (一)构建长效工作机制

很多学生党支部与企业基层党支部之间的共行共建之所以流于形式,很大一部分原因在于:从一开始就没有对共建活动的整体做全局规划。共建活动没有固定的主题,频率低,形式单一,自然不能达到预期的成效。

其实,校企党支部共建是一个双方信任逐步加深的过程。为了确保支部共建活动的定期开展,在合作之初签订正式的支部共建协议很有必要。协议既可以明确双方共建活动的内容、形式和目标,也有利于明确双方的权利和义务,将共建双方的责任落实到位,形成双方都认可的良好的共建指导方略。此外,双方需要组建稳定的支部共建管理队伍,建立相关工作活动台账,定期沟通联系,通报共建合作的实施状况、成果体现,形成定期反馈的双向互动机制,从而促进共建合作常态化、规范化、制度化。

### (二)充分发挥校友力量

校企党支部的共建,本质上并不仅限于联合开展"三会一课"或主题党日活动。双方支部党员在日常学习与工作中通过合作交流实现相互提升也是很重要的组成部分。

就引导支部党员赴关键领域就业这一共建主题而言,在开展支部共建的过程中,可以充分挖掘校友资源,为共建的开展提供帮助。从助力就业引导的角度来看,各个专业的学生党员毕业以后进入各个行业,他们往往和下一届学生的求职目标、求职方向具有高度的相关性。邀请他们参加支部共建,在主题班会、就业引导大会、行业动态讲座等日常工作中,让校友给在校学生党员分享真实的工作经历,有利于学校获取准确的就业信息、拓宽就业渠道。

### (三)利用网络创新平台

网络具有"资源丰富、无时空界限、更新及时"等突出优势,在进行校企支部共建的过程中,我们可以充分利用各类网络信息交流平台,定期开展网上组织生活,实现校企实时互动反馈,切实提高支部共建组织生活会的质量和效率。比如,通过校企公共邮箱、微信群、QQ群等,发布支部活动学习资料、开展学习心得交流分享会等,不断创新校企共建党支部的新模式,增强双方党支部的吸引力、凝聚力,提高校企合作的工作效率。

## 三、教育过程

根据上述对优秀校企支部共建方法的梳理,就硕士 2017 级船工专业某党支部与中船重工某研究所一党支部的支部共建活动,我从以下三方面对学生党支部书记进行了指导。

### (一)加强与共建单位的沟通,根据共建协议整体规划共建活动

在支部与共建单位对接后,我指导党支部书记与对方党支部共同拟定了共建协议。在拟定协议的过程中,双方党支部通过深入沟通和反复推敲,根据共建的主题,确定了共建活动的频次和内容。

通过事先的交流规划,在一年多里,双方累计开展了 6 次共建活动,包括:支部成员赴企业实地走访、参观实验室,并与学院在该单位工作的青年校友交流座谈,深入了解企业历史与文化,体会"纸上得来终觉浅,绝知此事要躬行"的真实工程施工场景;双方党支部联合组队,开展"共襄新时代,携手创一流"院企共建共行团队拓展运动会,有效促进了企业与学生的相互了解和认识;共同举办了"共行计划"学术交流活动,通过分享各自在工作和科研中取得的成果,切实增进彼此的获得感等。

### (二)丰富支部共建形式,引导校友参与支部共建

除了共同开展"三会一课"和主题党日活动,我还鼓励党支部积极利用支部共建带来的资源,邀请企业支部的党员,尤其是我院校友,参与学院日常的学生活动中,将科研、生产与党建工作进行了有机的结合,把科研、学习、团队建设等内容加入共建活动中。

经过双方支部的共同努力,这一方法在共建期间取得了不错的成效。尤其是作为特色活动之一的校企学术交流会,切实深化了支部共建的成果,一方面让学生了解了科研工作中的实际情况,另一方面让科研单位得到了学术前沿的启发,助力科研攻关,得到了校企双方支部成员的一致好评,并初具影响力,形成了一种可行可推广的共建模式。

### (三)充分利用网络平台,开展校企支部共建活动

2020 年,受新冠肺炎疫情影响,一些原定的线下支部共建活动被迫取消,但进一步激发了我们开展"线上共建"的想法。我们通过线上网络会议室、建立联合微信群等方式,进一步开展支部共建活动,增进双方交流。例如,在 2020 年 3 月,我们邀请企业支部代表,通过远程连线的方式,参与了支部研究生的毕业远航教育。

通过该项支部共建共行活动,在该党支部学生毕业之际,共有 6 名同学与企业党支部所在单位签署就业协议,较往年签约该单位的人数有了显著增长。

## 四、总结反思

在 2019 年《政府工作报告》中,国家第一次将就业政策置于和宏观政策中的财政政策、货币政策同等的地位,在"六稳"当中也把"稳就业"作为"六稳"之首。2020 年,受疫情影响,"把高校毕业生就业创业工作摆在最突出位置"是 2020 届全国普通高校毕业生就业创业工作网络视频会议的核心内容。

同时,在"三全育人"理念不断深入的当下,就业引导工作更加倡导多元主体合力对高校学生开展多维度、全过程的教育与引导,更加强调就业引导是一个整体性、全面性和系统性的工程,需要充分集合社会、学校和学生各方力量共同推动才能做到更好。

高校学生党支部作为党在高校最基层的组织,是党联系广大青年学生的桥梁和纽带,是学生班级团结进步的核心力量,承担着发展学生党员、开展大学生思想政治教育工作的重要职责。因而,作为立德树人工作重要组成部分的高校学生党建工作,有责任将学生党员的就业引导工作作为开展学生党建的重要抓手,着力加强对学生党员的教育和引导,提升毕业生党员的关键领域就业率和就业能力,培养一批有能力、有情怀的党员扎根基层,把个人价值实现和国家发展紧密结合,从而带领其他同学投入祖国的建设事业中来。

通过上述案例,我们可以发现,校企党支部结对共建作为高校基层党建工作与企业党建工作合作的新思路新方法,有效实现了校企资源共享、优势互补,为学院党建工作注入了新的活力,对推动各项学生工作协调开展具有重要意义。因而,以关键领域就业引导为核心,推动学生党支部与企业党支部共建共行,既可行,又必要。

校企党支部之间的联建共建,可以搭建起一个校企合作的平台,促进学院和企业支部间的交流和学习。更为重要的是,从学校的角度出发,可以通过支部共建引导学生党员树立投身国家重点行业建功立业的意识,开阔学生视野,同时准确深入了解实际工程应用领域的重要环节对人才的需求,进而有针对性地优化人才培养的环节和目标;从企业的角度而言,支部共建有助于企业将合作学院作为自身的人才储备基地,深入了解当下大学生的思想和学习情况,并有针对性地给学生以指导,提前为行业储备人才。

可能存在的问题与对策如下。

1. 党建工作与就业工作无法充分融合

传统的思政工作各条线工作职责和内容划分清晰,党建和就业分别对应不同的部门。一般学院里党建工作、就业工作分别由不同的思政老师负责,大一些的学院,会有各自专门负责党建或就业的部门、中心来组织工作。在人员方面,纵向上升的较多,横向部门间流动的相对较少,所以容易造成学生党建工作和学生就业工作存在壁垒,两者难以充分融合。

但从"大思政"格局和"三全育人"体系构建角度来看,党建也好,就业也好,都是育人链条上不可分割、相互交融的内容,所以党建工作与就业工作的最终目的相同,日常工作中理应充分沟通协作。以就业为引导的党支部共建工作十分需要这样的沟通融合,共建行业、单位的选择,共建的前期联络,党建共建契合点的设计等,既需要就业老师甄别、推荐和搭桥,也需要党建老师合作。

2. 学生党支部与单位党支部无法实质共建

校园生活、学生活动与职场生涯、企业活动无论从目的、内容、形式上,还是双方的时间安排上,都是存在很大区别的。学生党支部与单位党支部之间的共建,往往容易停留在表面形式上,共同开了会、签了约,双方领导讲了话就算是达成了共建关系。而后续的共建合作内容很难深入推进,效果也很难保证。这期间,如果单纯依靠学生党支部、学生支委是心有余而力不足的。

作为学院的学生党建工作指导老师,要在共建合作中多思考,多与学生、企业单位和学院党委领导沟通,要能够站在有利于学校育人的角度,基于对青年学生思想动态的了解和掌握,立足党支部政治功能,寻找能够加强校企间优势互补、资源共享、共同服务对接国家重大需求的结合点来设计和开展共建活动,才能切实推进共建共行做实落地。

3. 学生党员价值引领与职业选择无法有效转化

培养德才兼备、全面发展的中国特色社会主义合格建设者和接班人是高校人才培养的最终目的。青年学生党员应该是学生群体中各方面都起到表率作用的旗帜和先锋,要有首当其冲、舍我其谁的勇气和底气。而在高校实际人才培养过程中,学生党员虽然是一个非常优秀的群体,但在学生学业成绩优秀、科研水平突出、综合能力卓越与党员身份两者之间,很难完全画等号,在服务社会、投身祖国最需要的地方与党员身份两者之间,更难画等号。

党支部共建,共建对象一般是基层行业、企事业单位、科研院所。这些单位是中国特色社会主义建设的重要阵地,是高校人才培养、输送的最终落脚点。要通过共建活动,充分拓展学生党员的视野,增加实践机会,让学生党员能够深入基层、深入行业,走进社会、了解国情,增长才干、明确方向,在实践中增强"四个意识"、坚定"四个自信"、涵养家国情怀、培养学术志趣,树立在新时代勇担民族复兴大任的远大理想和使命认同,从而在学生选择职业时,自觉主动地将个人发展与国家建设相结合,最大化实现人生价值,这才是学生党支部共建共行最大的意义。

# 激发行业热情，树立远大志向
## ——交通运输专业学生职业规划引导

船建学院　戴磊

## 一、案例简介

案例来源：船建学院交通运输工程系 2017 级、2018 级本科生和部分硕士、博士研究生。

基本情况：作为交通运输工程专业的本科生、研究生，较多同学对交通运输工程专业未来的就业前景不甚明了，对交通运输工程专业的培养内涵，对交通运输事业在我国整个社会经济发展中的重要性了解不够。大多数同学对未来深造、就业去向等缺乏统筹考虑，处于迷茫和随大流的状态。

本人担任交通运输工程专业 2017 级本科生班主任，并兼任学院思政教师，同时也是 2018 级本科生、2019 级研究生的专业课授课老师。2019 年 5 月的一天，2018 级一位本科生班长突然问我学校交通系学生毕业后能做什么工作，他刚刚从工科大平台完成专业分流，进入交通运输工程系，对未来的规划比较迷茫。不知道专业未来的就业前景，也不清楚未来要不要在交通运输工程相关专业继续深造，交通运输工程各相关细分研究领域对他而言也显得十分陌生。在了解到该同学的情况后，我也侧面向其他年级本科生以及硕士、博士生了解情况，发现该同学不是个例，交通运输工程系的同学普遍存在着对专业内涵理解不深刻，对专业未来研究与发展前景不明朗的问题。

## 二、案例分析

这个案例看似是个别学生对专业情况理解不深入的问题，但是追根溯源，根本问题有三。

一是交通运输工程系学生培养方案中缺乏对家国情怀、行业情怀的融入，学生难以充分理解交通运输行业的重要性。

二是学生培养过程中缺乏理论教育与实践教育的紧密结合，使得学生对行业实践的认识不够，知识体系也停留于纸面。

三是系里对学生的职业观塑造以及职业规划引导工作做得不够到位，难以激发学生投身行业的热情与决心。

针对学生们的共性问题，我整理了头绪，认为应遵循教育规律，引入课程思政元素，帮助大家先深刻认识所学专业、所在行业的特点及其重要性，培育大家的专业热情、行业自豪感，再引导大家制订清晰的未来职业发展规划。同时，我也认为，在探究问题解决方案的时候应着眼于未来，只有在长期教育过程中充分融入课程思政内容，潜移默化地实现学生的专业认识、职业观念转变，才能更好地为我国"交通强国""海洋强国"建设储备优秀人才。具体解决方案步骤如下。

### （一）明确专业内涵

从根本上帮助学生明确"交通运输"专业的内涵，即交通运输事业在我国经济社会发展中的定位、作用以及对于整个国民经济发展的重要性。帮助学生树立正确的专业观，即搞清楚交通运输专业是"干什么的"，对于社会发展"有什么用"。该阶段的主要工作，一是在专业课程中融入课程思政内容，通过讲述高铁建设、北极航运等我国交通运输领域取得巨大成就的实际案例吸引学生注意力，同时加深学生对交通运输事业的认识；二是通过定期（一般一个季度一次）召开年级班会，召集各年级本科生、研究生，由专业教师、思政教师为同学们介绍交通运输专业的内涵，继续深化学生对于专业内涵的理解；三是由班主任和思政教师牵头，与学生进行一对一面谈，充分解决大家对专业认识的困惑。

### （二）培育专业自豪感

在帮助学生厘清交通运输专业在国家经济社会发展中的基本作用后，引导学生培育行业/专业自豪感。结合党中央、国务院近几年在交通、海洋、航运等相关领域的国家发展战略，例如"交通强国""海洋强国"及"一带一路"倡议等，告诉学生交通运输专业未来在国家发展中的重要战略作用，使学生逐步积累起行业自豪感，从而能够让他们积极拥抱专业，也能自信地向其他专业同学以及亲朋好友介绍交大交通系的情况以及交通运输专业的相关知识。该阶段的主要措施分为三部分：一是在专业课程中针对性融入课程思政教育，侧重从行业成就、典型人物（如航海人精神）等角度进行阐述，激发大家的行业热情；二是通过课外实践与实地调研的形式，通过工程师、基层党员的亲身经历来感染学生，提升学生的行业自豪感；三是通过定期（一般一个季度一次）召开年级班会，进一步对学生群体进行集中宣贯与引导，提升课程思政育人成果。

### （三）引导进行职业规划

邀请已毕业资深校友，开展企业导师引导计划，加强学生与行业专家的联系，引导学生进行合理的职业规划。积极邀请在交通运输行业工作的资深校友回校开展交通运输职业生涯讲座，深入剖析交通运输行业人才未来的发展路径、职业成就、薪资待遇等内容。并聘请部分知名校友担任本科生兼职导师，为学生提供本专业实习机会，巩固学生未来扎根交通运输行业深造、就业的信心。该阶段的主要措施：一是邀请交通运输专业知名校友给学生做就业引导与职业规划指引，以校友的亲身经历勉励学生未来投身交通运输行业；二是以校外兼职导师的形式加强学生与行业的联系，双管齐下地实现学生的价值引领工作。

## 三、教育过程

在处理这类学生事务的过程中，由于意识到这不是一个个体问题，而是大多数交通运输专业学生都会面临的职业规划和行业价值引领的共性问题，所以，我的思路也不是点对点地解答疑惑，而是选择了召集大多数同学召开班级会议，一起讨论，给大家解惑。总体工作思路是：第一，从根本上帮助学生明确本专业——"交通运输"专业的内涵；第二，在帮助学生厘清了本专业在国家经济社会发展中的基本作用后，引导学生培育行业/专业自豪感；第三，联合专业内毕业校友，开展企业导师引导计划，加强学生与行业内专家的联系，引导学生进行合理的职业规划。这样既能够解决学生职业发展规划方面的困惑，也能在召开的班会和校友职业讲座中将家国情怀、价值引领等元素融入，使得学生坚定未来扎根交通运输行业工作的信念。

### （一）抓住代表性学生

首先联系个别代表性学生，例如班长、团支书等，让他们充分沟通、收集同学们对职业规划的困惑之处，以及在日常专业学习中的痛点、难点。在与 2018 级本科班班长的一对一交流中，我向他介绍了我国航运业知名劳动模范"抓斗大王"包起帆的故事。包起帆从一名普通的码头装卸工人做起，仔细琢磨作业规范，从中发现了可优化的流程，进而努力钻研，革新了抓斗技术，并突破了一个个技术瓶颈，极大提升了我国港口作业的效率，实现了极大的经济效益，因此包起帆也被称为"抓斗大王"。包起帆在取得成功后，并没有躺在自己的功劳簿上，而是努力将他的技术和管理经验传授给新人，为我国航运业培育新一代港口航业人才。包起帆作为一个基层航运人，通过自己的奋斗，既实现了事业上的巨大成功，又为企业取得了巨大的经济效益，更为国家培育了众多人才。包起帆的工作态度和精神可对学生起到深深的感染作用。后续，通过代表性学生的言传身教，能逐步扭转大多数同学的职业观念。

### （二）引导树立专业自豪感

在做好前期问题收集后，我立即召开了班会。在班会上，我向同学们介绍了交通运输事业在我国经济社会发展中的重要作用，以及国家未来在交通、海洋等行业的战略规划与布局，帮助学生建立清晰的行业观念。再通过构建 SWOT 分析矩阵，给学生分析在专业内继续读硕、读博深造与本科直接就业，深造后在本行业就业与转行金融等其他行业的优劣势，帮助学生认识到在本专业深造和就业的优势。

### （三）开展职业规划讲座

通过邀请行业内资深的校友回校给学生开展职业规划讲座，巩固大家对未来扎根本行业工作的信念。通过校友的言传身教，实现价值引领，帮助学生树立为祖国建设"交通强国"而奉献的崇高信念。

几次辅导后，学生纷纷反映效果很好，既解答了他们对专业的困惑，又使得他们明白了交通运输行业未来的重点发展方向，也让他们有充足的时间去储备自己的知识，争取未来对行业有所贡献。除了定期组织的生涯讲座外，同学们私下里同班主任、辅导员的沟通也在继续。部分应届毕业生加入了上海市市属的交通运输行业重点企业工作，并获得了用人单位的好评，发挥了榜样模范作用。

## 四、总结反思

上海交通大学新生初进入交通运输专业，由于前期学习的主要是通识性的课程，对交通运输及其各细分行业（例如远洋运输、铁路运输、公路运输、航空运输等）的具体运作情况缺乏足够的了解。同时，大多数同学也对交通运输事业在我国总体经济社会发展中所起到的支撑性、引领性作用认识不深刻。又由于交大交通运输工程系是小规模、精英式的培养模式，部分同学难免会出现对专业、对个人未来发展困惑的情况。

因此，在处理我校交通系本、硕、博学生职业规划不清晰的问题时，我会侧重于从根本性问题出发，建立长效机制来逐步引导学生树立正确的专业观、行业观、发展观，最终实现价值引领和专业学习的同步发展。具体的解决思路与体会主要有以下三点。

### （一）针对学生职业生涯的规划与引导，需从本科生起建立长效机制

学生专业观、行业观、发展观的形成是一个长期的过程。尤其对交通运输专业而言，由于就业范围较小，学生容易受到其他热门专业的影响，从而产生改行的想法。因此，需要从入学开始，注重行业情怀的培育与价值引领建设，将交通运输专业、交通

运输行业对国家经济社会发展的重要性和意义充分阐述给学生，使得学生明白交通运输专业"能学什么""能干什么""有什么用"等关键问题。

### （二）注重将课程思政、价值引领等要素融入职业生涯规划中

当前我们正处于中华民族伟大复兴的关键期，应该提醒学生在制订自己未来职业规划时将个人的发展与国家未来的总体战略发展方向以及交通运输、大海洋行业战略发展方向相结合，这样才能与国家、与行业同频共振。努力建设国家的同时，个人也能获得较好的发展。可以以案例、现场参观、单位实习的形式将课程思政、价值引领元素做全方位融入，避免生硬的填鸭式教学。

### （三）注重邀请行业内资深校友进行言传身教，引导学生树立正确长远的职业生涯规划观念

积极邀请在交通运输、大海洋相关行业工作的资深校友担任本科生、研究生兼职导师，向学生讲述自己在专业内的发展经历，引导学生树立正确的职业观。通过校友讲座，让学生们明白在交通运输行业也可以做得很有技术性，同样大有可为。

最后，我个人体会，如今专业教师、班主任、思政教师所面对的都是 95 后、00 后学生，他们的成长环境同我们这一辈人不一样。所以，我建议在专业价值引领、职业生涯规划工作上注重多种形式的双向沟通，在充分了解学生的痛点、难点和需求的基础上，有针对性地就学生面临的共性问题展开系统性工作，帮助学生未来真正成为"交通强国""海洋强国"建设中的栋梁之材。

# 深化实践育人机制，涵养专业报国情怀

船舶海洋与建筑工程学院　赵恺

## ▌一、案例简介

案例来源：船建学院学生。

基本情况：船建学院是上海交通大学历史最悠久、最具特色的学院之一。学院发展始终与民族兴衰、国家命运紧密相连，在时代洪流中铿锵前行、弦歌不辍。学院设有四个学科——船舶与海洋工程、工程力学、土木工程和交通运输工程，承载着学校赋予的建设世界一流学科和服务国家战略、区域发展的重要任务。2021年底，在院就读的全日制本科生共 725 名。

聚焦传统工程学科人才培养中普遍存在的专业认知迷茫、教学实践脱节、就业选择短视等痛点问题，船建学院围绕立德树人根本任务，以"三全育人""五育并举"为总体目标，深化实践育人机制，构建以行业教育为核心的实践育人体系，着力培养与祖国同向同行的学科英才，引导学生在"知中国情"中坚定理想信念，在"行万里路"中砥砺行业情怀。

为了更好地服务实践育人体制机制建设，船建学院组织 10 名资深教授与 4 名一线思政教师成立了以育人为主题的思政工作室，积极研究探索建立专业教师通过社会实践参与学生思想政治教育工作的机制与方法。专业教师依托教学科研，分层分类指导学生参与社会实践，将课程思政与实践案例融入第一课堂教学，形成教学科研服务立德树人的闭环，解决学生对专业认知不清晰的问题。结合育人目标精准施策，坚持实践与学科特长、社会热点、劳动教育相结合，有针对性地设计不同类型的实践计划，解决教学与实践脱节的问题。引育并举，以行业教育为核心构建实践育人体系，主动联系行业企业，实施精准的就业引导，解决学生在就业选择中的短视问题。

## 二、案例分析

实践育人是我国高校思想政治工作的重要内容。改革开放以来,实践育人形式不断完善、内容不断丰富、方式逐渐多元,实现了从政治教育为主到素质教育为主、从资源导向到目标导向、从计划组织到项目运行、从感知教育到就业教育、从精英实践模式到大众实践模式的深刻转变。2017年教育部发布《高校思想政治工作质量提升工程实施纲要》,提出切实构建"十大"育人体系,其中明确指出要建立实践育人质量提升体系。落实到行动,即坚持理论教育与实践养成相结合,整合各类实践资源,强化项目管理,丰富实践内容,创新实践形式,拓展实践平台,完善支持机制,教育引导师生在亲身参与中增强实践能力、树立家国情怀。

高校开展实践育人相关工作,既要注重认识国情社情,又要注意不能脱离理论与专业学习,要充分结合中国现代化进程的新变化、国内外形势对人才培养提出的新要求、青年学生个性化发展的新特点,构建以行业教育为核心的实践育人体系。因此,在开展实践育人的过程中要充分调动学科资源,将专业师资引入社会实践教育教学。二级学院在组织过程中,还应该注重构建用积极体验激发主体内在积极性的动力机制,以育人目标为牵引,联络协调外部育人资源,刺激、调动与发挥实践主体的主观能动性,通过了解国情与认知社会的实践路径驱使学生思考个人成长与国家发展的辩证关系。

### (一)顶层设计,构建以行业教育为核心的实践育人体系

学院党委高度重视实践育人工作,组织专业教师与专兼职思政教师建设"船·践"行知实践育人工作室,深入协同开展实践育人工作研究。学院党委制定《以就业引导为牵引的"三全育人"二十条工作举措》,出台《推进专业教师参与思政工作的指导意见》,明确专业教师参与实践育人的激励机制,促进更多专业教师将实践与教学科研紧密结合。与此同时,学院领导主动联系实践单位,确定调研细节,策划贯穿全年的行业教育实践活动。制定重点行业引导目录,建立20个行业教育实践基地,组织学生常态化地到重点领域单位实习实践。开展"旭华讲坛""海洋情怀·强国梦想"等行业教育活动,通过编订相关专业课程思政教学指南将育人模式予以固化。比如"兴船报国·向海图强"行业教育实践团组织湖北省部分学生,深入了解船舶行业发展情况,引导学生立兴船报国之志,树向海图强之魂;由江欢城院士指导的"交通拓宽致富路"实践团队基于属地实践的原则,组织45名"大交通"相关专业学生,探求交通运输作为"先行官"助力复工复产的途径。

### （二）合力育人，强调专业教师依托教学科研实施实践指导

2018 年，船建学院开始推进社会实践专业教师与思政教师"双导师"制度，其中，指导教师跟团实践是基本要求。指导教师跟团做什么、怎么做，是学院团委工作人员被问到的最多的问题。一方面，我们鼓励专业教师将实践作为第一课堂教学的延伸与重要补充。"雪域高原上的栖居""复兴路上的中国速度"等项目搜集到的案例已经应用到"可持续性建设""交通运输工程概论"等课程教学，专业教师主动参与构建以实践为特色的课程思政，实现了立德树人润物无声。另一方面，我们鼓励专业教师将实践指导与科学研究紧密结合。以梁夫友教授为例，他从科研课题出发，凝练了本科生能够参与的实践主题，带队到银川开展了与专业相关的公益服务，将获取到的研究数据与上海的情况进行了对比研究，将实践成果反哺于科研。从教学出发、应用到科研中去，教师在主动培养学生认知社会的同时，在实践过程中亦有收获。

### （三）精准施策，结合育人目标设计不同类型的实践计划

针对不同群体学生发展需求，船建学院开办船旗、船承、船习、船英四个方向的实习实践支持计划，组织各类实践活动，精准施策。以 2018 年首期船习营为例，学院选拔了一批有志于加入选调，从事基层工作的同学，制订培养方案，开展了为期一年的实践锻炼。这批同学利用寒假到广西等地调研，与 70 余名已经走上基层岗位的校友深入交流，并在学校内外分散挂职锻炼。这一批学生 2021 年面临择业，他们全部选择了到基层去、到祖国需要的地方去建功立业。我们认为以船习营为代表的精准实践起到了育人的实效。

## 三、教育过程

### （一）将实践融入课堂教学

将实践作为第一课堂的延伸与重要补充，将思政元素融入课堂教学，解决理论教学与新时代社会认知联系不紧密的问题。以"工程经济学""工程经济与管理"等课程为例，确立第一课堂课程与第二课堂社会实践相结合的授课模式，紧扣社会热点，有力推动了复合型工程人才的培养工作。《工程领域交叉学科课程教学与学生科创结合模式研究与实践》《紧扣社会热点问题，培养卓越工程师的经济分析能力——工程经济学课程建设》等获得了学校教学成果奖。交通运输工程专业正在试点，要求高年级学生结合专业所学进行实践，并编入了培养计划，确立了高年级学生参与社会实践的评价指标，有效促进了第一课堂教学改革。

### （二）坚持实践与学科特长、社会热点、劳动教育相结合

坚持实践与学科特长、社会热点、劳动教育相结合，形成科研教学服务立德树人的闭环，解决学生实践理论性、专业性不强的问题。教学团队为每一个实践团队配备指导教师，指导教师不仅做理论指导，还与学生同吃同住同实践。在指导教师不懈努力下，学院连续四年涌现出"知行杯"上海市大学生社会实践项目大赛特等奖项目。以"画好民生幸福同心圆——长三角区域协调发展路径探寻"项目为例，该项目紧扣"长三角一体化"国家战略，聚焦一体化背景下长三角地区的发展不平衡问题。项目实践团先通过深入政府、企业、村庄的调研，提出长三角欠发达区域面临的四大瓶颈问题，然后基于区域均衡发展理论和边缘-核心理论，建立了长三角区域均衡发展的系统动力学模型和政策实施效果监测指标体系，据此对以"一岭六县"为代表的长三角欠发达地区提出了针对四大瓶颈问题的相应解决方案以及一体化高质量发展举措建议。"雪域高原上的栖居——乐高模式下高原藏区新型建造技术调研与规划"实践项目响应国家大力推广绿色建筑的政策要求，将东部发达地区已经较为成熟的装配式建筑模式引入西部高原地区，助力攻关藏区预制装配式混凝土结构的关键技术难点，并提出相应的技术方案和一体化管理对策。这些项目将科研优势转化为实践育人特色，将社会调研成果转化为科研选题，形成了科研教学服务实践育人的闭环。

### （三）开展实践教学机制研究

开展实践教学机制研究，制订实践育人保障与激励办法，解决开展新时代社会认知实践教学缺乏理论支撑等问题。学院通过实践育人机制研究，探索社会实践对专业认同和行业情怀培育的新途径，探索不同专业背景学生社会认知教育实践的新模式，探索专业教师参与思想政治教育工作的新方法，依托"船·践"行知实践育人思政工作室常态化开展实践育人及研究工作，制订实践育人保障与激励办法，形成了基于工科背景大学生的社会认知实践理论。

学院每年组织 500 余名师生参与各类实践活动，实践育人成效不断提升。指导学生连续四年获"知行杯"上海市大学生社会实践大赛特等奖，是上海市高校中唯一一个"知行杯"特等奖四连冠的单位。在实践过程中，涌现出梁晴雪、王朝静、黄煜杰、魏艺、王文心等"三好学生"标兵、大学生年度人物、国家奖学金典型人物等，通过实践育人培养了学生学术志趣，提高了学生社会意识，涵养了学生家国情怀。学院实践育人相关工作得到广泛认可和高度评价，曾获评全国大中专学生志愿者暑期"三下乡"社会实践优秀单位。

## 四、总结反思

### （一）坚持实践育人，为社会发展贡献智慧

从选题指导出发，注重对学生实践能力的培养。船建学院每年结合学科特长凝练社会实践重点选题方向，组织答辩、评审及讨论活动，遴选优秀实践项目进行进一步跟踪指导，同时将优秀项目作为研究案例，挖掘研究实践过程中的育人实效，力争为每一个实践团队配备指导教师，分层分类、全过程指导学生参与实践。以实践内容作为选题，学生撰写调研报告，发表高水平学术文章，为政府提供咨政建言，实践成果得到实践地政府机关、行业企业以及社会媒体的高度评价。

### （二）聚焦国家重点发展领域与前沿方向，以实践育人促行业报国

紧紧围绕国家重大发展战略，"引进来＋走出去"，打造贯穿人才培养全过程的实践育人价值引导链。"引进来"即邀请行业专家，为学生开设"海洋情怀·强国梦想""四海纵横建未来"行业教育报告会，分享产业发展信息，实现价值引领，提升学术志向，培养学生的家国情怀和全球视野，尤其是抓住新生"灌浆期"，邀请院士畅谈学业故事，寄语青年学子，砥砺行业情怀，为新生勾画行业报国注入强心剂。"走出去"即建立行业教育实践基地，带领学生走进关键领域重点行业企业，通过一线工作岗位体验、行业专家访谈、校友座谈等，让学生在知行合一的过程中培养行业情怀，提升社会实践能级，立志扎根国家发展最需要的领域，成为引领时代发展的卓越人才。

### （三）构建人本化与专业化的实践育人运行模式

进一步丰富实践内容，采用参观走访、交流座谈、主题宣讲、行业观察、采访调研等多种形式，以目标为导向，遵循"深入"和"互动"两个原则，充分挖掘实践深度，拓宽实践广度，提升实践高度。通过行业教育、"船"承选调等专题实践，引导学生形成正确的专业观、择业观。将实践育人的观念贯穿于人才培养全过程，因人、因事、因时柔性化开展实践活动，做到立德树人润物无声。积极依托大数据、信息化平台，通过专业化的技术手段有效支撑实践育人，精准观测实践活动育人过程的动力机制与实际成效。

# 家国梦，基层情
## ——电院基研会积极推进基层就业引导

电子信息与电气工程学院　肖　汉

## 一、案例简介

案例来源：电院有意向报考选调生的学生。

基本情况：对于电院学生而言，报考选调生，毕业后去基层就业，是一个报国明志的好选择。为了引导和帮扶有意向报考选调生的学生，电院在2016年成立了上海交通大学第一个学院层面的基层就业学生组织——电院基层公共部门发展研究会（简称基研会），为电院学生的家国情怀保驾护航，并与电院毕业校友保持常态化良好互动。

小郭同学就在择业时出现了迷茫和焦虑，企业实习的经历让他明白自己可能不适合这样的工作，但是平时对选调生接触不多，也不知道如何备考。为此，思政老师将基层就业引导工作和学生的价值观引领相结合，首先，尝试培养小郭同学的家国情怀，让基层选调生对学生产生吸引力；其次，在产生兴趣后帮助提升公考应试技能和事务性工作应对处理能力；最后，"扶上马，送一程"，通过座谈、实践等活动坚定就业选择。

## 二、案例分析

新时代中国特色社会主义的建设和发展，离不开基层经历丰富、胸怀建功立业梦想的治国英才。在这一时代命题下，作为"饮水思源　爱国荣校"的百年名校，上海交通大学应为祖国的发展培育优秀的人才。引导优秀的人才为祖国的繁荣添砖加瓦，是学校思政教师的重点工作之一。随着国家脱贫攻坚战取得全面胜利和"十四五"规划的展开，基层政府部门，特别是中西部等欠发达地区需要优秀的人才去建设。"练就过硬本领，毕业后到人民需要的地方去"也是习近平总书记对广大高校毕业生的殷切希望。为了响应祖国的号召，高校应做好基层就业引导工作。

目前，电院的就业率达99%以上，主要集中在互联网企业和国防军工以及科研院所单位，毕业以后成为合格的工程师是多数电院人的追求。但经过长期的回访调查，我们发现这条道路并不适合所有的电院学生，也有不少学生有服务家乡、为家乡发展做贡献的情怀，在一线城市的企业工作很难实现这一点。此外，企业高强度的工作压力、对专业技能要求的不断提高也让很多学生无法适应。对于这些学生，他们需要重新考虑择业方向。而目前，前往基层服务的毕业生相对较少。国家的发展也需要一批综合素质优秀、家国情怀突出的基层管理服务人才。

电院学生小郭，本科期间就开始在学校做学生工作，研究生阶段也继续留在学院做兼职辅导员。研二下半学期，他卸任了所有的学生工作，开始全心全意地准备毕业和找工作。和不少电院学生一样，找实习单位、投简历、刷面试题，好在基础不差，很快就找到了实习企业。刚开始，他很高兴看到了自己毕业以后的出路，但是实习了一两个月之后，他发现，虽然收入很高，但是工作强度大不说，没有之前学生工作时的那种成就感和幸福感，于是，产生了焦虑和迷茫，心思也产生了动摇。

## 三、教育过程

窥一斑而知全豹，小郭这样的同学在电院还有很多，如何将国家的发展和学生就业引导结合得更好，如何帮助小郭这样的同学结合他们的优势将他们引导到合适的职业岗位，也是思政教师就业引导工作的重要任务。

为了满足选调生的成长成才需要，做好基层就业引导工作，引领更多优秀学子到基层建功立业，电院以"全员育人、全程育人、全方位育人"为导向，整合各方资源，成立基研会。基研会紧扣时代脉搏，秉承"到基层去，到祖国最需要的地方去"的理想信念，立足电院，辐射交大，鼓励交大学子"立一等志向，成一等人才"。

基研会通过服务体系建设和理论实践学习，鼓励大家"选择一份事业而不是一份职业"，营造"与祖国同向而行"的就业氛围。他们之中既有时刻关注时事热点，热爱基层服务工作的同学；也有从小接受国家资助，以后想要扎根基层回馈祖国的同学。既有学生工作经验丰富，理想抱负远大的同学；也有勤工俭学，却仍想为欠发达地区作出更多贡献的同学。

基研会成立以来，与学院思政教师的就业引导工作紧密贴合，从学生家国情怀引导和技能提升两方面双管齐下，为电院学子基层就业保驾护航。

（一）培养家国情怀，树立远大志向

电院基研会组织"家国梦，基层情"假期社会实践活动，由思政教师带队，组织学生实践团前往地方基层与选调生校友面对面交流,实地感受基层环境,促进学生对基层工作的了解,进一步强化学生的基层就业理想信念。近3年来,已累计组织开展了逾十场社会实践活动,行程超过1万公里,足迹遍布江苏、浙江、北京、四川、云南等地。基研会定期邀请基层工作校友回校开展校友沙龙,与同学们交流彼此的基层工作心得感悟。截至目前,已累计开展12场校友沙龙,疫情期间,第一次采取了线上沙龙的方式,反响热烈。基研会采写优秀选调生校友成长成才故事,通过朋辈教育坚定电院学子在中华民族伟大复兴的征程上为国家、民族做出更大贡献的决心。此外,还对接承办了中办机要局、中央网信办、中央办公厅、外交部、部队等单位的宣讲会、宣传动员及招聘报名工作。

### (二)加强招考指导,促进技能提升

在技能提升方面,电院基研会和中公教育、华图教育联合推出公考训练营,包括行测申论笔试培训和面试培训及面试实战演练,为工科学生公考上岸保驾护航。选调生政策解读峰会、行测申论培训课、公考模拟考、谈话面试培训以及结构化无领导面试培训及实战演练,服务了逾百名同学。积极和各地政府部门展开合作,在上海、江苏、浙江、四川等地开展暑期挂职锻炼项目,推荐合适的学生前往基层公共部门进行为期6周的挂职锻炼,强化大家服务基层的能力。

小郭也是这一系列措施的受益者。思政老师与小郭同学交流并综合考虑各方面因素后,鼓励他加入基层选调生行列。在思政老师的动员下,他参加了选调生校友沙龙活动,深入了解了选调生的工作生活之后,初步找到了新的目标;小郭还参加了电院的公考训练营,开始积极备战选调生公考。2020年年底他还拿到了中央选调生推荐名额,参加了2021年国家公务员考试,并且顺利通过笔试进入了面试考察环节。

在这些措施的同步施行和思政教师的引导下,出现了越来越多的"小郭"。电院基层就业情况也逐渐改善,选择去基层为祖国奉献青春和汗水的同学越来越多。

也正是在思政教师们不懈的帮扶和引导下,电院毕业生群体中涌现出众多扎根基层、服务人民群众的榜样。例如,2018届毕业生、浙江省选调生小张在校期间就保持积极思考的习惯,并不断提升自己的思维格局和对事物透彻的分析能力,在走向基层岗位后保持平和心态、稳扎稳打,时刻不忘初心、不断学习。2020届毕业生、江西省选调生小王在校期间担任辅导员,不断提升自己的工作素养,积极对待工作,活跃在基层一线岗位,毕业后立即投身防洪抗灾的第一线。吉林省选调生小雨,通过在基层挂职的工作经历,以学习的心态去吸收基层工作的养分,脚踏实地为党政工作作出贡献。

## 四、总结反思

作为思政教师，我们致力于引导学生把建设祖国作为事业的主战场。其中，鼓励学生投身基层、服务国家，对于不少学生而言是很好的选择。我们成立基研会，选择把了解基层民情，服务人民群众作为自己的责任，致力于服务有意向报考选调生的学生。通过总结反思，我们发现，思政教师在工作中要注意做到以下三点。

### （一）强化价值引领，全方位塑造学生家国情怀

对于思政教师而言，引导学生到基层就业，重要的一点就是强化学生对于进入体制内工作、报考选调生的价值认同。对电院学生而言，一要树立正确的择业观、人生观。在择业时，思政教师需要引导学生，不应该唯金钱论，应该有交大人的情怀，担当起交大人的责任，坚守住交大人的理想。二要珍惜机遇。身处中华腾飞的时期，应当"将小我融入大我"，既要抓住"难得的建功立业的人生机遇"，又要担起"'天将降大任于斯人也'的时代使命"。三要永葆高思想站位。面对周围的消极现象，不能出现思想塌方，要做信念坚定、勤勉敬业的奋斗者。

### （二）扎实推进实践育人，开展朋辈支持工作

思政教师可以积极通过一对一邀请、信息发布等形式，鼓励学生参与实习实践（如基层单位参观，中西部地区调研，挂职锻炼等活动），推进实践育人工作第一课堂与第二课堂结合，寒暑假与平时结合，校内与校外结合。同时发力基层校友工作，组织学生看望并采访校友，鼓励应届毕业生学会寻找同辈支撑、向同辈学习、与同辈分享，从而引导学生把建设祖国作为事业发展的主战场，鼓励学生通过报考选调生等渠道投身基层，服务国家。

### （三）注重提升学生的专业知识和文化素养

思政老师需要让学生明白，选调生工作对专业素养和文化素养的要求都在不断提高。首先，只有专业能力过硬的人，才能够更加高效地完成工作任务。其次，良好的文化素养是合理思考、有效表达的基础，文化底蕴深厚的人往往拥有更大的格局，选调生考试中也会进行相关知识的考查。因此，学生要多参加形式多样的理论学习会、读书会、工作能力培训等，提升专业知识和文化素养。

选调生是国家后备干部的蓄水池。培养选调生，为国家输送人才是高校义不容辞的责任。"饮水思源，爱国荣校"，我们希望学生不忘老一辈交大学子勇担当、敢奉献、真爱国的精神品格，锐意进取，奋发图强，为实现中华民族伟大复兴的中国梦贡献交大力量！

# 凝聚青春力量，点燃报国热情
## ——国防军工单位就业引导

电子信息与电气工程学院　马丽丹

## 一、案例简介

案例来源：有志于投身国防军工行业的大学高年级学生。

基本情况：中华人民共和国成立 70 多年以来，国防和军队建设发生了翻天覆地的变化，取得了举世瞩目的成就。2021 年，习近平在中央军委人才会议上强调，聚焦实现建军一百年奋斗目标，深入实施新时代人才强军战略。人才是推动我军高质量发展的关键因素，虽然我国国防军工事业的人才培育工作已有了长足进步，但仍然存在人才培育观念相对滞后、依托国民教育培养渠道不宽等问题。高校是人才培养和成长的摇篮，是培养创新型国防军工人才的重要基地，为国家培养德才兼备、具有家国情怀、视野开阔的高素质创新型人才，向我国国防军工事业源源不断地输送年轻力量，是我校一以贯之的目标。就业是人才培养的最后一站，如何让同学们认识国防、了解国防，培养学生的家国情怀，引导更多有志青年到祖国最需要的地方建功立业，是学生思政工作的重要任务。

## 二、案例分析

就业问题是每个学生踏入社会前面临的第一个问题，如何选择一份可以终生奋斗的事业，对于学生来讲尤为重要。身处一线思政工作岗位的老师们，在关注学生的择业就业问题时，都会有一个体会，那就是不少同学并没有一个清晰的职业规划。随着时代的不断发展，国防军工行业对于高层次复合型创新人才的需求也愈发迫切，为引导更多有志青年走向报效祖国这条热血之路，身处一线思政工作岗位的老师们需肩负起指路明灯的职责。在对部分同学进行调研后，我发现同学们对于国防军工单位的了解十分片面，每当提及去国防军工单位干一份事业，大家总是被固有印象捆住手脚。即使有同学有意向，也处在动摇中。毕竟，国防军工单位对于普通人来讲是一个神秘的地方，由于保密的需要，他们的很多工作不能大肆宣传，在招聘上吃了很多亏。

为引导学生正确认识并投身国防军工行业，我从思政工作经验中总结出以下三点。

### （一）重视国防军工精神的培育，助力正确职业价值观的形成

通过在组织班会等集体会议上播放《大国重器》《国防故事》等国防纪录片，增强学生热爱国防、献身国防的意识和主动性，进而树立到基层单位、到生产第一线为国防事业建功立业的职业理想；通过开设座谈会，邀请国防军工行业的老一辈院士、将军讲述个人成长经历，讲述我国国防科技工业辉煌成绩以及国防科技领域的前沿信息，让学生正确认识我国国防军工行业在新时期面临的机遇与挑战；通过走进国防一线、军事基地、科研院所和军工企业，帮助学生了解国防军工单位，进而引导学生"愿意去"，并且能在国防军工单位"留得住""用得上""干得好"。

### （二）夯实基础，增强国防军工专业学生的就业竞争力

在填写高考志愿时，很多学生并未深入了解和思考过自己填报的专业，按分数填报、按就业意愿填报是普遍现象。进入大学以后，学生自主学习的时间增多，学习更加专业化。专业认同度的高低对学生的学习动力、学习兴趣、学习态度、学习投入水平，以及学业成就等方面都有重要影响。一个对自己的专业不认同的学生，很大概率上不会从在校期间的学习中体会到乐趣和成就感，这将直接导致专业素质不过硬。兴趣和能力的缺失，让学生在临近毕业时发现自己在就业市场上既没有竞争力，也没有目标，最终影响学生的职业选择和规划。

国防军工专业的学生在大学期间不仅要学专业知识，提高自身的专业技能，同时要有意识地锻炼自身的综合能力，将语言表达能力、沟通能力、团队合作能力、动手能力和创造能力的训练融入大学学习中。思政老师要引导学生主动参与专业实践、社会实践和志愿服务活动，提升学生自我管理的能力，使之树立起独立自强的品格，不断增强对现实的感知力，提高自身适应力、应变力和就业力。

### （三）加强职业发展教育，做好国防军工行业的就业指导

无论是在就业信息的获取渠道上，还是对信息的处理方式与态度上，一些学生从众心理较为严重。随着互联网的日益普及、就业市场日趋完善，大学生获取就业信息的来源更多、速度更快。然而，部分毕业生对当下的就业市场缺少切实的了解，对获取的就业信息盲目接受，对就业市场和就业形势分析不透彻，不以专业和兴趣导向为

前提，一味地追求高薪职业，以工资论高低，不考虑自身成长，忽略职业发展前景。当询问他们为什么选择这个工作的时候，他们的回答往往是"大家都面（指参加面试）了，我也就面了""别人干什么我就干什么"。不难发现，有不少毕业生的就业观念存在偏差，有比较强烈的盲目从众和功利心理，并且对未来缺少长远的规划，对就业市场只是一知半解。

对此，学校思政队伍需要不断完善和壮大就业指导队伍，将国防军工专业学生的就业咨询、指导、管理和服务工作与就业心理辅导相结合。具体来说，要注重培育学生择业过程中的阳光心态，帮助学生正确认识自我，对自我的发展合理定位，处理好眼前利益与长远利益，国防事业与自我发展的关系。引导学生克服择业中所出现的紧张、焦虑、虚荣等负面情绪，增强就业自信心，走出就业的心理困惑。学院也通过推进校友工作，构建以就业为导向的国防军工人才培养模式，建立校友信息库，实行定期的回访，加强对毕业学生职业发展的关注，不断调整和完善以就业为导向的人才培养模式，为国防军工行业服务。

## 三、教育过程

为了让学生切身了解国防军工单位以及我国国防事业的发展和前景，破除学生对于国防军工单位的固有印象，帮助学生建立正确的职业价值观，在育人全过程中持续开展就业指导工作，我们每年暑期都会组织就业实践活动。在实践过程中，让学生亲身体验科研人员的工作环境，接触国防军工领域的科技前沿，体会自然科学的奇妙奥义，通过面对面交流感受科研人员严谨不苟的工作态度，领悟自身专业与国家国防事业的息息相关，增强对自我的认知，对自身专业的认可。

### （一）每年暑期组织就业实践活动

自 2012 年以来，"青春的选择"就业实践团从最初的 20 人到 2021 年累计 2 200 余人，从最初的 2 支队伍到现在的百余支队伍，从最初的 4 家单位到现在深度走访了包括全国十大国防军工单位在内的 90 余家重点单位。实践团队吹响号角，走遍了祖国大好河山。

### （二）召开实践成果分享会

暑期实践后，实践团邀请用人单位代表、学生代表汇聚一堂，召开实践成果分享会。将一路上的所见所闻、所思所悟分享给更多在校学生，拓展学生择业就业视野，为重点单位网罗精英人才打开渠道、拓宽局面。同时趁热打铁，推出国防军工单位专场招聘会，邀请重点单位首批进校招聘，为学生一站式了解国家重点行业和企业，网罗用人需求和招聘咨询提供了通道，开辟了校企零距离双选直通车。

九年来，我们欣喜地看到，越来越多的企业向交大伸出橄榄枝，与我们在技术交流、人才培养上的合作日益密切。而当年身着实践团服的青涩面庞，如今也承担着交大人对时代的响应，纷纷前往祖国最需要的地方，成就一番大事业！2012年前往成都走访的黎之乐，毕业3年就成为中电29所总设计师，牵头负责若干型号项目研制；2015年作为学生队长走访中车株洲电力机车研究所的石煜，用4年时间，牵头研制出全世界第一辆时速600公里的高速列车……当年的稚嫩身影，如今在前辈们的殷切期望中承担起了服务国家战略的重任，成为学校的骄傲！

## 四、总结反思

对于交大的毕业生来讲，要找一份工作并不难。可第一份职业的选择将很大程度上决定未来在什么样的领域、什么样的舞台上发展，这一点对于学生来讲尤为重要。青年是祖国的未来、民族的希望。交大的学生应当主动承担起家国责任，扛起未来国防发展的大旗。如果优秀的人才都以追求高薪为职业目标，那么教育无疑是失败的，祖国的未来、民族的希望也将成为空谈。

现在正在大学中成长起来的95后和00后，很多人说是"垮掉的一代"。但我认为恰恰相反，他们虽然没有经历过新中国艰苦卓绝的建设时期，但生活水平和受教育程度的提高，使他们不仅拥有更高的专业能力，更敏捷的办事思路，还拥有一股"倔"劲，一股为了认准的事情不顾一切的劲头。思想价值引领是思政工作的重要内容，如何引领大学生将个人价值与社会价值相结合，把这股劲用到最需要的地方？我认为以下三点十分关键。

### （一）百闻不如一见，深入了解是职业选择的前提

在选择就业单位时，很多学生最深刻的体会就是"没底"。即使在网络资源如此便捷的时代，企业的工作氛围和工作内容到底是什么样的，也许在真正入职前一直都只能了解个大概，对于神秘的国防军工单位更是如此。因此，我们要抓住一切机会，联合一切可利用的力量，为学生提供走近国防军工单位的机会。前期的就业实践走访，可用几天的时间深入了解一个企业的昨天、今天和明天，走访结束后召开的交流会，更是让这第一手的信息通过实践团和用人单位代表的展示，分享给了更多在校生，使就业引领的辐射范围进一步增大。活动结束后，我们对参加活动的同学进行问卷调研，不少同学表示对于国防军工单位的了解进一步加深了，也对在这个领域就业更有信心了。在随后举办的国防军工单位专场招聘会上，人事部门也纷纷表示收到的简历较以前明显增多。

### （二）要使就业引导作用渗透到学生培养、教学科研的各个环节

教育的第一要务是培养人，要把立德树人作为中心环节，培养新时代中国特色社会主义建设者和接班人。在九年的探索和积累中，我们逐渐意识到了教师对学生的就业观产生的巨大影响。一位教师带着观察的双眼"走出去"，带着资源和赞赏"走回来"，就将有很多的学生在老师的言传身教下培养起浓厚的报国意识和家国情怀。因此，"青春的选择"就业实践团力争在这方面取得突破，学校领导、电院党委书记苏跃增，副书记杨一帆、李劲湘，副院长薛广涛、邹卫文，电院全体一线思政教师及电院机关老师 300 余人带队，电院和学校学生队伍倾情参与，更有专业教师 100 余人次全情投入，在深入企业、深入交流、深入访谈、深入了解的基础上，开辟科研合作、人才培养需求对接等沟通渠道。国家需要什么样的人，我们要培养什么样的人，在你来我往的交流中逐渐有了答案。

### （三）汇聚校友资源，以故事创造故事，用人才培育人才

中国航天科技集团第一研究院副总预研师黄玉平说"航天人承担着航天强国的使命，是负重前行的一群人"；中国船舶重工集团第七〇一研究所集团公司技术专家奚秀娟说"我是祖国国防军工事业发展的见证人和建设者"；中国航空无线电电子研究所党支部书记说"交大学子要有更高的事业、更高的情怀，去攀登更高的平台"……

春风化雨，细语润心。波澜壮阔的大国重器发展壮大的历史，以一盏盏深夜的孤灯、一次次面红耳赤的争吵、一声声发自肺腑的欢呼和一朵朵泛着泪花的笑容的形象，在我们面前徐徐展开。为国防事业奋斗一生的校友们，不仅是学生的榜样，也是学生的"定心丸"，将为学生的职业发展道路提供极有意义的借鉴。

# 基于谈心谈话做好学生的就业引导和指导工作

电子信息与电气工程学院　徐新星

## ▌一、案例简介

案例来源：电气工程系全体硕士研究生。

基本情况：目前电气工程系部分硕士生面临就业难的问题，原因大致有以下四点：第一，毕业生数量较大，受就业市场和经济环境影响，就业结构性问题突出；第二，学生对就业问题重视不够，择业就业目标不清晰；第三，部分学生存在实习实践经历少、奉献和忠诚度不够的问题，眼高手低；第四，学生家庭成长环境不同，对学历教育认识也不尽相同。

作为思政教师，我们的工作原则是指导学生寻求适合自身特点的工作，同时积极引导学生在毕业后前往国家重点支持的一流学术单位继续深造，或在重点行业、社会公共治理服务部门、重要国际组织就业。基于参与学生工作一年多来的经验，我扎实深入开展谈心谈话工作，针对每个学生逐一了解他们的实际情况，并依据每个学生的特点，开展学生价值引领和就业指导工作。

## ▌二、案例分析

（一）问题所在

分析学生就业难的根本原因，我认为有以下四点值得思考。

1. 毕业生数量大幅增加

高校扩招使高等教育大众化，毕业生数量也随之大幅增加。一边是大学毕业生难以找到适合的工作，另一边是用人单位难以找到合适的人才。一方面，部分高校一味地追求办学层次和规模,造成了人才培养的模式化和专业设置的同质化,这直接导致大学生在就业市场上失去了竞争优势。另一方面,很多用人单位倚仗企业自身优势地位,在招聘门槛设置的过程中脱离实际、盲目攀比,对普通院校毕业的大学生存在歧视,盲从追求高学历的名校大学生,并未充分考虑岗位的实际需求。

2. 择业就业目标不清晰

学生一直在校园里读书,对自身择业就业的认识还不深刻,自己所了解的大多来自父母、同学的零星述说,还未做到全面系统。在寒暑假期间开展的实践活动,虽在一定程度上加深了学生对企业的认识,但从整体来看,在校期间实习实训尚不够,学生缺乏实践工作经验,仍然需要进一步扩大其对企业、行业的认知。

3. 自身就业定位不清晰

外部因素固然对大学生就业存在巨大的影响,然而,大学生就业主动意识不足,就业期望值过高,存在眼高手低现象,也是导致他们就业难的直接原因。部分学生缺乏奉献和诚信精神,在签约后随意违约或毁约,甚至频繁跳槽,很难在就业中实现自我价值,这也是导致他们就业不稳定和就业质量、满意度不高的重要原因。

4. 家庭状况影响较大

家庭状况一直以来都是影响大学生就业的重要因素。当代的大学生多为独生子女,受家庭因素的影响更为深刻。此外,家庭经济条件和所处地区也是影响大学生就业的重要因素。

每个人性格不同,家庭出身、成长环境不同,并且资质、天赋也不同,需要针对性地开展一对一就业和择业的引导工作。

（二）问题解决

针对以上问题,我认为可以通过及时分享就业信息、谈心谈话、积极引导等方式帮助改善。

1. 积极开展谈心谈话,深入了解学生需求

首先,通过谈心谈话,了解学生的学习经历、家庭情况、个人性格喜好及擅长的工作,适当给出建议,针对学生有意向前往的单位,可以帮助他们与前几届已经入职的师兄师姐建立联系,加深对拟就业单位的了解。

其次,通过谈心谈话引导学生有针对性地开展寒暑假社会实践活动,鼓励学生广泛参与,实地参观调研了解单位信息,初步确定就业意向。

最后,通过谈话引导学生树立正确的职业意识,明确自己未来的职业定位,制订详细的个人职业规划,以此提高自身就业能力和职业发展能力。在谈话过程中,也要引导学生树立家国情怀,让他们将个人发展及个人实现与祖国的发展紧密结合在一起,与祖国同向同行,为中华民族伟大复兴贡献力量。

2. 及时向学生提供就业相关信息

思政老师应当及时准确地获得就业的一手信息,及时分享给学生,并通过谈心谈话深入细致开展好就业引导工作,采用有效的措施鼓励毕业生到条件较为艰苦的重点地区就业。

3. 注重解决问题过程中的积极引导

在谈心谈话过程中,要分年级做好有序引导。学生的认识各不相同,各个年级学生对就业信息的需求也不相同,需要分门别类开展引导工作,开展成体系的就业择业引导活动。例如,有针对性、分批次开展电气专业硕士研究生的择业就业引导活动,引导和对接更多的企业来校或者做线上的企业宣讲。

## 三、教育过程

研一学生刚刚入学,对专业整体认识还不足,毕业后的去向不够明确,需要普及基础就业知识;研二学生有了一年的学习和科研经历,已经有了初步的就业思考;研三是毕业年级,学生们对自己的就业去向大体有了明确的规划。在这些不同的学习阶段,均需要开展更为具体细致的就业引导和指导工作。

### (一)针对不同年级各有侧重地开展就业择业引导工作

通过与 2018 级电气工程专业硕士研究生逐一面对面谈心谈话,了解研三学生就业意向,做好思想政治引领和就业指导工作。对研三毕业生学术深造、选调生招录、重点行业就业等作出指导。同时,寻找校友资源,介绍在意向单位工作的校友一对一答疑,直接解决学生关心的就业问题。

通过与 2019 级电气工程专业硕士生的逐一面对面谈心谈话,向他们介绍适合本专业硕士生的主要就业去向,使研二学生明确国家倡导的就业主方向,引导学生有针对性地参与寒暑假社会实践活动。

通过与 2020 级电气专业硕士生开展逐一谈心谈话,引导学生在研一学年做好专业课程学习,对研三的就业择业全过程和经历有基本认识。面对新生,从我的角度来说,最主要的是建立与学生的良好互动关系,提高对学生的认识,了解学生的学习经历、家庭情况、个人性格喜好及擅长的工作。

### (二)开展成体系的就业择业引导活动

第一,开展就业择业经验分享会。有针对性、分批次开展电气专业硕士研究生择业就业引导活动,引导和对接更多的企业来校或者做线上的企业宣讲。

第二,引导大家积极投入社会实践。针对中低年级学生,引导他们积极投入"行万里路,知中国情"主题寒暑期社会实践项目和"共行计划"等,依托学生党支部开展企业相互走访和调研,突出价值引领,设计"党建专项实践""就业引导实习实践""通识实践"。新增学生"行业教育社会实践",加强对国情社情民情的了解,加强对专业相关的行业企业认知。加强学生就业引导,涵养行业情怀和家国情怀,做好青年学子的价值引领工作。丰富实践形式,鼓励更多同学参与基层单位挂职锻炼,积极与地方政府、国家重要行业企业接洽联络,建立学生社会实践基地,推动常态化的、深度社会实践。

第三,重视新生的入学开学典礼及开学系列活动,如新生第一课、系文化认同培养、启航教育,培养学生们的专业认同意识和使命担当意识,鼓励学生在校时努力学习专业知识和技能,踏上工作岗位后努力拼搏,创造工作业绩,为自己的人生添彩,为母校争光。

## 四、总结反思

**第一,针对各个年级学生有效开展谈心谈话,进一步提高工作效率十分关键。**

思政教师需要提升规律意识,重视学生成长规律。不同年级学生的特点不同,个人需求、思考问题和探讨话题均有所不同。实践表明,谈话要从新生入学时开展,培养学生对思政教师的信任感,是后续学生在校期间能够开展有效谈心谈话的关键。因此,针对新生的入学教育和他们入学后的第一次谈话,思政教师应当深度参与,高度重视。

面向学生的第一次谈心谈话,应当坚持一对一、面对面的原则,这是建立师生相互信任的十分重要的一步。在相互信任的基础上,后续学期的谈心谈话工作是否可以采取小范围座谈,可以依据学生实际特点决定。对于有着个人需要或者性格较为孤僻的学生,应当注意保护他们的个人隐私,继续坚持一对一、面对面谈心谈话。

**第二,如何检验工作效果?需要实际有效方法的检验。**

学生最后的就业去向实际在多大程度上受到思政教师谈话引导的影响?思政教师通过谈心谈话开展学生就业工作引导对学生群体就业产生的影响具体如何?我认为,一方面可以通过回访,从学生口中采样就业与谈心谈话的关系;另一方面,针对学生就业数据,将最新和历年的、将本专业的和其他专业的进行比对,分析影响数据构成比例变化的因素,探讨谈心谈话对学生就业引导的影响。

**第三,思政教师应当注重自身综合素质和工作能力的提升。**

打铁还需自身硬。思政教师要加强自身内功的修炼,爱人之心是前提,立人达人之心是基础,具备恒心、耐心、和蔼的态度和良好的口才,规范自身言行,是在学生面前树立良好形象、有效开展工作的关键。

思政教育工作过程也是不断发现自身不足和学习充电的过程。一方面,积极积累和掌握工作实践经验。经验的来源有两种,一种是前辈们的工作经历和经验分享;

一种是从书本中学习到的他人总结的工作方法。另一方面，积极提升个人理论水平。如针对热点和难点问题，要有针对性地做好社会调查，整理总结、深入思考，将自己的思路和想法转化为科研成果，通过论文和报告的形式分享给更多老师，迭代出更新更好的工作方法。

任何一项政策和方法都难以达到一劳永逸、立竿见影的效果，需要经过长期实践和不断调整优化，基于此，高效做好大学生就业引导工作仍需要长期探索。

# 扎根西部防风固沙，砥砺奋进青春报国

环境科学与工程学院　陈哲

## 一、案例简介

**案例来源：** 环境科学与工程学院本科生。

**基本情况：** 我发现身边的很多学生，尤其是城镇长大的大学生，用"四体不勤、五谷不分"形容并不过分。基本的家务不会做，个人卫生搞不好，更不必谈田间地头的劳动实践。大部分学生的业余时间都被互联网占据，朋友圈往往被"微博热搜""知乎热搜"刷屏。在如此高密度网络信息流的冲击下，传统活动育人方式的收效并不理想。有时候我们投入精力认真策划的一场讲座，敌不过娱乐圈里一个新的"瓜"对学生们的吸引力。如果还是采取传统宣教式的教育方式，最终效果会大打折扣，有些时候甚至会适得其反。

我在和很多学生交流的过程中发现，他们在我们实施思想教育过程中的参与感、获得感很少，对灌输式的教育体验不佳。究其根本，传统思想引领的模式基本上离不开"案例分析"和"总结道理"，而青年一代更注重主体感受，我们往往是给出"标准答案"，而缺少了同学们的"自主探究"。

我认为，把学生带出目前以网络交流、互联网叙事为主流的生活情境，建立一个"真人体验式"和"沉浸式"的劳动实践育人场景，有助于让年轻一代回归本真，且剥离互联网冗杂信息的干扰，更有助于我们在此场景下开展思想教育和价值引领工作。因此，我通过吸引学生加入"绿格公益团"，利用所学专业知识前往西部地区防风治沙这一形式，构建了一个"体验式"和"沉浸式"的育人场景。以劳动教育为牵引，渗透社会主义核心价值观教育，在学生自发探索感受的基础上，给予大方向的把握和引导。这既能满足学生的主体性需求，又能实现良好的育人效果，激发学生的爱国主义情怀，培养艰苦奋斗的作风，还逐步为他们建立了服务国家、服务基层的价值导向。

## 二、案例分析

随着越来越多的 00 后青年进入交大，我发现 00 后学生普遍对自己具有更强的信心——这种信心可能来自相对富足的成长环境，对各类价值观念的包容度也更高——这种包容度可能来自互联网时代的信息爆炸。这是"强国一代"青年学生的新特点，而这一代际特点让我思考在进行价值引领时如何巧妙地选择引领方式，让年轻一代既能保持信心又能脚踏实地，对价值产生高度认可，做到入脑入心。

针对当代大学生的以上特点，我认为，最好的方式就是让学生主动在亲身的劳动实践和探索中获得成长和收获，通过适当的引导，最终达到思想引领的目的。这一过程最大的特点就是学生的主动参与和主动思考，在实践中体悟，因此学生也会对这一过程所收获的认知具有很强的认可度。

于是，作为社团指导教师，我从 2016 年开始有计划地组织开展绿格公益团的实践活动。组织学生骨干，带领青年学生前往甘肃省武威市民勤县的腾格里沙漠腹地，开展防风治沙的工作。

### （一）沙漠的特殊环境为开展思想教育和价值引领工作提供了便利

我到沙漠之后发现那里没有手机信号，无法和外界联系，于是，一下子感受到了远离手机、远离互联网的清净，也更愿意去关注身边的人和事了。同时我发现学生在一天的劳作之后，都会主动和同学分享自己的所思所感。交流互动让这群学生在集体生活中互相促进，共同成长，最终达到了朋辈教育的效果。学生们可以拥有很长的自我思考和自我反省的时间，这也成为思想引领的一种方式。

在开展实践的过程中，很多同学认知到祖国西部的真实面貌。参加过实践的小远同学曾经对我发出"这也是中国，交大真牛"的感慨。学生通过在西部的实践，了解到祖国的国情民情，甚至产生了对祖国基层人民的深厚情感，愿意在毕业的时候选择去西部、去基层服务。很多学生在和我谈到为什么去参军、为什么选择去基层的时候，都动情地和我说到当年在绿格的经历对他们产生了很大的影响。我想，这种通过实践与祖国西部、祖国基层建立的情感联系，也会在其以后的发展中不断影响其人生观、价值观。

### （二）学生感受到了自身专业的价值和作用

一位环境学院的学生小思在参加完实践后动情地和我说："去了沙漠才知道，在恶劣的环境下，人真的很难受，所以我一定要保护好身边的环境。"更有医学院的同学在参与完实践后说："在沙漠里，我第一次为一个队员包扎，这是我第一次运用医学知识帮助别人。这个瞬间，我才感受到医学生的责任和使命。"在实践过程中，理性认知和感性实践相结合,起到了更好的育人效果。

### (三)学生不自觉接受了劳动教育

在网络时代,学生缺乏的是"动手实践"。其实,背后的逻辑实际上是劳动教育,目前提得比较多的德智体美劳"五育"中,劳动教育一直比较薄弱。而绿格实践团就给学生提供了很好的劳动教育的契机。除了日常的治沙工作,学生还要自力更生、烧火做饭、劈柴拣粪。我在参加完一天的劳动后,也觉得十分辛苦,身上到处都是黄沙。我想,这些学生在沙漠十四天的实践中,不仅在不自觉中就接受了劳动教育,还能强健体魄、磨砺意志,培养吃苦耐劳的品质。

## 三、教育过程

### (一)要做好的是组织工作

实践育人的方式虽好,但也存在着"天高皇帝远"的问题。实践教师一人带队难以面面俱到,很难了解每个人的想法。想要起到良好的育人效果,就必须在开展实践前做足做好准备工作。在每次开展实践之前,我都会和学生干部频繁交流,针对实践方案、实践内容、实践主题等方面的问题进行讨论,制订和设计细节;和实践负责人共同对领队进行培训,商讨引领形式;在实践过程中及时沟通,确定重要时间节点,在重要节点有针对性地开展引领活动。

### (二)在开展过程中及时发现问题,解决问题

由于绿格实践团是在沙漠中开展,远离网络、远离外界,实践团成员实质上形成了一个独立的社会单元。在这个社会单元中,会出现很多矛盾和问题。比如在2020年实践开展过程中,领队小源和队员小致就发生了一些矛盾,我及时联系领队,和他商讨解决方案,最终避免了更大冲突的发生。此外,实践过程中还会出现疲惫、厌烦等情绪,也需要我们不断进行引领和调整。

### (三)要学会把握时机适时进行引领

在实践过程中,我发现很多好的引领契机、引领节点都是不可预料的。比如在2019年的实践中,绿格团队遭遇了种植过程中种子被沙漠中动物偷吃的情况,队员情绪都很低落,但我认为这是一个非常好的引领契机。我告诉他们,失败也是治沙过程的一部分,让学生以此体会一线治沙人的艰辛和不易,更传递给他们环境学科是久久为功的长期事业,不是一蹴而就的学科情怀。这要求我们在实践育人过程中始终保持较高的敏感度和专注度,随时结合实践的过程开展引导。

在我们的努力下，绿格公益团队培养出了一批批优秀的学子，绿格公益团创始人刘智卓获评 2020 年全国最美大学生。章原、李英驰等多名环境学子应征入伍，绿格公益团创业团队获第六届"挑战杯"中国大学生创业计划大赛金奖。

## 四、总结反思

环境学院通过绿格公益暑期实践这一平台，以"全员育人、全程育人、全方位育人"为引领，高度重视、多措并举，协调布局、统筹推进，注重实效、认真总结，将环保公益与实践育人相结合，充分发挥了实践育人在"三全育人"体系中的作用。不仅如此，学院还不断总结提升、完善机制，把握时代旋律、丰富教育形式，坚持理论教育与实践养成相结合，不断强化学生的价值引领。总结经验，我们认为做好全面育人工作，需要做好以下三点。

### （一）高度重视、多措并举，扣好全员育人的"第一粒扣子"

学院要深入开展实践育人工作，就要对实践育人的形式、方案、思路进行把脉，及时调整育人方案。学院与公益团队要建立日常联络机制，协助解决育人过程中可能遇到的各类问题，主动提高政治站位，强化价值引领，瞄准"高线"，守牢"底线"，不碰"红线"。在实践过程中，公益团组织同学们参与治沙劳动，连续半个月与当地治沙人同吃同住同劳动，一起在烈日下制作草方格、沙柳障，嫁接肉苁蓉，使同学们全方位了解了劳动，认识了劳动，感受了劳动。同学们主动参与田野调查、采风创作等多种类型实践活动，强化了专业教育中的劳动技能训练，增强了劳动的自觉性与主动性。通过劳动实践，学生更直观地感受到了土地和生命的密切联系，厚植了珍惜劳动成果、尊重劳动价值的理念。学院结合实践开展劳动教育，让马克思主义劳动观入心入脑，让学生立足实践、认识世界、探索真理。

### （二）协调布局、统筹推进，走好全程育人"每一步路"

学院重视全程育人的每一个环节。我们将实践育人作为交大"价值引领、知识探究、能力建设、人格养成"四位一体人才培养理念的重要实现路径，作为开展"不忘初心"、打造就业引导为牵引的人才培养体系的关键环节，作为培养学生家国情怀、增强学生使命担当的重要平台。学院团委依托学生会、研究生会、习研会"美丽中国"分会、各党支部等学生组织，充分调动全体学生参与实践的积极性，充分做好师生之间的联络对接，架好师生沟通的桥梁。学院通过面上发动，点上发力，做好全程育人过程协调布局、统筹推进的指导工作，确保育人过程的可行性与安全性相统一，思想性与应用性相统一，实践价值与社会价值相统一。

### （三）注重实效、认真总结，打通全方位育人的"最后一公里"

在全方位育人过程中要注重实效，主动孵化育人成效。学院关注到绿格公益团队对治沙产业发展感兴趣后，配套各方资源，邀请北京大学屠鹏飞教授、上海交通大学李晓波教授、王天富副教授等知名学者对绿格公益项目开展指导，最终推动项目落地，获上海市"创青春"大学生创业大赛公益组金奖、全国"创青春"大学生创业大赛铜奖等荣誉。学院团委高度重视育人工作，以"青春告白祖国"活动为载体，对优秀育人案例进行整理、宣传，激发学生爱国之情，强化学生爱国之志，探索以朋辈教育和浸润成长为特色的全方位育人新模式。通过开展实践成果分享、先进个人宣传、优秀作品展播，用学生自己的视角、自己的语言、自己的体验、自己的方式，解读理论、宣传成就、展示风采，切实推动全方位育人。

饮水思源，爱国荣校，绿格公益团将青春融入祖国的山河，不忘初心、献身沙海。绿格公益团通过实践的开展提高了大学生的社会服务意识，进一步增强了当代青年学子的家国情怀以及社会责任感与使命感，同时也为"美丽中国"战略的实施贡献了一分力量。绿格公益团将环境人的"绿水青山"理想践行在祖国大地上，以"功成必须有我"的使命精神，用青春向祖国告白。

# 多维并进，行稳致远
## ——本科新生的生涯规划辅导

外国语学院　任祝景　刘延

## 一、案例简介

**案例来源：**外国语学院 2020 级本科新生。

**基本情况：**大一是大学生活的开始，也是生涯教育的新"启"点。针对大一学生开展生涯辅导，能够帮助学生做好有效规划、提高学习动力、培养学术志趣、树立家国情怀。尤其是近年来，随着招生类型的多样化，大一学生在学习成绩、家庭环境、成长经历等方面情况各异，存在的问题也愈发凸显。以外国语学院 2020 级本科生为例，主要呈现出保送生转专业受限、学生专业基础两极分化严重、专业认同感不高等问题，个体差异较大。就总体而言，大一新生尚处在快速成长的发展阶段，心理状态易不稳定，若缺乏长远意识，忽略时间分配和任务规划，将导致学习目标制定、自我管控培养、专业知识构建、未来职业关联等方面的认知持续模糊，必将影响其学业发展及职业综合素质的养成，加大日后深造及就业的困难。这对学生生涯管理工作提出了更高的要求。就目前情况而言，时间上，各院系针对大一学生群体的生涯规划教育主要集中在入学后的第一个月，时间节点较为密集，贯穿大一整个学年的职业生涯规划教育举措不多；内容形式上，主要以校规校纪及专业介绍为主，围绕生涯规划的主题教育则较少，覆盖面不够广泛。因此，如何结合生源整体情况，多维并进创新学生管理改革途径，打造一支生涯辅导咨询的专业化团队，根据学生的个体特征量身定制相关方案，帮助其完善职业定位、目标设定和通道设计，做好生涯规划，成为高校思政工作紧接地气、入脑入心的必由之路。

## 二、案例分析

生涯规划,是基于学生真正了解自己的前提下,在"衡外情、量己力"的情形中,帮助其设计出符合个人特质的、合理而又可行的未来发展轨迹。科学的生涯规划将会为学生提供一次重新认识自己、认真思考未来人生的机会。在生涯规划的过程中,我们将引导学生发现自我优势、挖掘自身潜能、了解社会的丰富性、感受未来的多种可能,为自己的人生找到清晰的目标和努力的方向,这些对于个体今后的发展具有重要的意义。

然而,目前新生入学教育在生涯规划方面仍有所欠缺。本案例以外国语学院2020级本科新生为例,探索适合大一学生的生涯教育模式,抓住共性、突出特色,凝练总结生涯辅导新方案。前期,为了探寻更为客观有效的育人途径,起到更好的育人效果,我们设计了调研问卷。从定性和定量两方面着手,探索大一新生思想发展规律,以期为生涯规划的开展提供切实的理论基础和数据支持。对数据进行分析处理后,我们发现,大一学生群体主要面临着以下问题:角色转变慢,难以适应大学学习方式与管理模式;缺乏职业目标,学习、生活动力不足;专业认知度不够,对未来发展方向茫然不知等。受到这些问题的影响,学生往往不能很好地把握宝贵的大学四年,无法进行自我锤炼,难以适应社会需要、实现人生价值。对于这些情况,我们认为应该及时对工作进行调整,完善生涯辅导咨询团队的建设,从以下三个方面精准发力,完善学生生涯教育,提高学生生涯规划能力。

### (一)培养学生自我意识,确立生涯目标

将思想引导作为主要方向,培养学生自我意识,提升学生自我认知水平,加强学生专业认知。从职业生涯抉择、职业素养培养、创新与创业教育入手,帮助学生认清自身所学专业或所涉及行业的现状与职业的素养要求,根据自身兴趣及优势等,确立生涯目标,为未来的学习注入强劲力量。

### (二)帮助学生树立正确学业观,锻炼职业素养

成为学生生涯成长的引导者与支持者,分析大一新生的群体特点,实施分段教育模式,多措并举,为学生"成人、成才、成功"奠定基础;助力学生学习科研与综合素质发展双开花,锻炼学生职业素养,强化学生实现生涯目标的能力,进而促进学生全面发展、实现个人价值最大化。

### (三)完善生涯教育体系,形成生涯教育阵地

完善职业生涯规划教育课程体系,创新职业生涯规划指导形式,开辟职业生涯规

划网络阵地；培养一支高素质专业化的教师队伍，在充分发挥思政教师对大一学生生涯辅导作用的同时，联动专业教师深度参与大一学生生涯教育，以提升本科新生的职业生涯规划能力。

## 三、教育过程

对于这些常见问题，外国语学院学生工作办公室搭平台、建机制，组织开展了一系列形式多样、卓有成效的生涯教育活动，实现了活动分层次、有重点、多形式、全覆盖，取得了一定的成效。教育措施可分为以下两个方面。

### （一）联动专业教师深度参与大一学生生涯教育

#### 1. 以"大创"项目为突破口，推广本科生导师制，做学生学术引路人

协助开展本科生导师制，将其与大学生创新项目（简称"大创"项目）相结合，推进本科新生的学业发展和科研能力提升。针对 2020 级本科生，采用双向选择模式，即导师立项后通过项目宣讲会的形式，向学生展示项目基本情况，学生再结合个人兴趣，自主选择研究项目和相应导师。学院以此推动学生学术志趣培养和专业水平提高。

#### 2. 联动教工党支部，将生涯教育与专业教育相结合

联动学院教工第五党支部举办"外语学科认知沙龙"，邀请外交部翻译室前主任徐亚男、欧洲科学院院士尚必武等专家学者与学生面对面交流，做好理想信念教育、专业教育和行业情怀教育等的融合，增强学生对外语学科的认知，帮助树立专业志向。

#### 3. 专业教师牵头与企业搭建交流平台，带领学生走进行业重点单位

开展共建联建，积极筹备行业教育实践。学院副院长、翻译系主任陶庆指导大一学生实践团赴华为翻译中心进行专项调研活动；言语-语言-听力研究中心主任丁红卫带队赴达观数据公司开展行业教育，帮助大一学生了解语言智能领域的发展。通过实地走访，引导学生深入思考科技前沿领域对外语人才的需求，协助学生更好地规划职业生涯，进而助力拔尖人才工作体系建设。

### （二）充分发挥思政教师对大一学生生涯辅导的作用

#### 1. 针对新生开展"相约星期三职业生涯工作坊"职业咨询活动

经过学校的开学典礼、"开学第一课"，以及学院的"院长第一课"、新生专业认知系列讲座等新生入学教育，学生根据自身不同情况，对生涯规划也会产生个体认知。为此，我们面向新生开展"职业生涯工作坊"咨询活动，固定在每周三为学生答疑解惑，最大化开发学生的潜能，帮助其寻找发展的多种可能性。

#### 2. 合理规划入学教育，融入生涯辅导元素

学院开学典礼中，邀请杰出校友返校参与面对面交流，引导新生在朋辈激励中上

下求索;"院长第一课"和生涯导航活动相结合,鼓励新生自信拼搏、不负韶华;针对新生开展入党启蒙教育培训,主讲人就理想信念与新生进行探讨,引领核心价值观。聚集多方资源,在入学教育中融入生涯辅导元素,全面服务青年学子成长成才。

## 四、总结反思

生涯规划在人的生存与发展道路上起到了不可替代的重要作用。针对大一新生进行生涯辅导,可以帮助他们适应成长环境,确定前行方向,提高社会竞争力。体认到生涯规划的重要性之后,思政教师往往会开展各项工作,但成效经常不够显著,很多时候还是就工作而工作,针对大一学生成长规律的研讨交流以及生涯辅导方案的制定尚有较大发展空间。为此,从思政教师工作角度来看,有以下多个方面可以改进和提升。

### (一)学生生涯辅导内容及形式层面

#### 1. 研讨"新生入学生涯教育第一课"的内容和形式

相当一部分大一新生在入学后反映出对大学生活的不适应和对未来生活的迷茫,进而产生消极懈怠心理,影响学业和生活。针对这一现象,可以将"生涯教育第一课"纳入新生入学教育中,有组织、有导向地研讨"生涯教育第一课"的课程内容和形式。内容上,要满足新生需求,紧贴时代脉搏,辨析大学生活与高中生活的差异,明确本专业的特点与前景,帮助新生更快更好地融入新环境,实现大学阶段和高中阶段的有机衔接;形式上要拓宽组织渠道,采用当代大学生喜闻乐见的方式,增加互动性与趣味性,更好地达到育人目的。

#### 2. 探索"生涯团体辅导"有效路径,力争做到大一学生全覆盖

充分发挥本科生导师制、"外语学科认知沙龙"等平台的作用,同时以系部或班团集体为单位,认真部署、扎实推进,组织新生开展团体生涯辅导,将职业生涯规划的理念传递给每一位大一学生。

#### 3. 优化"一对一"生涯咨询模式,有效提升个体咨询效果

在目前已有的"相约星期三职业生涯工作坊"基础上,邀请专业教师、杰出校友、生涯辅导专家等,设置固定时间、不同种类的咨询项目,更具针对性地为大一新生提供"一对一"职业生涯规划,力求为每一位学生定制最合适的生涯目标,真正实现个性化生涯指导。

#### 4. 打造特色实践课堂,丰富体验教育

每月设定一个主题,带领新生走访重点单位,开展沉浸式行业教育。帮助新生在更深层次、更宽领域上了解未来职业环境,明晰职业发展方向。

### （二）生涯辅导咨询专业化团队建设层面

1. 完善生涯教育体系，形成制度化生涯规划教育机制

每季度开展一次工作研讨会，加强工作交流，系统化、常态化实施生涯教育；将生涯教育工作规范化、透明化，明确各层级主体责任，并确立相关考察标准，调动生涯咨询团队的积极性和自主性。

2. 提升思政教师生涯辅导能力，增强生涯教育效果

组织思政教师参与生涯辅导相关培训，提升其生涯辅导理论知识储备和实际运用能力，将理论与实践相结合，积极探索，优化生涯教育实效。

3. 提高专业教师参与度，双线共融助力研习志趣培养

以学生为本，将其作为独立的、需要被关注的个体对待，根据其个人特质，从更加专业化的视角提供指导，定制独具特色的发展方案。逐渐将生涯指导融入学科教学，塑造面向未来的教育，在无形中引导学生思考、勾勒未来社会可能的发展趋势，判断未来的人才需求，规划自身成长道路。

生涯规划辅导作为大一新生未来发展的基石，对于培养理想远大、作风朴实、大气谦和、思想健全、人格完善的青年一代起到了关键作用。在这样的背景下，我们更要加强对生涯规划教育的重视，多维发力，打造一支生涯辅导咨询的专业化团队，努力提升生涯规划教育的能力，为新生的未来发展打下坚实的基础，让每一位学生都能在外院的沃土上绽放精彩。

# 国际化办学院系学生的就业引导

中英国际低碳学院　许敏

## 一、案例简介

案例来源：中英国际低碳学院 2020 届（首届）硕士毕业生。

基本情况：学院 2020 届硕士毕业生共计 29 名，均属于环境工程专业，是中英国际低碳学院 2017 年成立以来的首届毕业生。低碳学院是国际化、交叉型特色学院，这也体现在人才培养、就业引导的方方面面。

学院首届毕业生的本科专业来源分散，除了来自环境和能源等对口专业的学生外，还有来自计算机、金融、数学等不同专业的学生。学生来源背景多元化，部分学生进入研究生新阶段容易对专业认识不清，局限于原专业框架，职业规划不明，视野较窄。此外，受到当前择业主流的影响，一部分学生不愿意选择本专业对口方向的工作，没有结合个人特点和内外环境进行职业规划分析，想转行至互联网、金融等高薪行业，缺乏自主择业目标和对人生价值的正确认识。还有一部分学生存在抗拒就业的心理。问题的多样性给学院首届毕业生的就业引导工作带来一定挑战。

学院利用爱丁堡大学学生培养的先例，结合中国大学办学实际情况，聚焦学院人才培养目标，参考上海交通大学国际化办学的优秀案例，培养学生树立专业志趣，打好专业基础，提升专业技能，拓宽视野，从而实现高质量就业引导。

## 二、案例分析

随着全球变暖现象越来越受到大家的关注，"低碳"这个词也越来越为大众所熟知，而在中国培养从事低碳行业的未来创新人才却是一个全新的课题。面对全新的交叉学科的硕士专业，如何从学生入学起就把他们引入低碳这个蓝海，并结合学生自身特点及优势,培养学生专业志趣,从而激发其在专业领域深入探究的强烈愿望和毕业后为我国的低碳可持续发展事业做出贡献的责任感,是我们当前面临的主要问题和挑战。本案例体现了当前院系在就业引导工作中的价值引领和规划指导角色的有效发挥。

### (一)问题发现

#### 1. 专业认同感不强

在互联网、金融等行业快速发展且普遍高薪多金的舆论影响下,社会对于传统制造行业的偏见和误解越发普遍,这或多或少影响了学生就业择业的心态。而低碳学院作为一个全新的交叉学科学院,部分学生依然带着狭隘的眼光去看待这一专业,并没有意识到低碳学科背后丰富多元的就业选择。而且有些学生不论自己的职业理想是否与热门企业相一致,条件是否与热门岗位的要求相符合,就盲目投递简历,结果花费大量时间和精力,却得不到想要的结果,反而导致自我怀疑,产生错误的认知、消极的情绪和不良的行为。

#### 2. 职业规划不清晰

有些升入研究生的学生,仍然缺乏基本的个人职业规划,一部分研究生甚至还没有确定自己毕业之后的大方向,不知该选择就业还是继续深造。凡事预则立,不预则废。如果不提前做好职业规划,并积极准备岗位所必须具备的基本技能和经历,将来在面对就业问题时,必然落入迷茫。

#### 3. 个人发展不积极

部分学生由于在成长过程中存在特殊情况,如不自信、抗拒就业等,在面对实习和就业问题时存在消极懈怠的态度,既不努力做科研为进一步深造打好基础,也不提升个人综合素质应对即将到来的就业择业。

### (二)问题解决

通过对学生的个人专业背景和未来就业意向进行初步摸排,低碳学院结合学校关于培养学生成长成才的指示精神,基于学院的现有资源和优势,制订了一系列举措,为学生成长成才保驾护航。

#### 1. 增进行业了解,培养专业志趣

低碳是个全新的领域,但又与许多领域交叉融合。学院通过邀请能源、环保等领域的专业人士,组织职业生涯规划及行业前沿专题讲座,增进学生对低碳行业所涉及的方向和工作的了解,使其明白低碳行业是未来的新的增长点。同时,也开展多领域、多方向的主题讲座,使学生开阔眼界,结合自身具体情况和兴趣爱好选择方向,毕业时进行理性的择业和就业。

### 2. 加强就业引导,强化价值引领

盲目跟从就业方向,放弃本专业而转行去选择当前社会的一些热门高薪职业多是由于对自身认识不清晰和缺乏行业前景认知造成的。学生个人既需要认识自己,也需要了解内外环境中的职业发展机会,从而根据自身的特点和环境条件选择职业目标。学院尤其重视在研一阶段介入职业规划引导,通过定期策划开展专业相关的职业规划引导讲座,包括邀请企业 HR、产业导师、选调生、博士及行业代表分享心得经验,让在校生可以尽早开展自我探索,找到适合自己的就业方向,树立行业志趣。

### 3. 鼓励提升技能,推送对口实习

在学生的研究生二年级阶段,完成科研如果还学有余力的情况下,学院本着专硕实践育人理念,鼓励学生进入重点行业单位实习,率先积累工作经验。学院目前已累计与 15 家重点单位签订实习就业基地协议,为学院在校生提供实习信息并推荐他们到对口企业进行实习。此外,学院还重点关注经济困难学生、心理困难学生,定期进行谈心谈话,关注思想动态,针对问题制订对应的就业帮扶方案。

## 三、教育过程

针对低碳学院 2020 届(首届)毕业生就业引导问题,学院以"价值引领,校企联合"方针为引领,利用学校和学院现有资源推出一系列就业引导举措。

### (一)与爱丁堡大学合作构建人才培养平台

不断加深与合作伙伴英国爱丁堡大学在人才培养方面的合作。学院与爱丁堡大学常驻副院长、专业负责人、教授等深度探讨世界先进国家的发展理念,深入了解爱丁堡大学学生培养的目标。结合国内办学的实际情况,参考目前上海交通大学与国外大学合作办学的优秀案例,如密西根学院的培养模式,探索低碳学院交叉型、复合型、国家化行业顶尖人才培养路径,加强学科交叉创新,培养学生的就业能力。爱丁堡大学是英国最早开设低碳专业的大学之一,已经有多届毕业生,大多在国际组织或专业咨询、发展规划、可持续转型等领域发挥重要作用,我们国家也正面临高质量发展转型,他们的成功案例为学生打开了广阔的国际视野。

### (二)开展"产业导师荣誉计划"

学生入学后,学院遴选来自能源、环保、绿色金融、绿色建筑、低碳交通、低碳制造等领域的中高层管理人员担任产业导师,根据导师与学生的意向进行匹配,实现学院学子"学业导师+产业导师"双导师配置 100% 全覆盖。产业导师为配对学生提供职业生涯规划方面的建议,交流领域动态与相关技能,让学生学习和借鉴职业发展的经

验,并积累宝贵的人际关系,提高自身的就业竞争力。

### （三）全方位多样化的就业引导品牌活动

学院每学期积极开展就业引导讲座,邀请能源、环保相关领域的专业人士通过线上线下等方式组织职业生涯规划活动和行业前沿主题讲座,学生覆盖面高达100%。引入世界500强公司的CEO等介绍公司可持续发展战略,使学院学生认识到所在专业与行业的发展潜力,认识到本专业大有可为的发展路径,吸引学生树立行业志趣。同时,利用学院专业教师的国际背景,邀请合作专家学者来校开展主题讲座,介绍个人成长经历,培养学生的科研志趣。许多学生在研一入学时,对于自己想要从事的方向和工作尚不明晰,学院引入行业精英开展多领域、多方向的主题讲座,使学生开阔眼界,并结合自身具体情况和兴趣爱好选择方向,从而有助于毕业时理性地择业和就业。

### （四）拓展15家实习就业基地

学院与上海市环交所、上海市环科院、绿色技术银行、中电投融和融资租赁有限公司、申能集团等15家重点单位建立实习就业基地合作关系,推送数十名学生前往这些单位进行短期实习或挂职锻炼,开展实务技能培训。在这一过程中,学生深入了解了相关单位的工作模式和工作内容,激发了对本专业领域工作就业的兴趣,产生了将个人的社会价值与国家的实际需要结合起来的意愿。

### （五）开展学院专项校园招聘会与实习交流会

学院组织上海节能减排中心、天楹环境、天汉环境、陶氏化学等近10家专业相关的单位来到学院,为低碳学子开展专项校园招聘会和实习交流会,打通学生就业"最后一公里"。在这一过程中,学生得以非常便捷地投递简历,与企业人事主管近距离交流,了解企业需求的同时,对自身职业定位也更加明确。

### （六）以就业引导为牵引构建全员育人格局

学院自上而下凝聚共识,聚焦人才培养目标,在教师大会、班主任例会等重要会议上传达学院就业引导理念,引导班主任、青年教师深入就业引导过程,作为全员育人的重要一环。

中英国际低碳学院2020届毕业生共有29人,均为环境工程专业硕士研究生。经过上述完整的就业引导体系建设,低碳学院首届毕业生就业率高达100%,并且有近一半毕业生前往学院就业引导目录单位。

## ▌四、总结反思

低碳学院是一个新的国际化交叉型学科学院，学生对这一朝阳产业广阔的前景缺乏一定了解，又易受其他就业思潮影响，没有认识到低碳学科背后丰富多元的就业选择和行业发展空间。在对学院学生进行就业引导问题上，需有针对性地面向不同类型的学生对症下药，结合学院自身办学优势和已有资源，建立相应的就业引导体系。我们在开展这类工作时，得出以下经验。

### （一）引导学生探索自我，引树专业志趣

引导学生树立正确择业观、就业观。虽然已进入研究生阶段学习，但有些同学仍然缺乏对自己的正确认识，导致在择业时容易跟风随大流，缺乏结合自身特点进行选择的意识。故而在日常的思政工作和谈心谈话工作中，我们要重视培养大学生树立正确的自我意识，加强学生对外界环境的适应，帮助他们摆正自己的位置。引导他们既接纳自己的优点，也接纳自己的缺点，积极探索自我，同时，帮助他们进行自我定位，认清就业环境，树立正确的择业观、就业观。

### （二）聚焦目标就业市场，创造实习就业机会

学院定期更新、梳理就业引导目录，聚焦核心就业市场，从重点合作单位中寻求各种就业资源，为学生提供对口就业机会。如开展"产业导师荣誉计划"、拓展实习基地、组织企业集中招聘会等。同时，也鼓励学生参加社会企业实习走访活动，熟知企业的用人标准，针对性地强化工作能力，提高就业竞争力。

### （三）针对困难学生，制订对应帮扶方案

对于一部分存在就业抗拒心理或不善于面试的学生，加强一对一辅导。通过与其谈心谈话，了解学生的主要困难，针对具体问题制订相应的就业帮扶方案，并且持续跟踪就业进展，提供更多对口机会。同时，借助朋辈教育的力量，发挥学院优秀学子的示范带头作用，加强信息分享和经验交流。

通过2020届毕业生就业引导案例的复盘得出的经验，对于以后各届毕业生就业引导具有重要参考价值。同时，对于采取的措施进行总结，发现我们的工作方式仍有改进空间。

第一，在"产业导师荣誉计划"实施过程中，我们发现部分学生与产业导师联系不够紧密，缺乏有效的交流，效果不佳。因此，未来实施这一计划时，我们将开展更多导师与学生相互交流的活动，加强学生与导师之间的联系，并从职业经验传授、实习岗位提供、行业企业参访等多方面密切关注学生与导师的互动，尽可能使产业导师这个

角色在学生就业择业中发挥有效作用。

第二,在就业引导讲座方面,我们发现学生想要了解的就业方向比较多样,而邀请的嘉宾并不能覆盖所有学生的需求。针对这一问题,学院将继续深入学生群体,了解学生的实际需求,并利用学院资源邀请相关专业人士或校友,不定期开展一对多的行业沙龙。通过与从业人员的近距离交流,加强学生对专业行业的了解和认识,并尽早锻炼相关实践技能。

# 挑战之路的起点
## ——思政教育在创新创业人才培养体系中的作用

电子信息与电信工程学院　刘张鹏

## 一、案例简介

案例来源：小天，女，大二工科学生。

基本情况：小天入学以来学业成绩中等偏上，性格沉稳内敛，较少参与课外活动，与我的交流也不多。在大二下学期一次例行的谈心谈话中，我发现小天对自己的现状并不满意，内心希求更有规划、更有成果的大学生活。小天一贯自律勤勉，能够扎实地完成第一课堂的内容，因此学业成绩始终良好，但自感对本专业没有特别的好恶，对学生工作、社团活动、科技创新等课外活动也不觉得有兴趣，业余时间只用来看剧或追星。我曾经告诉她，有方向的人即使能力不济，也比没有方向的人走得更快。周围同学似乎都有明确的短期或长期目标，并为之做着准备：有的进入实验室或课题组开始接触科研工作，为研究生阶段的学业打好基础；有的为出国深造准备考试和材料；有的在各类创新创业竞赛里摘金夺银；有的在学生工作中崭露头角。在朋辈的衬托下，小天不仅对生涯规划感到迷茫，还为这迷茫感到焦虑。

在之前的交流中，我经常鼓励小天："作为工科学生，如果学有余力，就可以尽早地接触科研学术。"小天同意我的说法，但并没有想清楚为什么要做科研、如何开始做科研、以什么结果为目标。内向的性格导致她不乐于主动求助老师、同学，行动停滞不前，只把这种求变的愿望郁结在心里。

## 二、案例分析

在高校辅导员的工作中或许也存在着二八定律：20%较为后进的同学，占用着辅导员80%的工作时间。可是，对那80%未出现明显学业或心理问题同学的关心和引导,亦十分重要。小天这样成绩良好但有一定诉求的学生,如果不是主动求助,在实际工作中是较难发现其需求的。因此,对学生例行的谈心谈话一定不能流于形式,辅导员需要诚恳地询问和倾听,让学生能够无所顾忌地袒露自己的所思所想,讲述自己需要的帮助。

小天同学的情况具有典型性,代表着易被忽视的一个特殊群体,即学业成绩良好,但缺乏长远规划与远大志向的同学。这一类同学有较强的定力和执行力,保持着高中阶段自觉自律的学习态度,但事实上他们并未真正适应中学至大学学习的转变,没有主动进行生涯规划的意识。

对小天的帮助可以分为两个层次。首先是介绍保研、出国、工作等毕业选择的路线,为她提供生涯规划的参考;其次是帮助她发现自己的能力倾向和兴趣所在,协助她做出合适的选择。

小天的成绩预计能够顺利保研,而她受家庭和环境的影响,也确实觉得是一定要深造的。但她并不了解要为之后的学术生涯准备什么,也不知道研究生的学习能够为自己的成长提供什么。对此,结合小天的性格特征,我主要对其做科研学术上的入门引导,一方面劝其尽早地利用起课余时间,另一方面让其在实践中逐步确立自己的学术方向,明确自己的长期人生目标。

我能够向小天提供的具体信息包括学院内一些相关专业老师及其课题组、实验室的研究内容,为她在本科阶段进入课题组、实验室牵线搭桥。此外,引导小天以课外科技创新成果参加学科竞赛,或以竞赛为导向开展课题研究,对于缺少目标的小天来说,这可能是很相契的短期目标。

大学生科技创新竞赛是培养学生创新能力和实践能力的重要方式,相较于第一课堂有其显著优势。"挑战杯"全国大学生课外学术科技作品竞赛是一项影响力较大的大学生科创赛事,被誉为中国大学生科技创新创业的"奥林匹克"盛会。以竞赛为导向开展课外学术研究,进行快节奏、高难度的实践育人活动,能够驱动小天这样的同学持续接受创新能力的锻炼和创新意识的培养。这样既能帮助她充分利用课余时间提升自我,解决眼下迷茫焦虑的短期问题,又能帮助她更好地应对生涯规划等长远问题。

在学校、学院浓厚的参赛氛围中,小天虽然对"挑战杯"有一定了解,但想当然地觉得和自己无关。其实小天踏实勤勉的性格和扎实的学业基础足以支持她在本科阶段开展学术研究。协助她找到学术兴趣,尝试接触科研,并引导她在学科竞赛中初步取得成果,是我帮助小天的基本思路。

## 三、教育过程

对小天的帮助可以分为三个阶段。

### (一) 为她介绍本校保研、出国深造等自我提升路径

在当次谈心谈话中,根据小天的需要,我为她介绍了本校保研、出国深造这两种升学选择的自我提升路线,以及本专业的几种常见的就业去向。在小天对本校保研的选择比较明确的前提下,我进一步强化了对其本科阶段接触科研学术的动员。

### (二) 鼓励她发现自己的科研兴趣

在接下来几天线上的交流中,考虑到小天对学术方向毫无头绪,我一方面鼓励她从自己的班主任、任课老师身上以及各类学术讲座等活动中发现自己的科研兴趣,另一方面也主动、概括性地为她介绍了学院内几位年轻老师的研究方向,其中包括了一位 S 教授。S 教授精力充沛,同时指导多个学生课题,曾经向我表达过很希望多些本科生进入自己的课题组,但平时工作中自己又较少接触到本科同学。

数周后,小天主动找到我,表达了进入 S 教授实验室学习的愿望。S 教授的课题组内有面向某种疾病诊断的医工交叉课题,小天有患此病的亲人,因此她了解到这方面研究后,对此十分关注。通过对一些公开信息的了解,小天萌生了研究该课题的想法,但内向的性格让她怯于直接联系 S 教授,而是先找到了熟悉的我。我当即联系了 S 教授,介绍了小天的基本情况并做了推荐,同时鼓励小天自己给 S 教授写一封正式的邮件自荐。

### (三) 持续关注,助力她不断升华

此后的一年间,小天的课余生活开始变得忙碌而充实,假期也留校做科研。次年,小天作为项目负责人报名参加了"挑战杯"的校内选拔赛,S 教授为导师,项目作品正是辅助医生进行某种疾病诊断的医械产品。在参赛过程中,小天的答辩能力是她明显的短板,我在这方面再次提供了重要的帮助,包括演讲和模拟问辩的训练。经过一轮又一轮切磋琢磨的备赛,小天带领团队闯过校内赛和市赛,最终登上了国赛的领奖台。

如今研二的小天正在深度学习识别医学影像的相关研究工作,学业表现优秀,科研成果丰富。关于未来,小天考虑将导师和自己的科研成果产业化,进行创业,或求职于高新科技企业。尽管还未做好决定,但小天的内心充满自信、不再迷茫。回顾挑战之路,小天认为在起点处,辅导员所给予的引导和帮助至关重要。

## 四、总结反思

在这个案例中,学业成绩良好的小天没有明确的生涯规划,在第一课堂之外也缺少时间安排。这样的问题普遍存在于学业成绩处于中游及以上的广大同学中,并且

由于其不具备显著负面影响，往往不受重视、不被解决。但如果能够得到适宜的引导、做出合适的选择，并充分利用宝贵的大学时光，则能够更快成长。

人格特质反映了个体比较一致的行为倾向、内心体验特点及稳定的内在动机特点，是个体行为的核心动力因素。"大五人格模型"是近年来得到普遍认同的人格模型，包括情绪性、外向性、开放性、宜人性和谨慎性五种特质。研究表明，大学生的学习适应性、自我效能感与"大五人格"存在显著相关。上述类型的学生性格中以谨慎性（尽责性）为主导，在学习生活中具有条理性、自律性和责任感，因此，即使对专业内容并不感兴趣，乃至对其感到枯燥乏味，也能够较好地完成学业，但这反而掩盖了其内在对生涯规划的迷茫。对这类同学的帮扶和辅导可以分为三个部分。

**（一）发现问题和解决问题同等重要**

在快节奏、多线程的工作中，辅导员务必需要保持放下手头工作、沉下心谈心谈话的责任感。通过有技巧的沟通交流，与学生达成信任的关系，从而及时准确地了解学生的内心想法。在谈心谈话的过程中，要尊重学生，设身处地地理解学生的心情，积极地关注学生，不吝赞美和肯定。注意以正面的肢体语言传达正面的信息，坐姿表现出平等和兴趣，保持自然和持久的目光接触，增强学生的信任和安全感，激发其倾诉的信心，给其以积极暗示。此外，还要注意不提不适当的问题，认真倾听、耐心鼓励，以重复语句激励学生继续讲。即使不存在浮现于表面的问题，也要给予学生"有什么需要随时告诉我"的承诺。生涯规划尚且是一个较为普适的话题，辅导员对任何一位同学都可以及早地进行这方面的引导和敦促；而一些不会在日常谈心谈话中通过针对性较强的问询发现的问题，更需要与学生建立起充分信任的关系，并反复强调、反复强化，确保学生能够吐露真心，从而及早发现问题，并及早加以引导。

**（二）辅导员需要主动积累对学生有益的资源和信息**

在本案例中，小天需要进入实验室，辅导员可以介绍她所感兴趣的研究方向的专业老师。而基于小天并没有明确方向，辅导员又概述了学院内几位年轻老师的研究方向。这不仅是满足小天的需求，同时也出于专业老师辅导本科生科研的需要，是双赢的美事。之后我还根据小天的情况，引导她参与以"挑战杯"为代表的大学生科技创新赛事，并在备赛过程中帮助她提升演讲、答辩等能力。面对有其他生涯规划的学生，譬如出国深造、就业创业，辅导员也需要基于经验提供好的帮助和资源。

**（三）帮助学生确定自我选择是最困难的部分**

在生涯规划相关的咨询中，帮助学生确定自我选择是最困难的部分。可以引导、敦促学生充分执行每一个求助选项：和父母交流，和老师沟通，向同学请教，积极参加相关讲座和活动。在这个过程中，我能够提供一些专业老师和高年级学生的联系方式。最晚在大三年级,学生就要为了实现目标付出行动了,例如准备出国深造的,应当准备语言考试和申请材料;准备就业的,可以寻找合适的企业并准备适当的项目经历;准备直升的,可以确定自己的科研方向并进入实验室。少数情况下,存在像小天这样完全不知道自己的兴趣方向,在人生选择上没有明显倾向的同学,这时需要辅导员谨慎地、负责任地、勇敢地为他们提供建议,根据其个人特征给出明确的选项,推动他们做出自己的生涯规划。

# 优等生生涯发展的现实思考与对策

电子信息与电气工程学院　肖汉

## 一、案例简介

案例来源：A同学，男，电院本科生。

基本情况：作为电院的学生，A同学基础扎实，在很多专业课程上取得了很好的成绩。除了学习外，他也参加了多项校内科技竞赛，属于老师和同学均认可的"优等生"。进入大二，A同学透露目前他有一些焦虑和迷茫。问题在于，A的主要精力用于课业，虽然成绩确实很优秀，但对于自身的未来发展，目标不清晰，有陷入"内卷"的倾向。最后，通过思政教师的疏导和生涯教育，A同学对自己未来的规划逐渐清晰，渐渐不再"内卷"，目前也开始进入实习，正一步步向自己的目标迈进。

## 二、案例分析

这是一个优秀学生因未能做好生涯规划导致焦虑和迷茫的案例。其实，焦虑和迷茫的心理在大学生中普遍存在，对于A这样的优等生而言，针对他遇到的问题，我们的帮扶措施有以下三方面。

### （一）深入谈心谈话，了解学生的价值认知

大学和高中有着明显的不同。在高中，大家的目标相对来说是单一明确的，主要是好好学习，从而进入理想的大学。但是在大学中，同学们的目标往往比较多样化，显得没有这么明确。因此，我经常通过微信、见面等形式与A同学谈心谈话。同时，也向A同学的室友、班级同学等了解情况，从而加深对A同学各方面的了解。

A同学在校表现良好。无论是学业还是生活，都十分自觉。据他的室友反馈，他

每天早出晚归，每天早起上课，上完课就去图书馆学习，通常晚上 10 点才回寝室。回寝室后，也几乎不做与学习无关的事情，自学各种网课，编写代码，完成项目。A 同学家在上海，周末回家，日常与同学交流也不多。但是随着目前压力越来越大，A 同学经常表露负面情绪，总感觉自己优势不明显，焦虑情绪无处释放，只能"内卷"，所以就形成恶性循环，在同学群体中出现"内卷"的群体性焦虑。

综上所述，A 同学很适合高中的学习模式，其目前的价值观还停留在以学习成绩为中心的阶段。虽然获得了很好的成绩，但是平时欠缺对职业规划的考虑和对个人价值的进一步探索与追求。

### （二）强化职业规划意识，认识自身优势

为了让 A 同学对个人发展进行探索，思政老师帮助 A 同学梳理了目前的几个毕业规划。第一，他的成绩很优秀，所以保研机会很大，现在可以联系有意向的导师，并且进入课题组参与一些工作；第二，就成绩而言，出国很有优势，但是外语要在大二、大三阶段准备好；第三，如果想毕业后进入工业界，直接工作也是一个很好的选择，不少本科生也有机会进入华为、阿里等公司就业，A 同学亮眼的成绩和学习经历无疑是加分项，但是想进入"大厂"，仅仅靠学习成绩是不够的，需要笔试、面试的准备和实习的积累。

A 同学自身优势明显，选择权也在他自己手上。通过思政教师的分析，A 同学也意识到，有了学历和学业的"敲门砖"，只要确定了目标，实现目标还是比较容易的。有了良好的学习基础，无论是在大学期间还是在将来的工作中，都有着很好的机会。

### （三）引导学生全面发展，避免"内卷"的群体性焦虑

对于一些成绩中下游，或者保研概率不大的同学，焦虑和迷茫是比较常见的。而 A 同学虽然十分优秀，有时仍然会觉得自己没有做到最好，这种"完美主义"的心理也会产生群体压力或者是攀比倾向。有时候，如果将全部精力放在学习上面，对于学积分容易产生过高的追求。同时，这类学生经常会比较自己和他人的学习成绩，容易在群体中形成比较大的压力，也就是俗称的"内卷"。

对于这些非常优秀的同学，"内卷"造成的压力仍然是焦虑产生的重要原因。大学生的主要任务固然是学习，但是更要注重全面发展，特别是对于 A 这样学有余力的学生。因此，我们在日常教育中要注重各层次的全面引导，让学生意识到，个人的发展是多样的，将来的机会也是多样的，"内卷"的群体性焦虑是没有必要的。

## 三、教育过程

### （一）教育过程

我与 A 同学进行了多次深入的谈心谈话，主要在以下三方面开展了帮扶。

1. 缓解焦虑，提升自信

通过交流，针对A同学的"焦虑点"，我一一进行了分析和解答。

例如，他大二上学期进入了某实验室做科研实习，以本科生的身份加入实验室的项目，觉得参与度不够，以至于"没有事情干"，而其他同学在实验室里已经能较深地参与项目了。因此，他对自己的能力产生了怀疑。我告诉他，本科教育偏"基础"，不需要在科研上给自己过多压力，现在的实验室项目是"锦上添花"，并不是必需的。相信他在同龄人中，无论是学习还是科研或其他各方面的能力上，都是非常优秀的，不需要去攀比或者"内卷"。

2. 畅谈规划，认识未来

我与A同学就他的兴趣、能力、价值观等方面进行了交流。同时明确，现在已经到了大三，需要认真思考将来的选择和生涯发展了。如果还没有想清楚，可以在各方面进行尝试。因为他之前已经有参与实验室科研的经验，不妨去企业进行实习。

A同学经过自我剖析，提出未来规划的职业目标是构建可持久、高可用的工业系统。构建这样的系统需要长期的实践与经验的积累，需要他在某一领域有足够的认识，并做出可用的创新。这样的职业需要的脑力远大于体力，也需要足够的思考和沉淀。基于多尝试才能对自己的规划有更加准确的考量，他已经开始在某公司进行实习，我也肯定了他参与实习的重要性。

3. 鼓励实践，增强交流

我建议A同学多和身边的同学、往届学长以及思政教师、班主任等交流，特别是对学业、行业和将来发展的思考等。交流可以开阔思路，有时还会有一些意想不到的收获，比如有的学长会提供一些内推的岗位。

（二）教育效果

在沟通之后，A同学对在大学期间的学习和将来的发展也有了一定的规划。A同学表示：首先，他希望自己时常保持满足感，保持好奇心，学习自己喜欢的东西；于他人而言，做一个善良的人，共同努力，共享知识的快乐。其次，从感兴趣的方向来看，他希望能做系统方向的研发工作，了解计算机系统的方方面面。最后，毕业后的未来规划上，他想先在工业界里做一些实际的项目，锻炼自己的能力。之后再拓宽自己的知识面，发现行业中的痛点，并通过自己的知识与团队的努力，解决这些未知的难题。

此外，在这个学期，他在课余时间前往上海某公司进行实习。在实习阶段，他完成了一个数据库存储引擎，学到了各种编程知识，对行业有了更深入的了解。这坚定了他继续做基础设施开发的想法，也为之后的秋招做好了准备。

## 四、总结反思

从 A 同学的案例中，我们可以进一步挖掘这一类看似优秀的同学所具有的共性问题和发展桎梏。这些优等生往往有较强的学习能力，但缺少长远规划和远大志向，对未来的发展未做清晰规划，也容易受到周围人影响。因此，对于优等生，辅导员需要与学生深入沟通，找到"痛点"，同时将生涯辅导工作贯彻于思政教育的全过程，鼓励学生实践出真知，从而找到自己的目标。

**（一）学积分固然重要，但不是全部，要更注重全面发展**

显而易见，学积分对在校期间和未来的发展是非常重要的。李茂金在《优等生的个性心理特征及教育对策》一文中指出，80％的优等生兴趣非常单一，他们除了学习没有其他的兴趣。单一的兴趣容易造成死读书的问题，也容易导致高分低能。因而，教师应对优等生的兴趣进行广泛的培养，鼓励他们在各个方面得到锻炼。A 同学学习欲望非常强烈，学习目的非常明确，但很少看到他参加社会实践、文体活动、志愿服务等工作。但其实除了学习成绩，大学生在校期间的其他工作和综合素质的锻炼也是将来踏上社会所必需的。

**（二）对优秀的学生，也要加强生涯规划指导**

一般情况下，我们根据学生学习的好坏将学生分为优等生、中等生和后进生。由于优等生学习成绩非常优异，自主学习能力也非常强，教师将大部分的精力放到了中等生和后进生身上，忽略了对优等生的关注，没有使优等生得到最优化的发展。

万岩等在《大学生职业生涯选择的关键时点研究：基于本科生成绩和行为的实证分析》中认为，大学生的学习过程类似于衰减的马尔科夫链式过程，学生第一学年的智育成绩是影响其后期学习的关键因素，是两级分化的关键阶段。通过成绩的高低来判断自身在整体中学习能力的相对水平，可以确定不同毕业方向的选择。从 A 同学的例子中能发现其出现问题的内在原因就是职业规划目标不具体，除了对学积分的追求之外没有明确目标，导致产生焦虑心理。我们要将职业生涯规划教育贯穿于学生的大学生涯，使其掌握正确的职业生涯规划方法，并结合自身实际，对将来的发展进行思考。

**（三）集体性焦虑是普遍存在的问题，需要及时干预**

现在学生中普遍存在群体性焦虑，"内卷"的氛围也越来越强烈。"内卷"的本意是指人类社会在一个发展阶段达到某种确定的形式后，停滞不前或无法转化为另一种高级模式的现象。然而，随着高校进入"严"字当头的时代，大学生面对学业以及自我发展的众多压力,进一步推动了"内卷"。有媒体就中国顶尖高校中"绩点为王"的现象进行报道,并表示不少顶尖高校的学生因"内卷"而迷茫,"这些中国最聪明的年轻人在极度竞争中,成功压倒成长,同伴彼此比拼,精疲力竭"。

"内卷"产生的原因之一就是学生对未来的迷茫、对当下的困惑。由于学生找不到明确的目标,当下除了提高学积分也没有其他的努力方向,于是纷纷加入"内卷"的行列。作为思政教师,我们要引导学生有意识地去思考自己的追求到底是什么,为了实现追求应该怎么做,而不是人云亦云地进入陀螺式的死循环中。

综上所述,生涯发展是渐进式、逐步式的,生涯辅导也需要长期性、渗透性的工作。很多时候,生涯辅导工作主要体现在帮助大学生完成学业和解决就业问题而采取的一系列职业生涯辅导和就业指导措施上,有可能忽视了优等生生涯发展的科学规划。对于这些优等生,我们更需要帮助他们破除唯分数论,在全面发展的同时想明白"我希望成为怎样的人",从而做好长远规划,树立远大志向。

# 大学生的职业生涯规划辅导
## ——以对本专业迷茫或缺乏兴趣的大学生为例

电子信息与电气工程学院　于沁灵

## 一、案例简介

案例来源：小伟，男，计算机科学与技术专业大四学生。

基本情况：进入大四，对于未来的不确定给小伟带来了很大的恐惧，生活过得比较挣扎，究其根本是选择了一个并不适合自己的计算机专业。小伟从小在学代码这一方面没有天分，中小学其他学科学得都不错，但是在信息学方面是浅尝辄止，并不突出。在大学专业分流的时候，因为分数较高，有选择的空间，在听取了家人和老师的意见后还是选择了计算机专业。唯一的原因就是：这个专业很热门，以后工作好找。入学前，小伟认为虽然之前在写代码方面没有基础，也谈不上什么兴趣，但是自己可以努力去学。入学后，由于没有兴趣，小伟在专业方面的成绩很差，自己也从原本很自信的人变成了经常怀疑自我价值的人。背负着计算机行业工作好找、薪资高的期望，在精神上对这个行业产生了一定的排斥反应。在极其挣扎彷徨的状态下，小伟的学业情况并不乐观，成绩一直位于专业后 30%。无论是出国、保研、考研、就业，都没有突出的优势。看着周围的同学都在为自己的未来努力，小伟越发对自己的前途以及未来的生涯发展感到焦虑和迷茫。

经过与小伟的沟通，我发现他其实是一个乐观主义者，只是在计算机专业能力方面被磨灭掉了自信。对于自己的综合素质，小伟还是非常有信心的。

## 二、案例分析

在大学里，我们经常可以听到学生抱怨不喜欢自己所学的专业。无论是因为分数原因调到了不理想的专业，还是受他人影响选择了一个自己不喜欢的专业，或者自身不愿意从事相关的行业等原因,对专业不满意的学生非常多。但是,他们清楚,既然已经进入了大学,选择了这个专业,在没有转专业机会的情况下,就不得不硬着头皮学下去。然而,对于自己不喜欢的专业,他们的学习积极性很低,大学生活缺乏动力,对自己的前途尤其是将来的生涯规划感到很迷茫。因此,作为思政教师,应该关注像小伟这样对所学专业不满意的学生,帮助他们提高学习兴趣,做好职业生涯规划,更好地实现人生价值。思政老师可以从以下三个方面着手来帮助学生。

### （一）帮助学生认清自身兴趣与目标,做好未来规划

首先,对专业不满意的大学生,其职业生涯规划最关键的在于规划之初的自我评估。只有理清楚自己的兴趣和现实之间的关系,才不会南辕北辙。对专业不满意的大学生,很多只是知道自己不喜欢什么、不想要什么,但并不知道自己真正想要什么。因此,与其让小伟一味地抱怨现在所学专业,倒不如帮助他主动去探索自身的兴趣爱好、确定新的目标及努力方向,唤醒他的生涯意识。

### （二）开展行业教育,引导学生正确认知专业

对专业的认知了解是生涯规划的关键环节,只有对专业有了深入而全面的了解,才能做出客观的判断。对专业不满意的大学生往往是由于对专业认知了解不全面,才产生了消极的情绪。因此,引导学生树立正确的专业认知尤为重要。思政教师可以借助专业班主任的力量,通过学术讲座、企业参观等形式,让学生通过亲身体验,开拓思路,转变观念,理性认识专业就业。

### （三）与学生父母多沟通,了解父母对于孩子未来发展的期待

小伟的高考志愿是听取了父母和老师的建议后报考的,没有考虑自身的专业兴趣。并且大部分家长没有意识到生涯教育的重要性,觉得进入大学、选到了一个好专业之后就一定可以找到一个好工作。所以,思政教师要多与父母沟通,了解父母对于孩子未来发展的期待。

## 三、教育过程

我与小伟进行了谈心谈话,深入了解了小伟关于专业学习、生涯发展的想法以及小伟的成长环境。小伟表示,他出身教师家庭,父母都是本地中学教师,受父母影响,觉得体制内工作较为安稳。这在一定程度上影响了他的性格,或者造就了其性格短板:躲避风险,追求稳定。经过了大学这几年对自己的剖析,小伟非常坚决地想要脱离计算机行业。不仅仅是因为不喜欢这种生活模式,更是因为从目前的情况来看,小伟觉得自己将来较难具备在这个行业立足的能力。我对小伟的教育主要从三方面展开。

### （一）帮助小伟确定未来目标与规划

我建议小伟先通过上海交通大学就业网上的职业测评与规划平台对自己进行全面客观正确的评估，对自己的个性、兴趣和能力进行充分的了解。测评后，小伟向我袒露，结合测评的结果以及自己的性格，基本上确定了未来的人生道路——进入体制内，回到家乡成为一名选调生。选择选调生作为自己目标的原因，一方面是因为选调生工作更适合自己的性格，另一方面，他也想为家乡的建设贡献力量。我肯定了小伟的想法，并给他推荐了已经成为选调生的学长，建议他多了解相关信息。

### （二）与小伟家长进行沟通

之后我也与小伟的家长进行了沟通。父母非常认可小伟想要成为一名选调生的愿望，但是希望小伟能够先考研，在学校里多磨炼自己。他们认为研究生毕业之后再考选调生，起点会更高，不过，还是尊重孩子的想法。在和小伟的进一步沟通中，小伟表示自己内心也想先读研究生提高自己的实力，现阶段的计划主要是专心复习考研。如果能够顺利读研，自己在研究生期间一定会不断提高自己，朝着既定的目标不断努力。

### （三）帮助小伟增强专业认同感

我将小伟的情况反馈给专业班主任，希望班主任能够从专业角度给予小伟学术引导。在和班主任交流之后，小伟决定进入班主任的实验室进行科研工作，慢慢探索所学专业以及自身的兴趣爱好，而不是一味地抱怨、怨天尤人、自暴自弃。在思政教师、班主任以及家长的共同努力下，小伟开始积极提升专业能力，有了乐观的人生态度，开始坦然面对现实，转变思路，并将社会需要与个人发展有机结合起来，努力奋斗！

## 四、总结反思

作为一名计算机科学与技术专业本科生的思政教师，所带学生都是高考分数较高的，在专业选择上面有着更多的选择权。然而很多同学并不了解计算机专业是做什么的，不知道自己是否对这个专业感兴趣，就轻率地根据自己的分数匹配了一个别人眼中的好专业，导致入学后或是由于学习竞争压力太大出现心理问题，或是专业难度大出现学业问题，或是不喜欢所学专业缺乏学习积极性，大学生活缺乏动力，更无法对自己的生涯发展做出合理的规划。小伟同学只是大学校园里的个体，但是他代表了大学里一个庞大的群体——对专业不满意的学生群体。所以，做好专业不满意大学生的职业生涯规划辅导非常重要。思政老师应该提早介入，将职业生涯规划融入思政育人的全过程,帮助这部分学生提高学习兴趣,充实过好大学生活,及时评估和调整自己的职业生涯规划,更好地实现人生价值。在处理小伟这个案例的过程中,我认为做好专业不满意大学生的职业生涯规划辅导可以从以下三个方面入手。

### (一)帮助学生了解自己

学生在漫长的求学过程中基本以升学作为目标,很多同学放弃了自己的兴趣爱好,对自己的能力和个性特点缺乏清晰的认知,导致入学后才发现对自己专业不满意。所以,对于专业不满意大学生来说,做好自我评估是职业生涯规划的第一步,也是确定方向的最关键的一步,要客观、冷静,不能以点带面。可以通过与学生谈话了解学生的性格特点、兴趣爱好,或者通过专业的职业测评系统,客观地反映学生的兴趣、能力、职业倾向等,帮助学生客观地了解自己。

### (二)唤醒专业不满意大学生的职业生涯规划意识

要鼓励学生从生涯发展的角度真正对自我和专业进行深入全面客观的探索,主动思考所学专业和将来职业选择的相关度,或者找到两者之间的结合点,找到适合自己的专业领域,然后选择适合自己的生涯发展道路,确定发展目标,规划自己的人生发展历程。要让学生真正明确实现目标需要的各种素质和条件,并有针对性地进行提高和弥补,找到学习的动力,不虚度大学光阴。

### (三)发挥家长在学生职业生涯发展上的引领作用

很多家长没有意识到做好职业生涯规划的重要性。有的家长认为名校毕业自然会找到一个好工作,有的家长坚持自己的意见,要求孩子必须按照自己的想法做,不清楚孩子是否真正对这个专业或这个行业感兴趣,无形之中给学生增加了压力。所以,思政老师要积极与家长联系,了解家长对于孩子职业生涯发展的期待,帮助学生与家长达成意见的统一,让孩子明确未来的目标,自主选择出路。

# 后疫情形势下的多维度就业引导

数学科学学院　李欣

## 一、案例简介

案例来源：小 A，男，数学科学学院本科毕业班学生。

基本情况：2020 年受疫情等多方面因素影响，整体就业形势十分严峻。在这样的大背景下，原本打算就业的小 A 在同时应对求职、专业学习和毕业论文等多方面问题时，感到压力倍增，对未来去向没有具体概念。同时，小 A 原为致远学院学生，后转到数学科学学院（简称数院）。前期曾因为转院的问题对自己的能力产生怀疑，转入数院后成绩排名也一直较为落后，加之性格比较内向，没有其他方面特长，整体自信心不足。在求职季，小 A 在笔试、面试过程中表现不理想，屡屡受挫，整个人更是状态低落。

通过与小 A 多次进行沟通交流，我帮助他将遇到的问题总结归纳，分清主次，并结合一系列引导性教育，和其一起解决当下碰到的困难，最后小 A 顺利入职了上海的一家公司。

## 二、案例分析

学生的求职就业是体现人才培养质量的重要标准之一。如何做好就业引导，帮助每一位学生找到适合自己的未来方向更是学生工作的核心内容。随着近年来经济的快速发展，学生对未来的选择方向也更加多样，择业范围更为宽泛，生涯规划更为复杂。因此，以专业特点和人才培养定位为基准，结合当前疫情对就业工作带来深刻影响的新形势与不同学生个体的多样性，有针对性和系统性地教育引导学生变得尤为重要。

在本案例中，我通过与小 A 深入沟通交流，发现他遇到的问题主要可归结为自我认知与分析不清、无法及时调整学业压力、求职规划和准备不到位三个方面。

### （一）对自我认知过于消极，不能很好地挖掘自身的闪光点

整体来看，数学专业的学生性格大多偏内敛。专业课程难度大，同学们将主要精力都投放于学习上。尤其是本科生，基础专业课程较多，对学习成绩的重视程度比较高，一旦成绩出问题，很容易造成自我否定、状态低落的情形。本案例中的小 A 则更为复杂，该生前期曾被选拔为致远学院数学方向学生，后因学业问题转到数学科学学院普通班。转院过程中心理落差较大，加之转到数院后成绩排名也一直相对落后，整体自信心不足，对于自己的认知更多是来自学业方面的否定，忽略了自身的闪光点。

### （二）无法及时调整毕业季的学业压力

本科毕业的要求主要是考察学分、GPA 和毕业论文等几个维度。在低年级成绩比较靠后的同学，如果课程挂科较多，就会出现升入毕业班后依旧需要修读多门专业课的情况。小 A 就是如此，他在本科四年级的每学期都有超过四门的专业课程需要修读，同时需在毕业前完成学位论文，整体学业压力较大，客观上时间和精力确实都比较紧张。同时，在毕业季，小 A 身边的同学纷纷将重点转移到出国、读研、工作等未来规划上，并先后确定了心仪的去向。但此时，小 A 仍有基础学业没有完成，一定程度上增加了他的焦虑。同时应对多方面的挑战，使小 A 出现逃避心理。

### （三）没有及时根据就业动态形势及个人情况做好充足的求职规划和准备

一直以来，都有学生习惯于在临近毕业前才开始考虑自己未来的去向问题。尤其是对于选择就业的同学，没有系统性地规划和准备，往往喜欢"广撒网"和"碰运气"。2020 年受疫情等多方面因素影响，整体就业形势十分严峻，部分企业招聘岗位数量骤减，求职难度增大。对于没有准备的同学，很难再能"碰运气"拿到心仪的录用通知。小 A 虽然有就业打算，但是没有明确的求职规划和安排，对于行业的认识不够清晰与全面，求职意愿比较模糊，不确定自己应该选择的具体方向，也没有进行求职技能方面的储备，抱着"偶尔投简历，随缘去面试"的心态，可想而知，收获甚微。

## 三、教育过程

在与小 A 的谈心谈话中，我发现他其实知道自己目前的状态需要调整，也想做出改变，只是不知道该如何去做。所以，按照之前的工作思路，针对小 A 遇到的问题，我主要还是从自我认知与分析、学业及时间管理、求职规划和准备三个方面给予关心和指导，帮助他找到适合的步调，以实际行动和具体进展缓解焦虑。

## （一）教育过程

（1）从多个维度帮助小A进行自我分析，综合自身情况，在未来的准备和规划中注意"扬长避短"。站在小A的角度，帮助他对自身情况重新进行梳理，让他发现自己的优点和长处，意识到自己的潜力和能力，同时也客观认识到自己的不足。重点鼓励小A重筑自信，着重突出他数学逻辑思维能力和学习潜力的发光点。鼓励他结合自身情况"扬长避短"，在未来的规划中有针对性地进行准备。

（2）重视时间管理，对当前需完成的任务进行归纳总结，分清主次，以效率取胜，以实际进展缓解自身焦虑。通过线上、线下多次的关心交流，引导小A正确处理来自毕业季的多方压力。分模块做好时间安排表，从多个维度分清当前的主次工作。鼓励他越是在时间紧、任务重的时刻，越要有条不紊地推进自己的计划，以效率取胜。

（3）结合最新客观就业形势及个人情况，做好求职规划与准备，联动多方资源，为学生提供最实际有力的支持。通过和小A一起分析其兴趣所在，未来工作的意向行业、区域等具体方向，明确他的求职意愿，小A表示想要从事数据分析方面的工作。我引导他有针对性地做好求职准备，从完善简历到意愿求职领域的必要理论储备，从求职面试的礼仪到求职技巧与经验，帮助小A在有限的时间内最大限度地提升求职能力。同时联动班主任、导师、校友多方资源形成工作合力，通过就业交流微信群、重点宣讲、点对点推荐等多种形式，为小A等错过秋招的同学提供适合的就业机会，帮助同学们共同克服由于疫情带来的严峻就业挑战。

## （二）教育效果

小A顺利入职了上海的一家公司，现已经工作了约半年时间，后续与小A联系得知，他目前总体工作比较顺利，对于新环境和新的工作压力应对得也比较好，整个人慢慢变得阳光自信，也受到了领导和同事的肯定。

## ▌四、总结反思

在学生思政工作中，就业引导一直以来都是体现人才培养价值导向的重要内容，也是我们应该高度重视的核心工作之一。面对不同的学生个体，虽然表面上显现的问题都是求职受阻，但深入分析可以发现问题的成因其实各不相同，并且可能是由多个因素叠加而成的。例如本案例中，小A毕业季求职进展不顺利的原因包括学业和自身转院经历导致的自我认知不清晰，毕业季多方压力造成的焦虑，前期求职意愿与规划不清晰导致后续准备不充分和疫情带来的求职难度陡增等多方面因素。所以，对于毕业季涌现出的就业引导问题，我们需要从人才培养整体战略高度与不同学生的个体情况两方面，双管齐下，进行多方位、深层次的分析与探索，进而引导学生找到适合的未来方向。

### （一）高度重视就业引导工作，把就业引导贯穿学生培养全过程

结合专业特点和人才培养定位，关口前移，早谋划、早安排、早行动。一直以来，学生出现毕业季深造申请不顺利、求职进度受阻等问题的很大一部分原因是前期没有意识到未来规划的重要性，没有进行充足的思考，当然也就没有做好应有的储备。所以，对于学生，能否抓住关键时间节点，对于思政工作者，能否将就业引导贯穿到学生培养的全过程就变得十分重要。对于数院的学生，我们会通过"文俊讲坛"邀请海内外有影响力的数学家为学生做前沿领域报告，从进校起培养学生学术志趣，拓宽学生视野，播撒下热爱数学的理想种子，为未来想要继续科研的学生提供真正与大师零距离对话的机会；通过"AI"时空行业教育邀请资深校友和行业专家参与就业引导，让学生提前了解行业发展趋势；深入推动实践育人，有效抓住社会实践的契机，组织学生赴重点行业单位进行社会实践，培养学生家国情怀和责任担当意识，引导学生到国家社会所需要的重点行业、关键领域和重要岗位就业。在此基础上，我们更要注意点面结合，对在低年级就显现出心理困难和学业困难等需要重点关心的同学，提前开展有针对性的生涯引导，在前期的学习生活中潜移默化地帮助学生建立目标、树立信心。

### （二）加强精细化就业引导，从源头抓起，功夫下在平时

对于不同的学生个体，表面上可能显现的都是毕业季的去向问题，但是通过深入分析探究可知其成因往往是复杂多样的。这就需要我们在平时对每位学生的自身情况和特点有足够清楚的了解，才能在问题出现的第一时间定制个性化关心指导方案，深入挖掘出问题的真正成因，"对症下药"才能起到关键作用。

### （三）多方面着力就业引导工作，联动多方资源形成工作合力，积极建立全员参与、互相协作的就业引导工作机制

2020 年受疫情等多方面因素影响，整体就业形势相对严峻，部分企业招聘岗位数量骤减，确实给选择就业的同学带来了一定的客观困难，尤其是前期意愿模糊、没有进行认真准备的同学。在这样的关键时刻，我们更应多方位着力就业引导工作。一方面，对学生可能存在的心理因素进行分析与疏导，帮助学生明确未来规划，做好相应的求职储备，提升求职能力；另一方面，联动班主任、导师、校友等多方资源，客观上为学生提供实际有力的帮助。加深校企深层次合作，打通专业就业重点行业和单位的求职渠道，创造合适的就业机会。引导学生客观认识当前的就业形势，为学生就业提供有效的求职指导，不仅是给予感性的关怀，更用实际行动与同学们共渡难关。

# 大四的你，为何崩溃
## ——学生职业规划引导

物理与天文学院　梁钦

## 一、案例简介

**案例来源**：小源，男，物理专业大四学生。

**基本情况**：毕业季，毕业班的同学都在为了未来做最后的冲刺和努力，有些同学已经保研，有些同学在找工作，有些同学也在忙碌地准备出国，但还有一些同学仍然处于迷茫中。

2020年12月份，我在办公室接到学生电话，说室友小源情况非常糟糕，已经独自躲在寝室里十多天了。整天躺在床上，每天只吃一顿饭，基本不洗脸刷牙，澡也不洗，跟室友的关系非常紧张。室友想让他振作精神，但是问来问去他都不说。尽管室友想帮忙但也无从下手，加之小源的状态也确实影响了整个寝室的整洁环境以及和谐氛围，所以思来想去，他们最终决定给我打电话寻求帮助。

我跟小源约在办公室面聊，见到他的时候，我比较吃惊。因为小源消瘦了很多，头发、胡须十分杂乱，浑身散发着一股酸臭味。我问他发生了什么事，他低着头不肯说话。后来，在我的引导下，他断断续续地讲出了心声。原来，前几年，他一直没有想好毕业后要做什么。大四了，他突然觉得出国不错，但对于去哪个国家还没有想法。找工作也不知道从哪里着手，想考研又觉得时间来不及。看着身边的同学一个个有了毕业着落，他觉得压力特别大，就想躲起来，逃避这一切。状况越来越糟糕，进而引发了心理问题，同时也导致了寝室矛盾。

## 二、案例分析

这个案例看似是寝室矛盾以及小源的心理问题，事实上，是小源的职业规划出了问题。

小源说大学的前几年，虽然老师们经常强调职业规划的重要性，但总觉得毕业还十分遥远。大学的生活虽不能说是浑浑噩噩，但也确实过得普普通通。和所有同学一样上课下课，从没有想到对未来的规划。等到了大四，发现老师上课经常强调毕业的事，身边的同学实习、考研、考托福的都有，自己一下子就蒙了。看着是有准备雅思，心里也想着要出国，但是为什么出国、怎么出国他一概不知。小源本来的心理状况不差，但看到身边的同学一个个都落实了，而自己还处于迷茫中，就开始变得十分紧张，陷入了焦虑和逃避的状态。

对于小源的问题，其实需要帮助他明确未来规划，帮助他一起找到努力方向，在具体行动中缓解焦虑。此时，还需要得到家长和室友的支持，家校联动一起对他进行引导和帮助。

### （一）未来规划梳理

帮助他一起梳理目前的几个毕业规划，即找到一个目前对他来说比较可行的毕业去向。小源之前的三个方向是出国、考研和找工作，其实这也是大多数同学毕业后的规划。可以通过 SWOT 分析法帮小源分析，将与研究对象密切相关的各种主要内部优势、劣势和外部的机会和威胁等通过正反两方面的分析得出相应的结论。具体而言，就是和小源一起将出国、考研和找工作三个方向一一进行比较分析，从而找到一个比较适合他的当下的选择。

### （二）寻求家长与室友合作

首先，与家长进行沟通，了解家长的想法。根据以往与小源父亲的沟通，我得知小源父母的文化水平不高，家庭经济还有一定困难。在未来方向方面，父母可能给不出具体的建议，最后的沟通结果是让老师帮助孩子做决定。但是到了这个阶段，应该让父母更加关心孩子，做小源的心理支撑。

其次，和室友一起努力，形成互助合力。在征得小源同意后，让已经确定毕业去向的室友一起帮忙，协助小源进行未来去向的分析。因为有些时候，室友的建议也是有一定的参考价值和支撑作用的。同时，在一起解决问题的过程中，与室友间的关系也会得到缓解。

## 三、教育过程

在和小源的沟通中我发现，小源自己也知道目前的状态不好，也想做出改变。所以，按照之前的工作方案，进行得相对顺利。

### （一）未来选择

在未来规划方面。一是出国，小源坦承之前想出国完全没有想过原因，甚至去哪个国家，读什么专业也没有考虑过，完全是冲动。加之大学的成绩比较普通，很难拿到国外的奖学金，家庭也不能支付高额的留学费用，所以这一条在我们共同商量下就放弃了。二是考研，小源说自己其实很想继续攻读硕士学位，因为自己性格比较安静，也很喜欢做研究，之前在本科生科研导师那里做的实验进展也很顺利，所以有机会还是想继续读书。三是工作，小源目前还没有一份像样的简历，对于工作的选择也是一头雾水。

### （二）亲友支持

在亲友支持方面，家长的态度和之前设想的差不多，父母基本是拜托老师全权指导，说考研和工作都可以，只要孩子喜欢。虽然家里条件不好，但是也不急着让孩子出来赚钱。我与家长沟通了目前情况，建议小源的父母近期来上海探望小源，和孩子进行面对面的沟通。在征得小源的同意后，室友也加入了支持队伍，一位已经找到工作的室友主动教小源写简历，指导他如何获取校招以及招聘会的信息。

在和小源的进一步沟通中，小源表示自己内心还是想读研究生，但毕业后不想给父母增添负担，所以更趋向于先找一份工作，在工作的同时准备考研。后来，小源在招聘会上找到了一份工作，虽然待遇不是很高，但不是很忙，还有时间可以自由学习。第二年，小源顺利考上了研究生。回校后，他见到我的第一句话就是："老师，您放心，研究生的规划我一定会提前做。"

## 四、总结反思

在辅导员的工作生涯中，我们常常会遇到各种各样的问题，很多时候需要透过问题的表征找到背后的真正原因。例如小源案例反映出的职业规划问题。

工作这几年，我遇见过很多大三以前很让人省心，但大四毕业季各种"掉链子"的学生。为什么会这样？因为同学们前几年完全没有认真思考、规划毕业后要做什么。"人无远虑，必有近忧"，如果大学的前几年根本不考虑未来的规划并为之提前准备，那么在毕业季自然会面临茫然、焦虑和各种艰难的抉择并不知所措。

所以，我认为，学生一定要将毕业规划的关口前移！辅导员也一定要将学生的职业规划工作贯彻于思政教育的全过程。也许在学生迈入大学的那一天，也许是拿到录取通知书的那一刻，抑或更早。物理与天文学院的本科新生到校后的第一个月，我都会给他们做一场《大学路上，遇见未来》的讲座，就是为了告诉他们：职业规划越早越好。同时，也让他们明白大学四年期间每个年级的关键点。

大一学年，新生或许还处在从高中向大学转变的适应期。存在这个适应期是正常的，但是有一点不能忽视：好好学习，不要在学习上掉链子，一定要认真上课，即使转专业也是有成绩的要求和限制的。很多同学大一下学期想转专业，翻翻学生手册才知道自己的成绩并不达标。

大二开始，努力学习的同时，主动获取各类资讯，思考自己的人生规划。和父母、老师交流，向学长请教，尤其是一些已经确定毕业去向的大四学长。对于经验交流会，一定要格外重视。可以留下优秀学长的联系方式，争取机会深聊详谈。

大三时候，要朝着明确的目标勇敢尝试、积极准备。打算出国，就要开始准备英语考试和相关材料；选择就业，就要开始找合适的企业进行实习；想直研，就要了解各个实验室的情况，选择感兴趣的科研方向后联系导师，进入实验室学习。

如果大学的前几年已经做过很多工作，那么，对大四的学生来说，就是收获和丰收的一年。当然，也可能会面临申请失败等各种情况，但是未雨绸缪的同学必将更加坦然。

最后，还有一个关键点是亲友的情感支持很重要。案例中，小源的父母后来特意到学校和小源进行了面对面的沟通交流，室友也一直在帮助小源。所以，在引导学生的过程中，理性的指导非常关键，但感性的关怀也同样重要。

# 从路人甲到人群中最闪亮的那一位

巴黎卓越工程师学院　刘菁

## 一、案例简介

案例来源：六六，女，巴黎卓越工程师学院 2017 级本科生。

基本情况：偶然一次在与校内其他部门同事的工作交流中，听到我们学院六六同学的情况。六六目前在对方单位跟随这位同事开展工作，这位同事表示，六六同学在工作中的表现十分突出，非常具有主动性和创新性。确实，六六同学作为学院的学生干部，应该是各方面素质较高，能够在同龄人中有着不俗表现的，但其实，刚进入大一的六六同学和大部分同学一样，缺乏自信、不够主动。在与老师的交流中会表现得有些许怯懦，甚至一段时间有过情绪低落、宅在宿舍不愿意社交的情况。后来，我在与新生的谈话以及宿舍走访过程中发现了这个情况，作为思政教师，我主动介入。通过多次谈心谈话了解问题所在，积极帮助她正确认识自己，找准目标。随后又逐渐增加交谈频率、扩大交流范围。后来，我和六六同学逐渐熟悉起来，关系也更近了一些。同时，我帮助她联系本学院学长，促进交流。也借着团学工作的平台，鼓励她在自己感兴趣的舞台多多锻炼。正因为在学生会的两年锻炼，以及在重要的学生干部岗位上的历练，六六同学方能有如今的亮眼表现，让指导老师在百名学生中唯独对她赞不绝口。

## 二、案例分析

这个案例看起来是讲一个学生蜕变的过程的，其实反映了大学新生如何在崭新的校园环境中定位自己，找准目标的情况。六六同学刚进入大学的时候不太活泼，也不太主动，各种各样的社团组织和丰富多彩的校园活动让她觉得眼花缭乱，不知所措。后来，她跟风报了几个社团组织，都没能顺利进入，一时有些挫败感，情绪也不高，自信心受到极大打击，尤其看到身边同学都找到了组织，更加感觉自己不如身边同学优秀，一度变得更加不爱说话，生活也逐渐封闭了起来。其实，每年的大一新生中会有很多同学遇到类似六六同学刚入学时候遇到的这种情况。这种情况的发生有以下两个原因。

（一）客观环境：曾经"一枝独秀"，如今"高手如云"

和众多交大学子一样，六六同学也是他们当地学生中的佼佼者，在进入上海交大之前一直都是优等生。进入大学校园，环顾四周发现身边全是优秀的学生，有的甚至比自己还要优秀，这让六六在进入大学之后一时无法适应新的环境，产生极大的心理落差。同时，大学校园的管理不同于中学。六六在中学的时候，由于成绩优异，会受到班主任和授课老师的格外关注和关心。而在大学，学生与授课老师的接触可能仅为课堂上的几十分钟。一名辅导员带几百名学生，也很难关注到每一位学生某个时间段的情况。曾经"一枝独秀"，如今"高手如云"，不再众星捧月，而要独立面对一切，在这样的新环境下，六六自然产生了一定的失落感，一时也找不到归属感。

（二）心理因素："常胜将军"难以接受一时的失败

六六告诉我，她从小到大都是大家口中的"别人家的孩子"，父母和老师总是夸奖她优秀。这让我想到，近些年翻阅众多育儿书，"表扬式教育"经常出现其中，也得到很多家长的认可，被大家时常运用在孩子的教育上。所以，现在的很多学生可以说从小到大都是被表扬和鼓励着的。然而凡事有度，过度不恰当的表扬会让孩子对自我认识不清，也难以接受批评与指责。进入大学前，这些学生一直在学习上表现优异，也一直受到老师和家长的表扬。然而上了大学，全新的舞台，同台竞技的都是优秀的学生，难免会在某一个方面表现欠佳，落败他人。这些小小的失败看似不严重，但恰好发生在那些内心脆弱的学生身上，就容易产生严重的影响。一时的失败让这些"常胜将军"难以接受，甚至会让他们颠覆这么多年对自己的认知，陷入对自己的否定当中，情绪低落，甚至开始封闭自己。

## 三、教育过程

六六同学的案例在校园里具有一定的普遍性，做好这类学生的工作需要遵循"关口前移""早发现早做工作""用心换心"的原则。思政教师主要可以从以下四方面开展工作。

（一）把握新生入学教育的契机

目前我院的新生入学教育主要包括"书记第一课"、"院长第一课"、学院教学培养计划的介绍、学校教学管理规定介绍、学生管理规定介绍、安全教育等。关于"上了大学之后的我应该是怎样的? 我的大学生活又应该是怎么样的?"这样的话题也需要在新生入学伊始带着新生一起去思考和讨论。让新同学们在刚进入大学的时候对自己有正确的认识,对未来的大学生活有一个充分的了解。

### (二)通过谈心谈话,及时发现问题

思政教师要避免成为隐形人,尤其在新生刚进入学校的时候,对大学的一切还很懵懂,更加需要老师的关心。此时,思政教师可通过谈心谈话,了解学生的各方面情况,通过一定的谈话技巧,拉近与学生的距离,引导学生多表达,及时发现学生遇到的问题与困难。

### (三)用心换心,成为学生信任的人

"知己知彼,百战不殆",一旦我们和学生打成一片,成为彼此相熟的人,成为学生在校园里值得信任的人,之后的工作会更好开展。在这个过程中,需要我们用心换心,用家人般的呵护与爱去滋养学生的心田。把学生当作自己的孩子一般去关心,倾听他们的想法,关心他们的学习、生活、情感等方方面面。润物细无声,逐渐走进学生内心,思政老师要成为学生信任的人和愿意托付的人。

### (四)结合多方力量加强引导,持续关注

对学生有了深入的了解,也找到了问题所在,就要及时给予正确引导,并且要持续关注,找到问题的根源,对症下药。如果学生遇到的问题是在思政教师能力范围内能解决的,可以直接给予帮助;如果不是,应当积极寻求更加专业的指导,并且持续关注,直到学生完全走出困境。

六六同学不自信、情绪低落的情况起初是我在和她的一次谈话中隐约感觉到的,后来又通过其他同学侧面了解了一下。在第二次的谈话中,我首先引导她说出问题,倾听她的想法。得知她是因为参加了几场学生组织面试最终都没能通过而导致情绪低落,变得非常不自信,开始否定自己后,我先帮助她正确认识自己,回顾自己过往的经历,分析自身的优势和劣势,扬长避短。同时,告诉她要正视身边同学的优秀,向他们学习。谈话中,我们也一起讨论了她理想的大学生活状态。她说首先保证学习,然后希望多做一点学生工作,自己对学生工作很有兴趣。了解了她的想法后,我鼓励她收拾好心情,再次尝试。

之后很长一段时间,我们保持着密切的联系,经常一起聊天,从一开始的学习情况聊到生活中的点点滴滴,身边同学、老师的趣事等。我发现,我和六六同学的沟通越来越自然,很有种好朋友在一起聊天的感觉。

同时,因为我是做团学工作的,所以正好可以在能力范围之内帮助她,提供一些

锻炼的机会并给予工作上的指导。考虑到六六同学前期受到一些小的打击,性格也不太主动,中学时候也没有学生工作的经验。我便从一些小的工作上先给她提供锻炼的机会,例如班级管理方面的工作和任务。我发现,她都能完成得很好,所以志愿者的工作我也会主动推荐给她,建议她参加,适当地加强社交。此外,一些活动的筹备和组织工作,我也会带着她一起做,让她对这些工作加强了解,学习工作方法。每项工作的实施过程中,我一边引导她做,一边开导她如何保持积极向上的心态。渐渐地,六六同学变得主动很多,愿意主动找我讨论工作,跟我畅谈她对学生工作的想法,工作完成的效果也很好。经过一段时间的锻炼,六六同学在这些工作中也得到了认可和自我价值的实现,大大提升了自信心。升到高年级之后,她在学生会重要的岗位上更加热心地服务同学。学习和工作都渐入佳境,有了很大的改变。

一直以来,我都在持续关注六六同学的发展。有时候当她遇到新的困惑,也会主动找我倾谈。现在的她会大大方方跟老师打招呼,工作上也能独当一面,帮助老师处理事务,非常成熟。考虑到高年级学业繁重,她开始选择在新的平台继续努力,也得到指导老师的认可。生活有了新的方向,从她身上已然看不出当初刚入校时候的不自信。

## 四、总结反思

大一对学生来讲是非常关键的时刻,大学时期朋友圈的形成、个人发展的初步规划与尝试、自信心的树立等都是在这个时期。那些性格较为内向,不够主动,不擅长表现自己的同学往往内心也是比较敏感、脆弱的。一次失败、一点打击对他们可能会造成重创,甚至会影响整个大学的学习生活状态。本就不主动的他们在经历过几次失败后更加不愿意走出自我世界,往往变得非常不自信,甚至有些自我封闭。

回到六六同学的案例中来,如果在她大一遇到挫败与打击的时候,没有老师帮助她走出来,任由她陷入无限的自我否定和沮丧中,那后果将堪忧。幸运的是,在她和我的共同努力下,她选择不否定、不放弃,从一件一件的小事做起,在一声声鼓励和赞扬中逐渐拾起信心。加上她自己的不断思考,逐渐形成了自己的工作方式,取得了工作成效。以至于在后来,即便离开了学院的工作平台来到新的环境中,她依然能够快速适应新的指导老师并有效展开工作,展现出一个非常优秀成熟的学生干部形象。

每一位初入校园的同学都有着对大学生活的美好向往和期待,也愿意在新的环境中努力去尝试和挑战,我们要小心呵护这一份期待与努力,给他们一点方向,推向前进。我认为面向大一新生,思政老师应着重从以下四方面做好工作。

### (一)发挥专业特长,做好学生的引路人

面对懵懂又不自信的新生,思政老师需要扛起人生导师这份沉甸甸的责任。结

合理论与丰富的经验,邀请高年级学长做经验分享,帮助学生正确认识自己,建立信心,明确大学的目标甚至是人生的目标。

### (二)加强对新生的关心和关爱

通过谈心谈话了解学生具体学习生活的情况以及遇到的问题。通过班委谈话、室友谈话,更多了解学生的真实情况。做好学生情况的梳理和分类,重点关注那些性格相对内向、生活较为封闭、目标不清晰的学生群体。

### (三)用一份真心换取一份信任

每个人的内心都渴望被爱,因此思政教师需要给予学生更多的关爱和呵护。同时,思政老师也要相信,学生定能感受得到我们付出的爱。在学生成长的过程中,思政教师给予真真切切的关爱会换来学生踏踏实实的信任。对于后续有的放矢地开展帮扶工作有很大帮助。

### (四)实事求是,根据具体的情况开展指导和帮扶工作

思政老师日常工作中要善于搭建与专业老师、教务老师的联动机制。根据每个学生的个性化需求及遇到的问题,联动不同岗位上的老师共同做好指导工作。帮助学生在点滴小事中体现自己的价值,找回自信。同时,要联动家长共同做好对学生的长期观察与鼓励,使其形成内在驱动力,促使学生主动思考与承担更多的工作,探索不一样的学习生活方式。老师也要利用校园内的不同平台和资源,给学生提供更多的锻炼机会。